LECCIONES DE DERECHO DE SOCIEDADES MERCANTILES

LECCIONES DE DERECHO DE SOCIEDADES MERCANTILES

7ª edición

María Luisa Muñoz Paredes
Catedrática de Derecho Mercantil
Universidad de Oviedo

2026

7ª edición actualizada

Ediciones de la Universidad de Oviedo
Servicio de Publicaciones de la Universidad de Oviedo
ISNI: 0000 0004 8513 7929
Campus de Humanidades. Edificio de Servicios. 33011 Oviedo (Asturias)
Tel. 985 10 95 03
https://publicaciones.uniovi.es
servipub@uniovi.es

Esta obra ha sido avalada por el Departamento de Derecho Privado y de la Empresa de acuerdo con lo establecido en el artículo 8 f) del Reglamento del Servicio de Publicaciones de la Universidad de Oviedo.

Esta Editorial es miembro de la UNE, lo que garantiza la difusión y comercialización de sus publicaciones a nivelnacional e internacional.

I.S.B.N.: 979-13-87540-51-7
D. Legal: AS 0002-2026

Imprime: Servicio de Publicaciones. Universidad de Oviedo

Este trabajo se ha realizado en el marco del Proyecto de Investigación financiado por el Ministerio de Ciencia e Innovación PID2021-127094OB-I00.

A mis hijas, Blanca y Julia

ÍNDICE

Abreviaturas

AIE	Agrupación de Interés Económico
AEIE	Agrupación Europea de Interés Económico
ALCM	Anteproyecto de Ley del Código Mercantil
BORME	Boletín Oficial del Registro Mercantil
Cap.	Capital
C. c.	Código civil
C. de c.	Código de comercio
CNMV	Comisión Nacional del Mercado de Valores
CIRCE	Centro de Información y Red de Creación de Empresas
DA	Disposición adicional
DF	Disposición final
D. leg./R. Dec. leg.	(Real) Decreto Legislativo
Dec.–Ley/R. Dec.-Ley	(Real) Decreto-ley
DGRN	Dirección General de los Registros y del Notariado
DGSJFP	Dirección General de Seguridad Jurídica y Fe Pública (antigua DGRN)
DT	Disposición transitoria
DUE	Documento Único Electrónico
E. de M.	Exposición de Motivos
En part.	En particular
LEC	Ley de Enjuiciamiento Civil
LAJ	Letrado de la Administración de Justicia
LJV	Ley 15/2015, de 2 de julio, de la Jurisdicción Voluntaria
LME	Ley 3/2009, de 3 de abril, de Modificaciones Estructurales (derogada por el R. Dec.-Ley 5/2023, de 28 de junio)
LMVSI	Ley 6/2023, de 17 de marzo, de los Mercados de Valores y de los Servicios de Inversión
LO	Ley Orgánica
LOSSEAR	Ley 20/2015, de 14 de julio, de ordenación, supervisión y solvencia de entidades aseguradoras y reaseguradoras
LOSSP	Texto Refundido de la Ley de Ordenación y Supervisión del Seguro Privado (LOSSP), aprobado por R. D. leg. 6/2004, de 29 de octubre (derogado)
LSA	Ley de Sociedades Anónimas
LSC	Ley de Sociedades de Capital
LSRL	Ley de Sociedades de Responsabilidad Limitada
OPA	Oferta Pública de Adquisición de Acciones
p.	Página
RD	Real Decreto
R. Dec.-ley	Real Decreto-ley
Res.	Resolución

RM	Registro Mercantil
RMC	Registro Mercantil Central
RRM	Reglamento del Registro Mercantil aprobado por RD 1784/1996, de 19 de julio
SA	Sociedad anónima
SAP	Sentencia de Audiencia Provincial
SC/SRC	Sociedad colectiva/sociedad regular colectiva
S. Com. /S. en C.	Sociedad comanditaria/sociedad en comandita
S. Com. por A.	Sociedad comanditaria por acciones
SE	Sociedad europea
SL/SRL	Sociedad limitada/sociedad de responsabilidad limitada
SLFS	Sociedad limitada de formación sucesiva
SLNE	Sociedad limitada nueva empresa
ss.	Siguientes
STS	Sentencia del Tribunal Supremo
TFUE	Tratado de Funcionamiento de la Unión Europea
TJUE	Tribunal de Justicia de la Unión Europea
TR	Texto refundido
TRLC	Real Decreto Legislativo 1/2020, de 5 de mayo, por el que se aprueba el texto refundido de la Ley Concursal
TRD	Tecnología de registros distribuidos
UE	Unión Europea
UTE	Unión temporal de empresas

Lección 1. El empresario social

1. Concepto de sociedad

El empresario, que interviene en el mercado ejercitando una actividad económica, puede ser tanto una persona física como una persona jurídica. De hecho, con esta clasificación comienza el Código de comercio en su artículo 1, que se refiere, en primer término, al empresario individual y, en segundo lugar, al empresario social. Si cualquier persona física que cumpla los requisitos legales de capacidad (art. 4 C. de c.) puede ser empresario, también es libre la creación de sociedades para operar en el mercado. Esto supone que varias personas se asocian para colaborar en un fin común, que en este caso es generalmente desarrollar una actividad empresarial, del tipo que sea, que se hayan propuesto y para ello tienen que elegir la forma o tipo social que más les convenga. Por supuesto, al constituirse la sociedad y comenzar ésta a realizar actividades mercantiles, quien adquiere la condición de empresario es ella, no sus socios.

Esa idea de colaboración de todos los socios en una actividad empresarial común (que se conoce con las denominaciones de *affectio societatis* o *ius fraternitatis*) es un dato jurídico que, como señala URÍA, permite distinguir la sociedad de otras figuras afines en las que no existe tal colaboración, como las cuentas en participación o las comunidades de intereses o las sociedades de ganancias.

El Código civil, como es sabido, regula el contrato de sociedad (art. 1665 y ss.), pero son unas normas generales. El Código de comercio, junto a las normas comunes (Secc. 1ª del Título 1º del Libro II), establece una disciplina específica para diversos tipos de sociedades que el Código civil desconoce, porque el Código civil está pensando en particulares, no en empresarios, y como en la realidad económica hay diversos tipos de empresas, el C. de c. introduce diferentes tipos de sociedades para que se adapten a cada singular empresa.

Queda al criterio de los socios fundadores la elección de la forma social que estimen que más se adapta a sus intereses, atendiendo a la cuantía de la inversión que quieran realizar, el tamaño de la empresa que pretendan desarrollar, el régimen legal propio de cada tipo social, etc. Así, puede ser una sociedad civil o una mercantil y, dentro de las mercantiles, hay cuatro tipos fundamentales: la colectiva, la comanditaria (simple o por acciones), la limitada o la sociedad anónima (art. 122 C. de c.). La elección del tipo social es libre para los fundadores, salvo en los casos excepcionales en que la Ley imponga una determinada forma para el ejercicio de la actividad (por ej., en la bancaria y la aseguradora).

Pese a la libertad que parece otorgar a los fundadores el artículo 117 del Código, no cabe constituir una sociedad mercantil que no se ajuste a alguno de los tipos sociales regulados, que no podría inscribirse en ninguna Sección del Registro Mercantil. Y si no se inscribiera y pese a ello actuara en el mercado, se consideraría una sociedad irregular, sometida al régimen de ésta (VICENT CHULIÁ).

La elección del tipo social determina el régimen legal aplicable a la sociedad: mientras la sociedad colectiva y la comanditaria permanecen reguladas por el Código de comercio (arts. 125-144 y 145-150, respectivamente, más los arts. 218-237, de aplicación común), las sociedades anónima, limitada y comanditaria por acciones se rigen por una ley especial, de sociedades de capital (TR aprobado por R. D. leg. 1/2010, de 2 de julio, en adel. LSC), en la que se refundieron las derogadas Leyes de sociedades anónimas de 1989 y sociedades limitadas de 1995, además de la regulación de la sociedad comanditaria por acciones (arts. 151-159 C. de c.) y los preceptos dedicados a la sociedad anónima cotizada en la hoy derogada Ley 24/1998, de 28 de julio, de Mercado de Valores. La regulación del viejo Código, manifestación de la filosofía liberal que inspiró su redacción, es expresamente dispositiva, al decir el artículo 121 que "[l]*as compañías mercantiles se regirán por las cláusulas y condiciones de sus contratos y, en cuanto en ellas no esté determinado y prescrito, por las disposiciones de este Código*". No ocurre lo mismo con el régimen legal de las sociedades de capital, producto de una época muy posterior en la que se vio la necesidad de frenar la autonomía de la voluntad para proteger los intereses económicos, aunque, como veremos, no se haya impuesto la imperatividad de los preceptos en el mismo grado para la sociedad limitada que para la anónima.

En la doctrina comparada, en particular en Alemania, y también, pero menos, en Italia, se discute si la sociedad es o no un contrato, porque la sociedad es diferente de los contratos bilaterales o de cambio. En efecto, mientras en éstos hay contraposición de intereses y cada parte tratará de obtener el máximo rendimiento del contrato a costa de la otra, en la sociedad, los socios no tienen intereses contrapuestos, sino convergentes.

Evidentemente, la sociedad no es un contrato comparable a los otros regulados en el Código de comercio, pero en nuestro ordenamiento ésta es una cuestión teórica, ya que tanto el C. c. como el de comercio regulan la sociedad como contrato (v. arts. 1665 y ss. C. c. y 116 y ss. C. de c.).

En la doctrina alemana, dentro de la tesis contractualista, hay dos concepciones distintas del contrato de sociedad: una concepción "amplia", que reduce al mínimo los requisitos para entender existente una sociedad y otra "estricta", que determina más esas notas definitorias del contrato.

Así, para los partidarios de la concepción "amplia", lo característico de la sociedad es la unión de personas para conseguir un fin común. Eso no presupone la existencia de un patrimonio común ni que adquiera personalidad jurídica en el tráfico. En esta concepción amplia el contrato de sociedad puede limitar sus efectos a los puramente obligacionales: que los socios se obliguen a promover un fin común basta para que sea sociedad.

En cambio, los defensores de la "estricta" entienden que hay sociedad cuando para promover un fin común se instaura una comunidad de medios, que se traduce en la constitución de una persona jurídica diferente de la de los socios. Es decir, el contrato no produce efectos puramente obligacionales, sino que da lugar al nacimiento de una persona jurídica o, por lo menos, de un patrimonio autónomo.

Este tema se debate en nuestra doctrina. Algunos autores, como PAZ-ARES, siguiendo la vía abierta en su día por GIRÓN TENA, son partidarios de la concepción amplia. Así, PAZ-ARES llama sociedad a "*cualquier agrupación voluntaria de personas que se obligan entre sí a contribuir para la consecución de un fin común*". Fin común que para este autor no necesariamente ha de ser lucrativo. Como tampoco es imprescindible, a su juicio, que las aportaciones que realicen los socios generen un patrimonio común.

> Así, desde el sector doctrinal que defiende el concepto amplio de sociedad se afirma (PAZ-ARES) que no necesariamente las aportaciones de los socios generarán un patrimonio común, pudiendo haber sólo aportaciones de industria, como la aportación exclusiva de trabajo en una orquesta, y se cita en este sentido la SAP de Ciudad Real de 6 de mayo de 2002 (JUR 2002/168943).

Ahora bien, en nuestro Derecho positivo, la consagrada es la estricta, como se deduce fácilmente de una mera lectura de los artículos 1665 C. c. y 116 C. de c. En efecto, con arreglo al artículo 1665, los socios no se limitan a colaborar en la producción de un fin común. Este precepto exige comunidad de medios, no sólo de fines. Por su parte, el artículo 116 C. de c. habla de poner en común bienes para obtener lucro.

La exigencia del ánimo de lucro como elemento configurador de la sociedad permite también distinguirla de las asociaciones reguladas por la LO 1/2002, de 22 de marzo, que pueden tener cualquier fin lícito siempre que no sea lucrativo, por lo que su Ley reguladora deja fuera de su ámbito de aplicación (art. 1.4 en relación con el art. 1.2) tanto a las sociedades mercantiles como a las civiles (como expresamente se pone de manifiesto en su Exposición de Motivos), que sí tienen tal fin.

En nuestro Derecho, a diferencia del alemán, no existe sociedad sin patrimonio propio, con el que responde la sociedad, y ese patrimonio se constituye con las aportaciones de los socios. Es susceptible de ser aportado todo bien o derecho que sea adecuado para conseguir una ganancia. El Código en el artículo 116 habla de aportar "*bienes o industria o alguna de estas cosas*".

Las aportaciones de industria o impropias son las aportaciones de servicios o trabajo personales (servicios profesionales de un médico, ingeniero, abogado, etc.), aunque su contenido puede ser de lo más variado, siempre que sea útil a la sociedad (llevar la contabilidad, hacer la limpieza del local, etc.).

Las propias son de bienes o derechos. La aportación puede ser a título de dominio (se transmite la propiedad de la cosa) o de uso (la sociedad se convierte en usuaria). Lo normal es que sean a título de dominio, pero por vía, en cierta medida, patológica han adquirido difusión las de uso.

Las de industria sólo caben en las sociedades de personas, pero no en las de capital, porque en estas últimas la sociedad responde sólo con su propio patrimonio y los servicios no son garantía de crédito para los terceros. Así, en las de capital sólo se admiten como prestaciones accesorias (de dar, hacer, o no hacer), pero no forman parte del capital social (art. 86.2 LSC).

Para que exista sociedad, no basta la comunidad de fines, sino que es necesario que haya comunidad de medios y un patrimonio social constituido por las aportaciones de los socios.

> No obstante, es necesario indicar que el Anteproyecto de Ley de Código mercantil de 2014 (en adelante, ALCM), al regular (art. 211) el contrato de sociedad, no incluyó un concepto legal. Al contar nuestro ordenamiento ya con el consagrado en el art. 1665 C. c., el ALCM se limitó a señalar cuándo la sociedad es mercantil y, en este sentido, sí partió de una concepción amplia, pues, junto con los tipos sociales tradicionales, aparecen calificadas ahí como sociedades mercantiles otras formas sociales, como las cooperativas, las mutuas de seguros y las sociedades de garantía recíproca, que hasta ese momento carecían de tal calificación legal y se caracterizan precisamente por no tener una clara finalidad lucrativa.

El objeto social en nuestro Derecho tiene que ser una actividad lícita (como el objeto de cualquier contrato), determinada y lucrativa (tanto las sociedades civiles como las mercantiles son lucrativas, pues en nuestro concepto estricto de sociedad no tienen cabida las no lucrativas, que sí encajan, en cambio, en el concepto amplio alemán).

El contrato de sociedad presenta características peculiares, porque normalmente son más de dos socios los que las constituyen (no obstante, en la práctica, las sociedades de dos socios, por ejemplo, las conyugales, son muy frecuentes, tanto que en Alemania se conocen por una denominación propia, "*Zweimann-Gesellschaft*"). El desarrollo de la vida económica ha traído como consecuencia la necesidad de la sociedad unipersonal, porque la realidad era que se constituían sociedades con dos o más socios para huir de la responsabilidad *ex* artículo 1911 C. c., pero lo cierto es que, en la práctica, socio, en sentido estricto, sólo era uno, que era el que aportaba bienes, y el resto eran testaferros. Ésta era una situación generalizada, no exclusiva de nuestro país, y de ahí que en el ámbito comunitario fuera abordada por la Directiva 89/667/CEE, de 21 de diciembre, que propició reformas legislativas en todos los países por ella obligados, y, entre ellos, el nuestro.

Como admitir una sociedad de un solo socio va contra la idea ya no sólo de contrato de sociedad sino de la propia de contrato, que presupone al menos dos partes contratantes, en Francia, por ejemplo, se modificó el concepto legal de sociedad, admitiéndose expresamente que pudieran constituirse por una sola persona (v. art. 1832 *Code civil*, en redacción vigente, dada por Ley nº 85-697, de 11 de julio de 1985). En Derecho español no se modificó el concepto legal de sociedad, pero, al elaborarse la (hoy derogada) LSRL de 1995, se traspuso la citada Directiva, admitiéndose y regulándose la sociedad unipersonal originaria y sobrevenida, y ello tanto para la limitada como para la anónima. La idea de la Directiva era que se admitiera la constitución de sociedades unipersonales fundamentalmente limitadas, más que anónimas, pensando en la pequeña y mediana empresa, pero la Ley española amplió esta visión a las empresas de grandes dimensiones y así aceptó expresamente que la sociedad unipersonal pudiera ser constituida por otra sociedad, incluso aunque la primera fuera, a su vez, unipersonal.

Pero lo normal es que el contrato de sociedad sea plurilateral y, siendo así (como ya afirmara en su momento URÍA), no pueden aplicársele los preceptos del Código civil propios de los contratos de cambio, como la excepción de incumplimiento de contrato del artículo 1124 C. c., por la que una parte puede negarse a cumplir lo pactado mientras no cumpla la otra; es decir, aplicado a la sociedad, un socio no puede negarse a aportar aquello a lo que se comprometió en su día, alegando que otro no ha cumplido, porque aquí no hay obligaciones recíprocas. Tampoco juega en este terreno la condición resolutoria tácita del propio artículo 1124 C. c., que permite resolver el contrato en caso de que uno de los contratantes no cumpliese lo convenido, pues aquí puede excluirse al socio incumplidor manteniéndose el vínculo social entre los demás. Los vicios del consentimiento tampoco tienen los mismos efectos en orden a la nulidad del contrato, pues mientras en los contratos bilaterales el vicio que afecte al consentimiento de cualquiera de las dos partes engendra la nulidad del contrato, al ser la sociedad un contrato plurilateral, únicamente afecta al que lo sufrió, dando lugar sólo a la disolución parcial del vínculo, respecto de ese socio, y manteniéndose la validez del contrato para los demás (salvo que se trate de una sociedad con sólo dos socios).

2. Sociedades civiles y mercantiles

Los artículos 116 C. de C. y 1665 C. c. son prácticamente iguales, porque, como quedó dicho, también las sociedades civiles son lucrativas. Cuando en España existía sólo el Código de comercio (desde 1885 a 1889), las sociedades mercantiles se distinguían de las civiles por la forma, al establecer el artículo 116 el carácter mercantil de las que se hubieran constituido conforme a las disposiciones de este Código, cualquiera que fuese su clase (colectiva, comanditaria simple o anónima, pero no limitada, que se introduciría en Alemania más tarde, en 1892). Las que no tenían cualquiera de estas tres formas eran civiles.

Después de 1889, al entrar en vigor el C. c., la situación jurídica varía, pues en su artículo 1670 dice: "*Las sociedades civiles por el objeto a que se consagren pueden revestir todas las formas reconocidas por el C. de c.*". El C. c. permite que las sociedades civiles sigan siendo civiles, aunque adopten una de las tres formas del C. de c (sociedad civil por su objeto con forma mercantil). Al admitirse sociedades civiles con forma mercantil, el criterio de distinción por la forma decae y se instaura en su lugar el del objeto social: las que tengan por objeto la producción o intercambio de bienes o servicios en el mercado serán mercantiles y el resto, civiles.

En 1951 y 1953 se elaboran, respectivamente, los textos de las LSA y LSRL y en ellas se establece el criterio alemán de que la sociedad anónima y la sociedad limitada tienen carácter mercantil cualquiera que sea su objeto social (empresario por razón de la forma). Renace, pues, respecto de las de capital el criterio de la forma. Esto persistió después del TRLSA 1989 y LSRL 1995 y ahora bajo la LSC (art. 2), que lo establece para todas las de capital (anónima, limitada y comanditaria por acciones).

En Derecho vigente, por tanto, el criterio para distinguir las sociedades civiles y las mercantiles es, pues, doble, dependiendo de si son sociedades capitalistas o personalistas:

(i) sociedades de capital: son mercantiles, con independencia del objeto social.

(ii) sociedades de personas: rige el criterio del objeto social, que determina si una sociedad colectiva o una comanditaria es civil o mercantil.

Cabe concluir, pues, que en nuestro ordenamiento pueden existir sociedades civiles por su objeto, pero con forma mercantil, lo que plantea la cuestión fundamental de qué régimen se les aplica. En este sentido, el C. c. (art. 1670) dice que las disposiciones de la forma que hayan elegido (colectiva o comanditaria), siempre que no se opongan a las del C. c. Pero, esto plantea problemas en la práctica, en particular, en materia de responsabilidad de los socios por las deudas sociales, pues mientras el Código de comercio (art. 127) establece la solidaridad, el Código civil (art. 1698) consagra el criterio contrario, prevaleciendo la opinión de que a estas sociedades se les debe aplicar lo dispuesto en el artículo 127 C. de c. y no en el artículo 1698 C. c.

En la práctica jurisprudencial, el problema de la delimitación entre sociedades civiles y mercantiles se plantea con frecuencia, más que con sociedades inscritas, con las no inscritas que operan en el tráfico, pues, como veremos, es necesario determinar su objeto social, civil o mercantil, para aplicarles el régimen de responsabilidad por las deudas sociales de la sociedad civil, en el primer caso, o el de la colectiva, en el segundo.

El ALCM (art. 211-1) volvió al criterio formal, extendiéndolo a todos los tipos sociales, al declarar la naturaleza mercantil de las sociedades colectivas, comanditarias simples y por acciones, anónimas y limitadas "*cualquiera que sea su objeto*". Además, atribuyó carácter mercantil a todas las sociedades "*que tengan por objeto la producción o el cambio de bienes o la prestación de servicios para el mercado*", con independencia de su forma. Y, finalmente, asignó carácter mercantil, por razón de su forma, a las sociedades cooperativas, a las mutuas de seguros y a las sociedades de garantía recíproca.

3. Formalidades de constitución y adquisición de personalidad jurídica. Sociedades irregulares

La sociedad no es sólo un contrato, pues, al lado de su vertiente contractual, presenta la singularidad de que si este contrato se celebra cumpliendo determinados requisitos formales nace una persona jurídica. Como dice el artículo 116, párr. 2º C. de c.: "[*u*]*na vez constituida la compañía mercantil, tendrá personalidad jurídica en todos sus actos y contratos*". Eso supone que la sociedad adquiere personalidad jurídica distinta de la propia de sus socios y es ella la que actúa en el tráfico como titular de derechos y obligaciones. El Código dice: "*Una vez constituida*", pero ¿cuándo se constituye la sociedad? El Código no lo aclara expresamente. En el artículo 119 se dice que "[*t*]*oda compañía de comercio, antes de dar principio a sus operaciones, deberá hacer constar su constitución, pactos y condiciones, en escritura pública que se presentará para su inscripción en el Registro Mercantil*", mas no debe entenderse como que la sociedad está constituida antes ya de la inscripción. Existirá como contrato, que producirá efecto entre los socios, aunque, hasta que se inscriba en el Registro Mercantil, no adquirirá personalidad jurídica ni el tipo social elegido. Y así, en el artículo 20 LSC, se dice que "*[l]a constitución de las sociedades de capital exigirá escritura pública, que deberá inscribirse en el Registro Mercantil*", añadiéndose en el artículo 33 que "*[c]on la inscripción la sociedad adquirirá la personalidad jurídica que corresponda al tipo social elegido*". Sin inscripción registral no adquiere personalidad jurídica, a diferencia de la sociedad civil, que la adquiere por publicidad de hecho (según se deduce del artículo 1669 C. c., que la niega a las sociedades que mantengan secretos sus pactos entre los socios).

Si falta la escritura social o se otorga, pero no se inscribe, y la sociedad comienza a operar en el mercado desarrollando una actividad, esto es, realiza actos externos, surge una *sociedad irregular* (es irregular porque no se ha constituido con arreglo a la Ley). En este caso, es innegable que existe sociedad, pero, dado que es una sociedad mercantil por el objeto que desarrolla y estas sociedades adquieren personalidad jurídica por la inscripción registral (art. 119 C. de C. para las sociedades mercantiles en general y art. 33 en relación con el 20 LSC, para las sociedades de capital), habría que estimar, por un lado, que esta sociedad carece de personalidad jurídica distinta de la de sus socios (aunque produzca efectos en el plano interno, pudiendo aquellos exigirse entre sí el cumplimiento de lo pactado) y, por otro, que no ha adquirido ninguna de las formas sociales previstas por el ordenamiento (colectiva, comanditaria, SA o SL), que se adquieren precisamente por la inscripción registral que aquí falta. Según esta posición (defendida en su día por autores tan significados como GARRIGUES o URÍA), los contratos que celebrara la sociedad con terceros son ineficaces respecto a la sociedad, en cuanto carente de personalidad jurídica. La sociedad no adquiriría derechos ni obligaciones, pero los terceros no quedarían desprotegidos, puesto que responderían personalmente los que actuaron como gestores de la sociedad, contratando en nombre de aquélla (art. 120 C. de c.). De esta postura se separa un relevante sector doctrinal que, siguiendo ideas sostenidas su momento por GIRÓN TENA (y que han defendido después otros autores como PAZ-ARES o SÁNCHEZ CALERO), reconoce en la sociedad irregular personalidad jurídica y, por tanto, capacidad para ser titular de derechos frente a terceros y para responder de obligaciones asumidas en su nombre. La jurisprudencia no mantiene una postura unitaria, pero en las escasas ocasiones en que se ha pronunciado expresamente sobre esta materia tiende a reconocer a estas sociedades algún tipo de personalidad (ver, por ejemplo, las STS, Sala 1ª, Secc. 1ª, núm. 740/2010, de 24 noviembre, RJ 2011\580, y la STS, Sala 1ª, Pleno, núm. 469/2020, de 16 septiembre, RJ 2020\3294).

Dejando a un lado la cuestión de si las sociedades irregulares tienen personalidad jurídica, el régimen de estas sociedades ha sido discutido por la doctrina y la jurisprudencia, pero desde hace décadas se ha generalizado la tesis propuesta por el Prof. GIRÓN TENA, que, partiendo de la necesidad de proteger a los terceros que contraten con ella, estima que si el objeto que desarrollan tales sociedades en el tráfico es mercantil, debe aplicárseles el régimen de la sociedad colectiva, que es el más riguroso (pues todos sus socios responden de forma personal y solidaria de las deudas derivadas de las operaciones hechas en nombre de la sociedad) y protector de los acreedores. Si, por el contrario, el objeto de esta sociedad no inscrita es ajeno al ámbito empresarial, sería el régimen propio de la sociedad civil el que habría de aplicársele, que supone también la imputación de responsabilidad ilimitada a los socios por las deudas sociales, aunque mancomunada y no solidaria (v. art. 1698 C. c.). En ambos casos, a la vez que se protege a los terceros, se evita que los socios que incumplieron la Ley, actuando al margen del RM, puedan beneficiarse de su incumplimiento. En fin, esta solución ha sido acogida por el legislador para las sociedades de capital, tras la reforma de nuestro Ordenamiento efectuada por la Ley 19/1989, de 25 de julio (en el derogado art. 16 LSA), y actualmente se encuentra en el artículo 39 LSC, como veremos en el estudio de la fundación de las sociedades de capital.

En ocasiones, los socios constituyen privadamente una sociedad que califican como civil, aunque para explotar una empresa. En tal hipótesis, siendo su objeto mercantil, la calificación que procede es de sociedad mercantil irregular, quedando sometida al régimen legal de la sociedad colectiva. Como sostuvo la SAP Lleida de 3 de noviembre de 1994 (AC 1994/2342) "*[e]l problema se plantea con la personalidad jurídica de la sociedad, pues para adquirir la misma frente a terceros es preciso el otorgamiento de escritura pública e inscripción en el Registro Mercantil* (...)-recuérdese, añadamos, si la sociedad civil no requiere formalidades especiales para adquirir personalidad jurídica (art. 1669 CC), no ocurre lo mismo con las sociedades mercantiles-. *En definitiva* –sigue la sentencia- *la sociedad demandada es una sociedad irregular colectiva (S. 21 junio 1983 [RJ 1983\3647] y DGRN 28 junio 1985 [RJ 1985\3501]) que carece de plenitud de personalidad frente a terceros. La responsabilidad ha de alcanzar, por tanto, de forma solidaria a los socios de la sociedad, conforme al artículo 127 Código de Comercio, dada la inexistencia de personalidad jurídica de la sociedad al margen de la de los socios*".

Debe en todo caso matizarse que la acogida por el legislador de la tesis de GIRÓN TENA de someter a la sociedad mercantil no inscrita en el RM al régimen legal de responsabilidad más severo, el de la colectiva o la civil, no supone sin más que se haya reconocido legalmente personalidad jurídica a las sociedades irregulares, no habiéndose modificado los preceptos legales que vinculan la adquisición de personalidad jurídica a la inscripción registral, en particular el artículo 33 LSC. No obstante, como hemos adelantado, prevalece en la jurisprudencia [v., así, por ejemplo, la citada SSTS Sala 1ª, Secc. 1ª, núm. 740/2010, de 24 noviembre, y la STS, Sala 1ª, Pleno, núm. 469/2020, de 16 septiembre, RJ 2020\3294, también ya citada] la interpretación de que estas sociedades gozan de personalidad jurídica o, al menos, de una cierta personalidad que les permite adquirir bienes de todas clases, así como contraer obligaciones y ejercitar acciones, postura que mantiene la DGRN en Res. de 14 de febrero de 2001 (RJ 2002/2154) y la núm. 131/2016, de 23 de diciembre de 2015 (RJ 2015/6556), entre otras. En este sentido, es doctrina de la propia DGRN [v., por ej., Res. núm. 13551/2020, de 19 octubre (RJ 2020/3968); Res. núm. 13549/2020, de 19 octubre (RJ 2020\3965); Res. núm. 1356/2016, de 25 de enero (RJ 2016/871), Res. núm. 5313/2016, de 20 abril (RJ 2016/2992), Res. núm. 5315/2016, de 21 de abril de 2016 (RJ 2016/2996), Res. núm. 131/2016, de 23 de diciembre (RJ 2015/6556) y la citada de 23 de diciembre de 2015] que "*la inscripción en el Registro Mercantil sólo es necesaria para que las sociedades de capital adquieran «su» especial personalidad jurídica -la personalidad jurídica correspondiente al tipo social elegido, no la personalidad jurídica en abstracto*".

Distinta de la sociedad irregular es la *sociedad en formación*, que no es una situación patológica, sino una fase normal en el proceso constitutivo de toda sociedad por la que ésta tiene que pasar necesariamente, más o menos tiempo. Está regulada para las sociedades de capital (arts. 36-38 LSC) y comienza con el otorgamiento de la escritura constitutiva y termina, en condiciones normales, cuando la sociedad se inscribe en el Registro Mercantil. Desde el momento del otorgamiento de la escritura, la sociedad que se está gestando pasa *ministerio legis* a ser considerada como "sociedad en formación" y se le aplica un régimen legal específico para esta fase, dirigido, por un lado, a proteger a los terceros que puedan contratar ya con ella y, a la vez, a delimitar la responsabilidad de los socios por las relaciones jurídicas que se entablen en este período. En este sentido, pese a que en ese momento la sociedad aún no se ha constituido plenamente, por no estar inscrita y no haber adquirido personalidad jurídica plena ni el tipo social, la Ley le otorga una cierta personificación, pues de determinados actos no sólo hace responder a sus socios, sino a la propia sociedad. Además, se adelantan a ese momento ventajas para los socios que son propias de un tipo social (sociedad anónima o limitada), como es la limitación de responsabilidad, que, en sentido estricto, no podrían tener hasta la adquisición del tipo social con la inscripción registral aún no producida.

Si decimos que es una fase normal y por la que ha de pasar toda sociedad que se está constituyendo, pues comienza automáticamente con el otorgamiento de la escritura, esa situación normal pasa a ser patológica cuando no se solicita la inscripción registral en un plazo de tiempo razonable. Así, la Ley (art. 39 LSC) da a los administradores un plazo de un año para que la inscriban en el Registro Mercantil y si, pasado ese plazo, no lo hacen, o antes manifiestan su voluntad de no inscribirla, la sociedad pasa de ser en formación a irregular y a aplicársele el régimen propio de las colectivas o civiles.

La sociedad puede ser *irregular desde su origen*, supuesto ciertamente frecuente, lo que ocurre cuando con sólo un documento privado, o incluso sobre la base de un mero acuerdo verbal de los socios, comienza a actuar en el tráfico como tal sociedad, o bien *devenida irregular*, que se da cuando una sociedad en formación (esto es, una sociedad para cuya constitución se ha otorgado ya escritura notarial) no se inscribe en el Registro Mercantil en el plazo máximo de un año previsto en la Ley. La LSC regula solamente este último caso, el de sociedad devenida irregular, y no, en cambio, la sociedad originariamente irregular (terminología empleada certeramente por ROJO), pero la jurisprudencia viene aplicándole las mismas normas que establece la Ley para la primera, esto es, las de la colectiva, si su objeto es mercantil, y las de la sociedad civil, en otro caso.

Cabe destacar que en el ALCM (art. 213-28), aparte de extender el régimen de la sociedad irregular a toda sociedad mercantil (más allá, pues, del ámbito de las capitalistas), se redujo significativamente el plazo del que disponen los socios para inscribir la sociedad desde el otorgamiento de la escritura sin incurrir en el régimen legal previsto para las sociedades no inscritas, pasando del actual de un año a tres meses.

Además, el ALCM (art. 213-34) dio respuesta a otro fenómeno muy común en la práctica, la "comunidad de empresa", equiparándola en su tratamiento a la sociedad irregular, pues en la medida en que la comunidad así llamada no se mantiene estática, sino que realiza, a través de sus partícipes, una actividad empresarial, encubre una verdadera sociedad mercantil, aunque irregular por no estar inscrita (v., por ejemplo, la STS, Sala 1ª, de 20 de noviembre de 2006, RJ 2006/8082, y la la STS, Sala 1ª, Pleno, núm. 469/2020, de 16 septiembre, RJ 2020\3294, ya citada).

4. Efectos derivados de la adquisición de personalidad jurídica

La adquisición de la personalidad jurídica, que es un recurso del ordenamiento para dar tratamiento jurídico unitario a la colectividad surgida del contrato, tiene como consecuencias fundamentales:

1. Que se considera que la sociedad es sujeto de derechos y obligaciones con capacidad jurídica tanto en las relaciones con terceros como en las relaciones internas (con los socios), con su propio nombre, domicilio y nacionalidad.

2. La sociedad tiene su propio patrimonio, separado del de sus socios, lo que no significa que, en cuestión de responsabilidad frente a terceros, los socios queden siempre liberados, pues, según el tipo social, el patrimonio propio de los socios puede quedar más o menos afectado (así, en la colectiva los socios responden personalmente de las deudas sociales con todo su patrimonio, mientras en las de capital, por el contrario, sólo responde la sociedad con su propio patrimonio, arriesgando los socios únicamente lo que a

ella han decidido aportar -y se ha integrado, por tanto, en el patrimonio social-, por lo que suele decirse, gráficamente, que en las sociedades capitalistas los socios "responden limitadamente").

Téngase presente que el beneficio de responsabilidad limitada lo tienen los socios de las capitalistas, no la sociedad, que responde del cumplimiento de sus obligaciones, como todo deudor, con todos sus bienes presentes y futuros (art. 1911 C.c.). Y recordemos que quien adquiere la condición de empresario es la sociedad, no sus socios.

5. Abuso de la personalidad jurídica

Cuando se crea una sociedad con fines fraudulentos (por ej., evasión fiscal) o para evitar de forma abusiva la responsabilidad personal de los socios, es doctrina jurisprudencial de origen estadounidense, pero asentada en nuestro ordenamiento desde hace décadas, que los jueces pueden levantar el velo jurídico y ver quiénes son las personas que están detrás, que pretenden ocultarse tras la sociedad, para imputarles responsabilidades personales, eliminando así los efectos beneficiosos que para ellos representa ampararse bajo la persona jurídica.

El Tribunal Supremo, en su sentencia 673/2021, de 21 de octubre (ECLI:ES:TS:2021:3610), con cita de otras anteriores, se ocupa de determinar el fundamento y límites del recurso a esta doctrina. Así, dice, aunque en principio la norma general sea "*respetar la personalidad de las sociedades de capital y las reglas sobre el alcance de la responsabilidad de las obligaciones asumidas por dichas entidades, que no afecta a sus socios y administradores, ni tampoco a las sociedades que pudieran formar parte del mismo grupo, salvo en los supuestos expresamente previstos en la Ley* " y sea –por tanto- la propia sociedad "*la que deba responder de su propio actuar*", eso no impide que, "*excepcionalmente, cuando concurren determinadas circunstancias -son clásicos los supuestos de infracapitalización, confusión de personalidades, dirección externa y fraude o abuso- sea procedente el «levantamiento del velo» a fin de evitar que el respeto absoluto a la personalidad provoque de forma injustificada el desconocimiento de legítimos derechos e intereses de terceros*". El fundamento de este recurso se encontraría en el principio de la *buena fe* (art. 7.1 C. c.), que "*debe presidir las relaciones mercantiles en orden a evitar que el abuso de la personalidad jurídica, como instrumento defraudatorio, sirva para burlar los derechos de los demás*". Pero, este remedio "*tiene carácter excepcional y por ello debe aplicarse de forma restrictiva*" y de forma *subsidiaria* respecto de otros posibles remedios legales para la satisfacción del perjudicado.

Además, añade el TS en esta misma sentencia: "*este carácter excepcional del levantamiento del velo exige que se acrediten aquellas circunstancias que pongan en evidencia de forma clara el abuso de la personalidad de la sociedad. Estas circunstancias pueden ser muy variadas, lo que ha dado lugar en la práctica a una tipología de supuestos muy amplia que justificarían el levantamiento del velo, sin que tampoco constituyan numerus clausus. En cualquier caso, no pueden mezclarse un tipo de supuestos con otro, pues en la práctica cada uno de ellos requiere sus propios presupuestos y, además, pueden conllevar distintas consecuencias. Por ejemplo, no es lo mismo la confusión de patrimonio y de personalidades, habitualmente entre sociedades de un mismo grupo o entre la sociedad y sus socios, que los casos de sucesión empresarial o de empleo abusivo de la personalidad jurídica de la sociedad por quien la controla para defraudar a terceros"* (...). *"Este carácter excepcional del remedio en que consiste la doctrina del levantamiento del velo debe conducir a una aplicación prudente y ponderada, considerando las circunstancias particulares del caso y su intervención subsidiaria a falta de otros remedios legales para la defensa del derecho de crédito lesionado"*.

6. Sociedades de personas y sociedades de capital

Los cuatro tipos fundamentales de sociedades mercantiles (colectiva, comanditaria –simple y por acciones-, anónima y limitada), aunque mantengan diferencias notables entre sí, suelen agruparse en dos grandes categorías, sociedades de personas y sociedades de capital, integrándose actualmente, en el primer grupo, las colectivas y comanditarias simples y, en el segundo, las anónimas, las limitadas y las comanditarias por acciones.

La distinción entre sociedades de personas y de capital no la hacía el Código de comercio, que, como vimos, se limitaba a calificar (art. 122) como sociedades mercantiles los cuatro tipos señalados, sin adjetivación alguna. El origen de esta clasificación no es legal, sino doctrinal, aunque con apoyo en la consagración legal de cada tipo social. En realidad, antes de la Ley 3/2009, de 3 de abril (hoy derogada), que habilitó al Gobierno (D. F. 7ª) a refundir en un solo texto, bajo la denominación de "Ley de Sociedades de Capital", las normas relativas a sociedades anónimas, limitadas y comanditarias por acciones (en cuyo cumplimiento se aprobó el TRLSC), en nuestro sistema legal no estaba reconocida expresamente la tradicional división entre sociedades de personas y sociedades de capital, sino que se regulaban los distintos tipos sociales sin agruparlos de ninguna manera. La propia LSRL de 1995, pese a seguir de cerca el articulado de la LSA de 1989, respetaba expresamente el carácter híbrido de la forma social que regulaba, destacando que en esa forma legal "*deben convivir en armonía elementos personalistas y capitalistas*". Más aún: cabe añadir, en esta línea, que el hecho de incluir a la sociedad comanditaria por acciones entre las capitalistas, como hace ahora la LSC (art. 1.1), es muy discutible, pues hasta entonces tampoco era calificada legalmente de ninguna manera (ni como personalista ni como capitalista, tan sólo como sociedad mercantil, por el citado art. 122 C. de c.) y se regulaba junto a las sociedades personalistas en el Código de comercio, sin perjuicio de que en lo no previsto en su regulación específica se le aplicase supletoriamente la Ley de Sociedades Anónimas (por remisión del derogado art. 152 C. de C.). Esto es, con este giro de la Ley 3/2009, desarrollado por el TRLSC, se pasó por alto su carácter híbrido y se la alineó, sin más, junto a las "capitalistas", dando un salto cualitativo.

Dicho esto, podemos ofrecer unas notas distintivas de cada categoría, sin perjuicio de las diferencias de régimen entre unos tipos y otros. Ahora bien, antes de ello debemos aclarar que tales diferencias de régimen no son menores, lo que obliga a precisar de antemano que, dentro de las sociedades de personas, la que presenta los caracteres con mayor pureza es la sociedad colectiva y que, dentro de las de capital, el modelo es la sociedad anónima. De ahí que a la hora de caracterizar una y otra categoría nos fijemos fundamentalmente en ellas dos más que en las otras formas sociales pertenecientes a cada grupo. Por otro lado, con independencia de las diferencias de régimen, hay que tener presente que la sociedad colectiva que se toma como patrón no deja de ser un prototipo del que puede alejarse la colectiva real, dado que el régimen legal de esta sociedad es, en principio, dispositivo. Si esto que decimos es claro en la sociedad colectiva, más lo es en la anónima, pues, aunque su régimen legal es, por el contrario, marcadamente imperativo, deja el margen de libertad suficiente para que, a su amparo, se creen sociedades que se acercan a las personalistas, en cuanto su capital se reparte entre pocos socios cuyas condiciones personales son relevantes.

Las deficiencias que presenta esta distinción entre sociedades de personas y de capital han llevado a algunos autores a dudar de su utilidad y a otros como GIRÓN, por ejemplo, a defenderla, por estimar que es útil la identificación de la anónima como prototipo de las capitalistas y la colectiva como patrón de las personalistas para examinar las formas sociales que se desvíen de estos tipos. En cualquier caso, hoy día, tales dudas sobre su utilidad, al menos en nuestro ordenamiento, ya no tienen razón de ser desde que el propio legislador (primero, la LME y luego, la LSC) ha hecho suya esta distinción doctrinal (que también ha asumido el ALCM).

Hechas estas precisiones, cabe ya abordar los caracteres propios de cada categoría:

Sociedades de personas: en ellas la condición de socio es fundamental, se valora al socio por lo que es. Por eso se dice que son sociedades *intuitu personae*. Esta característica se manifiesta en varios aspectos fundamentales, como son los siguientes: no hay transmisión de la cuota social sin consentimiento del resto de los socios *inter vivos* y, en caso de muerte de uno de los socios, no se disuelve parcialmente el vínculo respecto a él, sino que se disuelve la sociedad totalmente, salvo si hay pacto previo de continuación. Todos los socios son gestores natos de la sociedad, porque como lo arriesgan todo (aunque gozan del beneficio de excusión, responden de forma ilimitada y solidaria entre ellos de las deudas sociales) también tienen todo el poder. Este régimen de responsabilidad tan agravado explica que sólo se formen estas sociedades por personas que tengan entre sí una relación de estrecha confianza. En la sociedad en comandita, por su parte, hay dos tipos de socios, unos, llamados colectivos, que responden ilimitadamente (como los socios de la colectiva) y tienen derecho a administrar la sociedad y otros, para los que se reserva la denominación de socios comanditarios, que responden sólo limitadamente (arriesgan sólo lo que se comprometieron a aportar) y por ello precisamente tienen prohibido inmiscuirse en la gestión social, para que no pongan en peligro el patrimonio personal de los colectivos.

Sociedades de capital: en ellas se valora al socio por el patrimonio que pueda aportar a la sociedad, no por sus condiciones personales, y ve limitada su responsabilidad por las deudas sociales (como quedó apuntado) a lo que se haya comprometido a aportar, dejando a salvo sus bienes personales. Por eso, frente a las de personas, se dice que aquéllas son sociedades *intuitu pecuniae*. La persona del socio puede llegar a ser fungible y no hay más que pensar en las sociedades cuyas acciones cotizan en Bolsa: el accionariado varía todos los días. Ahora bien, no toda sociedad anónima es despersonalizada, existiendo sociedades con un número de socios reducido cuyos estatutos limitan la transmisibilidad de las acciones, por lo que en ellas sí se valoran las condiciones personales del socio. La derogada LSRL de 1995 capitalizó mucho la sociedad limitada, que, aun teniendo tradicionalmente carácter híbrido, quedó ahí configurada como sociedad de capital con un matiz más reducido de personalismo, aunque, para que pudieran elegir los socios un modelo de sociedad más capitalista o, por el contrario, más personalista, se otorgó carácter dispositivo a una parte importante de sus normas legales. Luego, con el TRLSC las diferencias entre sociedades anónimas y limitadas se redujeron más, pues se aprovechó indebidamente la refundición de textos legales para extender soluciones previstas para un tipo social al otro, incluso en casos en que había una previsión legal distinta para el tipo receptor. Cabe así ver en esta refundición de textos legales, nada neutra en su planteamiento y resultados, la intención de sus autores de acercar cada vez más las sociedades limitadas a las anónimas no cotizadas, reservando un régimen propio para las cotizadas. Posición ésta que no ha sido acogida favorablemente por todos los especialistas, habiendo quien aboga por el mantenimiento de un régimen legal claramente definido para cada tipo social. Por su parte, la comanditaria por acciones presenta perfiles tan propios que nos ocuparemos de ella de forma separada.

7. Otras formas sociales inscribibles en el RM

7.1. Preliminar

Este estudio se va a centrar en los cuatro tipos fundamentales de sociedades mercantiles (colectiva, comanditaria -simple y por acciones-, anónima y limitada), pero, por razones de sistemática, es preciso referirnos en este lugar a otras sociedades que, por diversos motivos, también se inscriben en el Registro Mercantil español. En algunos casos, son sociedades mercantiles que se ajustan a alguno de los tipos fundamentales, pero que cuentan con un régimen especial que las adjetiva (como las laborales y las participadas o las profesionales, aunque estas últimas también pueden ser civiles). En otro caso, la sociedad europea, nos encontramos con un tipo de sociedad anónima de origen comunitario, aunque regida también por la legislación nacional. La llamada “agrupación de interés económico” es una forma societaria autónoma, pero legalmente asimilada a la colectiva. Por su parte, la sociedad cooperativa es un tipo social específico que se inscribe en el Registro Mercantil sólo cuando interviene en el tráfico bancario o asegurador. En fin, las sociedades civiles por su objeto, pero sin forma mercantil, también pueden, desde la Ley 18/2022, de 28 de septiembre, inscribirse en el RM. Veámoslas separadamente.

7.2. Sociedad europea

La sociedad europea (SE, conocida también como *Societas Europaea*) es una forma societaria del derecho comunitario que está pensada para facilitar la concentración y fusión transfronteriza de empresas. En la práctica se observó que estas operaciones eran muy dificultosas debido a las diferencias aún existentes entre las distintas legislaciones nacionales en materia de sociedades anónimas y por eso se creó esta nueva forma societaria, con la pretensión de que fuera un tipo de sociedad anónima uniforme, de aplicación en todos los Estados de la UE. Su estatuto se encuentra en el Reglamento (CE) 2157/2001, de 8 de octubre, y la Directiva 2001/86/CE, de 8 de octubre, que completa el régimen previsto en ese Reglamento por lo que se refiere a la implicación de los trabajadores. Pero el Reglamento no es una regulación completa y permite en cierta medida (v. su art. 9) la aplicación del Derecho de sociedades anónimas de los distintos Estados miembros, por lo que la uniformidad del régimen no es, ni mucho menos, total. En España, mediante la Ley 19/2005, de 14 de noviembre, se añadió un nuevo capítulo (XII) a la (hoy derogada) LSA, complementando el Reglamento (que luego se incluiría en la LSC, como Título XIII) y después se traspuso la citada Directiva, mediante la Ley 31/2006, de 18 de octubre, que regula la implicación de los trabajadores tanto en esta sociedad como en la cooperativa europea. Finalmente, para facilitar la inscripción registral de este tipo de sociedades cuando van a fijar su domicilio en España (o incluso si ya lo tienen, caso de una SA española que se transforma en SE), se reformó el Reglamento del Registro Mercantil (aprobado por RD 1784/1996, de 19 de julio; en adel., RRM), mediante el RD 659/2007, de 25 de mayo.

7.3. Sociedades profesionales

Cuando varios profesionales realizan en común su actividad y la que aparece frente a los terceros que contraten sus servicios profesionales es la propia sociedad, asumiendo ella los derechos y obligaciones derivados del contrato, y los actos en que se concreten los servicios son realizados directamente bajo la denominación o razón social de esa sociedad, tienen que constituirse obligatoriamente como sociedad profesional, sometiéndose al régimen previsto en la Ley 2/2007, de 15 de marzo (reformada por las Leyes de 25/2009, de 22 de diciembre, 15/2021, de 23 de octubre, y la Ley Orgánica 1/2025, de 2 de enero). Es distinto el caso de que la sociedad sea de medios, sirviendo de forma instrumental para que los socios compartan infraestructuras o costes, o para repartir las ganancias. En tales casos, el que aparece como contratante es el propio profesional, no la sociedad, y no tienen obligación los socios de asumir el régimen de la sociedad profesional (v. art. 1 y E. de M. de la Ley 2/2007). La sociedad profesional no es un tipo social autónomo (v. art. 1.2. Ley 2/2007): los socios habrán de elegir una forma social de las legalmente admitidas (SA, SL, o civil, por ejemplo, por lo que será una SA profesional, SL profesional, etc.). Se rige por la Ley 2/2007 y supletoriamente por las normas correspondientes a la forma social adoptada (art. 1.3 Ley 2/2007). Habrá de inscribirse en el RM, previa escritura pública que contenga las menciones que exija la Ley para el tipo de sociedad elegido (por tanto, si es una SA o una SL, por ejemplo, las previstas en los arts. 22 y ss. LSC), más las que se establecen en la Ley reguladora de las profesionales (v. su art. 8).

7.4. Sociedades laborales y sociedades participadas

La Ley 44/2015, de 14 de octubre, regula dos tipos de sociedades, las laborales y las participadas por los trabajadores. A través de este régimen legal se pretende conseguir nuevos métodos de creación de empleo, fomentando la participación de los trabajadores en el capital de la sociedad, de acuerdo con el mandato recogido en el artículo 129.2 de la Constitución Española, que ordena a los poderes públicos la promoción de las diversas formas de participación en la empresa y el establecimiento de las medidas que faciliten el acceso de los trabajadores a la propiedad de los medios de producción.

Las sociedades laborales son sociedades anónimas o de responsabilidad limitada que se caracterizan por haber obtenido la calificación de "*laboral*", al reunir los requisitos especificados por su Ley reguladora (en su art. 1.2), y, en particular, (i) que la mayoría de su capital social sea propiedad de trabajadores que presten en ellas servicios retribuidos de forma personal y directa, en virtud de una relación laboral por tiempo indefinido, y (ii) que ninguno de sus socios tenga más de un tercio del capital social. El hecho de obtener esta calificación le permite, entre otras ventajas, gozar de los beneficios fiscales recogidos en el Capítulo II de la Ley.

Cuando una sociedad anónima o limitada no cumple los requisitos del artículo 1.2 de la Ley 44/2015, y, por tanto, no puede obtener la calificación como sociedad laboral, pero sí cuenta con una participación de los trabajadores en el capital de la sociedad, aunque no sea mayoritaria, o bien promueve su participación en la toma de decisiones empresariales, puede, no obstante, obtener (v. art. 19), y es una novedad introducida en su momento por esta Ley, la calificación de "*sociedad participada por los trabajadores*".

Las sociedades laborales y las participadas, al tener que asumir la forma de sociedad anónima o sociedad limitada, aparte de quedar sometidas a su régimen específico, que se encuentra en la citada Ley 44/2015, están sujetas al régimen general de las sociedades anónimas o de las limitadas, según sea el caso.

7.5. Sociedades cooperativas

Son sociedades, según resulta de su propia definición legal (art. 1 Ley 27/1999, de 16 de julio, de cooperativas, sucesivamente modificada), constituidas por "*personas que se asocian en régimen de libre adhesión y baja voluntaria, para la realización de actividades empresariales, encaminadas a satisfacer sus necesidades y aspiraciones económicas y sociales, con estructura y funcionamiento democrático*", pero pese a ser empresarios sociales (y entre las sociedades mercantiles las incluye el art. 124 C. de c. cuando desarrollen actividades empresariales con terceros ajenos a ellas), no cuentan con un único régimen vigente en todo el territorio nacional. En efecto, junto a una Ley de ámbito estatal (la citada Ley 27/1999), todas las Comunidades Autónomas han ido aprobando Leyes autonómicas de cooperativas, quedando la Ley estatal como supletoria de las Leyes autonómicas en sus respectivos territorios, sin perjuicio de aplicarse aquélla a las que desarrollen su actividad en ámbitos territoriales superiores a los de una Comunidad Autónoma (v. art. 2 Ley).

Se constituyen, al igual que los tipos básicos de sociedades mercantiles, mediante escritura pública e inscripción registral, adquiriendo con este último trámite personalidad jurídica, pero, a diferencia de las otras, no se inscriben en el Registro Mercantil, sino en un Registro administrativo especial, salvo las que intervengan en los mercados de crédito y de seguros, que deben inscribirse en el RM (arts. 81.1 *d)*, 254-256 y 258 RRM).

Por otro lado, para el desarrollo de actividades transfronterizas, el Consejo de la UE aprobó el Reglamento (CE) 1435/2003, de 22 de julio de 2003, que establece el estatuto de la sociedad cooperativa europea, que se complementa con la Directiva 2003/72/CE, de la misma fecha, que regula la implicación de los trabajadores en esa sociedad y que sería traspuesta a nuestro ordenamiento mediante Ley 31/2006, de 18 de octubre. En España, se reguló además la sociedad cooperativa europea aquí domiciliada por Ley 3/2011, de 4 de marzo.

7.6. Mutuas de seguros

Las mutuas de seguros son una forma tradicional de organizar una empresa de seguros que se caracteriza por un dato jurídico singular: sólo aseguran a sus propios socios y no tienen ánimo de lucro para sí mismas, en el sentido de que no buscan obtener una ganancia repartible, sino ofrecer a sus socios un seguro en las mejores condiciones. En cambio, en una sociedad anónima de seguros, no existe vinculación alguna entre la condición de socio y la de asegurado (cualquier persona ajena a la sociedad puede ser asegurado) y la sociedad realiza la actividad aseguradora con el mismo ánimo de obtener beneficios que emplearía en el desarrollo de cualquier otro objeto.

Su régimen legal se encuentra en el Texto Refundido de la Ley de Ordenación y Supervisión del Seguro Privado (LOSSP), aprobado por RD Leg. 6/2004, de 29 de octubre (v. arts. 9 y ss.) y también en la Ley 20/2015, de 14 de julio, de ordenación, supervisión y solvencia de entidades aseguradoras y reaseguradoras (LOSSEAR), que, aunque deroga aquél, lo ha dejado vigente precisamente en este punto (siguen, en efecto, vigentes los arts. 9, 10 y 24 de la LOSSP de 2004, en virtud de lo dispuesto en la Disposición derogatoria, apdo. g)). Ahora bien, hay que tener presente que este régimen legal de 2004 admitía dos clases de mutuas de seguros, en función de cómo cobraran las primas a sus asegurados, distinguiéndose así entre mutuas a prima fija (pagadera al inicio de cada período) y a prima variable (con posterioridad a los siniestros, a través de derramas), mientras la Ley 20/2015 sólo permite que las entidades de seguros operen a prima fija (v. arts. 27.1 *in fine* y 41.1), por lo que estableció un período transitorio de un año, a contar desde su entrada en vigor (que fue el 1 de enero de 2016), para que, en concreto, las mutuas a prima variable autorizadas para realizar la actividad aseguradora bajo el régimen anterior se transformaran en mutuas a prima fija o en sociedades anónimas o bien acordaran su disolución y liquidación (v. D.T.1ª de la Ley 20/2015).

Las mutuas se constituyen, como el resto de entidades aseguradoras (y cualquier sociedad mercantil), cumpliendo el doble requisito formal de otorgamiento de escritura pública e inscripción en el RM (v. art. 28 Ley 20/2015), adquiriendo con este último acto personalidad jurídica. Ello sin perjuicio de su inscripción añadida en un registro administrativo especial, regulado en el artículo 40 de la Ley 20/2015, en el que deben inscribirse todas las entidades aseguradoras, sea cual sea su forma.

7.7. Sociedades de garantía recíproca

Están reguladas por la Ley 1/1994, de 11 de marzo, que establece en su artículo 1 que "*[l]as pequeñas y medianas empresas, con el fin de facilitarse el acceso al crédito y servicios conexos, así como la mejora integral de sus condiciones financieras, podrán constituir sociedades de garantía recíproca con capital variable, en las que los socios no responderán personalmente de las deudas sociales*".

Son sociedades mercantiles (art. 4 Ley 1/1994), que adquieren su personalidad jurídica por su inscripción en el RM (art. 13 Ley), que tienen por finalidad facilitar a las pymes que son sus socios el acceso a una financiación bancaria o no bancaria adecuada a sus necesidades, concediéndoles avales u otro tipo de garantía. Además, junto a esta función primordial de otorgar garantías a favor de sus socios, que se ven de esta manera en una situación mucho más favorable para la obtención de financiación que si actuaran aisladamente, también pueden prestarles servicios de asistencia y asesoramiento financiero (art. 2). Lo que tienen prohibido (art. 3) es concederles cualquier tipo de crédito directo: sólo pueden actuar como garantes de préstamos que les concedan otros. En coherencia con las funciones que pueden asumir, la Ley (art. 8.1) les exige un capital social mínimo de diez millones de euros.

En cuanto a su naturaleza jurídica, es discutida, pero, a mi juicio, no puede subsumirse en ninguna de las otras formas sociales. Hay autores que las consideran una subespecie de sociedad anónima, con la que sin duda comparte rasgos, como la no responsabilidad de los socios por las deudas sociales, su estructura orgánica, la exigencia de un capital mínimo, el que pueda emitir obligaciones (v. art. 3 *in fine* Ley 1/1994), lo que ha permitido a la Ley 1/1994, al asimilarla a la anónima, remitirse en numerosas ocasiones al régimen legal de este tipo social en aspectos no previstos en ella (v. arts. 28.4,

31, 39, 44, 45.3, 50.4, 54, 58 ó 63 de la Ley 1/1994), pero, también presenta aspectos que la acercan a la mutua (y en la misma medida la alejan de la anónima), en particular la exigencia legal de que sus socios sean precisamente las pymes que necesitan los servicios que la sociedad ofrece. En fin, el hecho de que su capital sea variable y se divida en participaciones sociales y no en acciones (v. art. 7.1) es otra característica que es difícilmente compatible con su caracterización como subtipo de sociedad anónima y, junto a las otras notas, más bien apunta a una naturaleza propia no encuadrable en ninguna otra forma social tipificada.

7.8. Agrupaciones de interés económico

Son sociedades colectivas especiales (cuyo régimen se declara supletorio por su propia Ley reguladora, la Ley 12/1991, de 29 de abril, en su art. 1) que tienen por objeto exclusivo realizar actividades auxiliares a las que desarrollan sus socios. Sólo pueden constituirse por personas físicas o jurídicas que desempeñen actividades empresariales, agrícolas o artesanales, por entidades no lucrativas dedicadas a la investigación y por profesionales liberales (art. 4). Pero las AIE no pueden tener ánimo de lucro para sí mismas (art. 2.2) y no pueden participar ni directa ni indirectamente en el capital de sus socios ni controlar sus actividades (art. 3.2). Su nota jurídica fundamental es que sus socios, como los colectivos, asumen responsabilidad personal y solidaria, pero subsidiaria respecto a la sociedad, por las deudas sociales (art. 5).

En el ámbito comunitario se creó hace décadas la llamada "Agrupación europea de interés económico" (AEIE) para facilitar la creación de este tipo de sociedades entre miembros que desarrollen su actividad en Estados distintos de la UE. Su estatuto se encuentra en el Reglamento (CEE) 2137/1985, del Consejo, de 25 de julio, régimen que en nuestro ordenamiento se completa con las normas que le dedica la propia Ley 12/1991 (v. su art. 22).

7.9. Sociedades civiles

Las sociedades civiles pueden ser puras, cuando tienen objeto y forma civil, y pueden también ser mixtas, esto es, cuando tienen objeto civil, pero asumen forma mercantil.

Las sociedades civiles puras no necesitan inscribirse en ningún registro para adquirir personalidad jurídica, bastando (art. 1669 C. c.) con que se manifiesten en el tráfico como tales (sociedad externa), esto es, que no mantengan sus pactos secretos entre los socios, lo que sucedería si ellos actúan en el tráfico en su propio nombre y no en el de la sociedad (sociedad interna, carente de personalidad jurídica).

En cambio, si la sociedad es mixta (objeto civil, forma mercantil), la inscripción en el Registro Mercantil es obligatoria, pues aquí se aplica el régimen propio de la forma social elegida (arts. 116 y 119 C. de c.). De no inscribirse en el Registro Mercantil y operar en el tráfico como si estuviera formalmente constituida, sería considerada una sociedad irregular.

Pudiendo las sociedades civiles puras actuar en el tráfico regulamente al margen de toda inscripción registral, en un momento dado (por RD 1867/1998, de 4 de septiembre) se introdujo en nuestro ordenamiento un precepto en el Reglamento del Registro Mercantil para posibilitar la inscripción en el RM de las sociedades civiles puras. Sin embargo, esta norma, que en su momento sería el artículo 269 *bis* RRM fue declarada nula por el TS (Sala 3ª, sentencia de 24 de febrero de 2000), pero no por razones de fondo, sino porque el artículo 16 C. de c. dispone que la inscripción en el RM de cualesquiera personas, naturales o jurídicas, debe disponerlo la ley y el artículo 269 *bis* tenía rango reglamentario.

Posteriomente, se dio acceso al Registro Mercantil, estableciendo incluso su inscripción obligatoria, a un tipo de sociedad civil, las sociedades civiles profesionales, pero no por ser civiles, sino por ser profesionales, como resulta del art. 16.1.7 C. de c. en relación con el art. 8.1 de la Ley 2/2007, que regula las sociedades profesionales.

Pero, salvo estas últimas sociedades civiles (y, por supuesto, las que tiene forma mercantil, que se inscriben como tales en el RM), el resto de sociedades civiles han tenido vedado el acceso al Registro Mercantil, con independencia del breve período en que estuvo vigente el anulado artículo 269 *bis* RRM.

Ahora bien, dado que las sociedades civiles operan en el tráfico pudiendo realizar actos jurídicos de todo tipo (comprar vender y gravar todo tipo de bienes, por ejemplo), a través de sus administradores, es claro que poca seguridad jurídica ofrece que operen al margen de un registro, de ahí que desde el sector de los registradores se propusiera una reforma legal por la que se introdujera la obligación de que se inscribieran en el Registro Mercantil.

Así (en la entrada del Blog de Registradores.org titulada "La inscripción en el Registro Mercantil de las sociedades civiles con forma civil: una cuestión de seguridad jurídica", en https://blog.registradores.org) se proponía la inscripción obligatoria en el RM de las sociedades civiles por su objeto con forma civil para alcanzar diversos fines:

(i) La protección de la Administración tributaria frente a la elusión fiscal de los socios, que no siendo sociedades inscritas son los únicos que tributarían.

(ii) La protección de los terceros que contraten con la sociedad, que de esa manera podrán tener la certeza de que es un sujeto distinto a los socios, con su propio patrimonio, saber quién es administrador en cada momento (de manera que sabrán si la persona que aparece frente a ellos en nombre de la sociedad tiene capacidad para obligar a esta) y quiénes son los socios, lo que es muy relevante cuando asumen responsabilidad por las deudas sociales cuando el patrimonio de la sociedad es insuficiente.

(iii) La protección de la propia sociedad en el tráfico jurídico. La inscripción de las sociedades civiles puras da a la sociedad el control sobre los actos y contratos que celebre, pues para inscribir actos o contratos relativos a un sujeto inscribible será precisa la previa inscripción del sujeto; para inscribir actos o contratos modificativos o extintivos de otros otorgados con anterioridad será precisa la previa inscripción de éstos; para inscribir actos o contratos otorgados por apoderados o administradores será precisa la previa inscripción de éstos.

(iv) La protección de los socios. La responsabilidad subsidiaria de los socios por deudas sociales en caso de ser insuficiente el patrimonio social cesa cuando dejan de ser socios (artículo 1668 CC), por lo que la publicidad de este cese en la hoja abierta a la sociedad les blindaría frente a cualquier reclamación.

(v) El control de legalidad del registrador mercantil acabaría con la confusión frecuente en el tráfico jurídico entre sociedades civiles puras, sociedades civiles mixtas y sociedades con objeto mercantil que deben constituirse como mercantiles.

Esta situación ha cambiado recientemente, gracias a la Ley 18/2022, que, en su afán de impulsar la creación y el crecimiento de empresas, ha introducido una norma, esta vez sí con rango legal, la D. A. 8ª, que permite (no obliga) a las sociedades "*civiles por su objeto que no tengan forma mercantil*", esto es, las puras, inscribirse en el RM.

La D. A. 8ª de la Ley 18/2022 establece que en la primera inscripción deberán constar las siguientes circunstancias: "*1ª. La identidad de los socios. 2.ª La denominación de la sociedad en la que deberá constar la expresión «Sociedad Civil». 3.ª El objeto de la sociedad. 4.ª El régimen de administración. 5.ª El plazo de duración si se hubiera pactado, y 6.ª Los demás pactos lícitos que se hubieren estipulado*".

Además, durante la vida de la sociedad, se añade que en la hoja abierta a la misma "*serán inscribibles el nombramiento, cese y renuncia de los administradores, los poderes generales, su modificación, extinción o revocación, la admisión de nuevos socios, así como la separación o exclusión de los existentes, la transmisión de participaciones entre los socios, y las resoluciones judiciales o administrativas que afecten al régimen de administración de la sociedad*".

Aunque la inscripción sea facultativa y no se llegue al nivel de seguridad jurídica que ofrecería su carácter obligatorio (fue debatido durante la tramitación parlamentaria del proyecto de ley, quedando finalmente como voluntario), sí ofrece un marchamo de calidad a las que se someten a este control, que las hará distinguirse en el tráfico de las que prefieran actuar al margen del RM.

8. Importancia económica relativa de los distintos tipos sociales

Atendiendo a las estadísticas publicadas anualmente por el Colegio de Registradores de la Propiedad, Bienes Muebles y Mercantiles de España (www.registradores.org), más del 98% de las sociedades mercantiles que se constituyen cada año en España son limitadas. Es la sociedad tipo. Esta tendencia se ha mantenido inalterada, pese a que durante 2020 se constituyeron menos sociedades, debido a la crisis del coronavirus, y que los años de la crisis económica originada en 2007, pero cuyos efectos se mantuvieron en los años siguientes, descendió notablemente el número total de sociedades constituidas: se pasó de unas 105.000 en 2008 a poco más de 79.000 en 2009, aunque desde 2010 fueron aumentando las cifras hasta superar las 102.000 constituidas en 2016; no obstante, en 2017, 2018 y 2019 se volvió a los niveles de 2014 y 2015 (unas 95.000), aunque se bajó a unas 80.000 en 2020, esto es, niveles de 2010, por la razón expuesta. Pero, en 2021 ya aumentó a 102.135, en 2022 se mantuvo la tendencia, con 100.197 sociedades constituidas, y en 2024 se constituyeron 119.467 sociedades, un 9,60% más que en el año anterior (v. *Estadística Mercantil* de 2022 y 2024, p. 2 en ambos documentos).

En definitiva, desde 2009 a 2015 se fundaron menos sociedades que en el período previo, pero de las que se crearon la inmensa mayoría se acogió al tipo de SL y así se ha mantenido hasta hoy (y ello sin apoyarse en la figura de la sociedad limitada de formación sucesiva –SLFS-, pues sólo 148 de 94.875 SL se constituyeron de esta forma en 2018, 126 de 93.546 en 2019, 107 de 79.067, en 2020, 133 de 100.803 en 2021 y 117 de 98.720 en 2022; v. *Estadística Mercantil* de 2018, p. 28, de 2019, de 2020, de 2021 y 2022, p. 29 en los tres documentos; en fin, la SLFS ha terminado suprimiéndose por Ley 18/2022, de 28 de septiembre, que derogó el art. 4 *bis* LSC, v. más ampliamente *infra* Lección 4, epígrafe 2). El crecimiento de la SL ha ido en detrimento de la SA, que cada vez se constituye menos. Con todo, sigue siendo la segunda forma social en frecuencia de constitución, aunque con una enorme distancia de aquélla (en el período 2024-2016, apenas alcanzó el 0,4% del total de las constituidas; en 2015, el 0,6%, y en 2014, el 0,7%, según la *Estadística Mercantil* de 2024, 2022, 2020, 2018, 2016 y 2014, p. 2 en todas).

Antes de la fundamental reforma sufrida por la derogada LSA en 1989, la tendencia era la inversa. En nuestro mercado, hasta entonces, era frecuente acudir al tipo de anónima para constituir cualquier sociedad, aunque fuera para desarrollar una actividad comercial a pequeña escala. Pero, al introducirse en 1989 la exigencia de un capital mínimo de entonces 10 millones de pesetas (unos 60.000 euros) para la SA, que hasta ese momento no existía, quedó, por esta vía, reservada esta forma social para sociedades que fueran a ser titulares de empresas de una cierta envergadura económica, acudiendo el resto al tipo de SL, que tan sólo requería un capital mínimo de 500.000 pesetas (unos 3.000 euros). Desde entonces y hasta hoy, la gran mayoría de las sociedades que se constituyen lo hacen bajo la forma de sociedad limitada. Es más, en los últimos años se han ido introduciendo diversas medidas de naturaleza diversa para favorecer su constitución: (i) por un lado, simplificando los trámites de su constitución, frente a otros tipos sociales, hasta llegar a la constitución puramente *online* (ver art. 22 *bis* LSC, introducido por Ley 11/2023, de 8 de mayo) (ii) por otro, liberando del desembolso inicial a los fundadores, que ha pasado de 3000 euros a 1 euro, aunque hasta que alcance los 3000 euros, se le aplican las reglas del artículo 4.1 LSC (en versión dada por Ley 18/2022, de 28 de septiembre).

Y es esperable que esa tendencia se acentúe más si llega a aprobarse legalmente en algún momento la medida prevista en el art. 233-1 ALCM de subir el capital mínimo de la SA a 120.000 €, que supondría la reserva del tipo de social de anónima para las sociedades de mayor tamaño.

Además, no sólo el número de sociedades anónimas constituidas es mucho más bajo que el de limitadas, sino que tampoco en capitales invertidos en la constitución se lima actualmente la relevancia económica de la SL frente la SA, como puede apreciarse en la tabla adjunta (v., en particular, período 2017-2024).

Así, según los datos publicados por el Colegio de Registradores relativos a los últimos años (*Estadística Mercantil* de 2024, p. 15; 2022, p. 16; 2020, p. 16; 2018, p. 15; 2016, p. 15; 2014, p. 14; 2013, p. 14, y 2012, p. 11):

SOCIEDADES ANÓNIMAS			Capitales totales en constituciones en euros	
Año	Nº Total	Nª de SA	Cap. Suscrito	Cap. Desembolsado
2024	119.467	455	571.519.517	421.961.237
2023	109.003	409	311.302.924	214.469.230
2022	100.197	416	281.138.073	229.645.365
2021	102.135	404	451.498.519	334.782.216
2020	80.134	311	230.275.906	189.687.629
2019	94.840	395	247.614.039	203.428.090
2018	96.015	391	319.639.757	259.624.471
2017	94.998	410	223.293.741	162.319.236
2016	102.396	397	1.396.771.690	1.317.295.956
2015	94.981	605	2.511.407.606	2.450.601.582
2014	94.606	662	2.296.042.121	2.227.808.551

SOCIEDADES LIMITADAS		Capitales totales en constituciones en euros		
Año	Nº Total	Nº de SL	Cap. Suscrito	Cap. Desembolsado
2024	119.467	117.738	5.162.281.771	5.162.281.771
2023	109.003	107.611	6.057.237.234	6.057.237.234
2022	100.197	98.720	4.956.990.532	4.956.990.532
2021	102.135	100.803	4.640.185.702	4.640.185.702
2020	80.134	79.067	4.783.915.154	4.783.915.154
2019	94.840	93.546	5.347.316.943	5.347.316.943
2018	96.015	94.875	4.891.066.061	4.891.066.061
2017	94.998	93.803	5.063.748.357	5.063.748.357
2016	102.396	100.371	4.940.680.448	4.940.680.448
2015	94.981	93.976	5.095.022.657	5.095.022.657
2014	94.606	93.476	5.888.117.969	5.888.117.969
OTRAS SOCIEDADES		Capitales totales en constituciones en euros		
Año	Nº Total	Nº de otras	Cap. Suscrito	Cap. Desembolsado
2024	119.467	1.274	35.539.590	35.020.684
2023	109.003	983	7.304.778	7.190.358
2022	100.197	1.061	37.683.213	25.198.713
2021	102.135	928	9.304.415	8.031.915
2020	80.134	756	19.035.118	18.389.518
2019	94.840	899	61.177.933	61.169.927
2018	96.015	749	10.731.207	10.108.707
2017	94.998	785	36.006.718	35.996.470
2016	102.396	1.628	19.363.374	19.283.374
2015	94.981	400	46.936.512	44.936.512

Por su parte, las personalistas se constituyen poco, pues el régimen legal de responsabilidad de los socios, tan agravado (unido a un régimen de adopción de acuerdos basado -en principio- en la unanimidad), explica fácilmente su falta de atractivo. Con todo, atendiendo a los datos publicados por el Colegio de Registradores (*Estadística Mercantil* 2024, p. 27), en 2024 se constituyeron 91 sociedades colectivas, lo que supone un número bastante alto, dentro de una tendencia ya creciente (60 en 2022, 48 en 2020 y 47 en 2018); en cambio, sólo 5 comanditarias (no se especifica si simples o por acciones; fueron 12 en 2022, 10 en 2020 y 11 en 2018) y, entre las otras entidades inscribibles, en particular: 4 cooperativas (13 en 2022, 1 en 2020, 9 en 2018), 5 sociedades de garantía recíproca (5 en 2022, 6 en 2020 y 3, en 2018), 929 agrupaciones de interés económico (703 en 2022, 481 en 2020 y 268 en 2018) y 130 sociedades civiles (151 en 2022, 107 en 2020 y 281 en 2018; recordemos que, hasta la entrada en vigor de la Ley 18/2022, las civiles no eran inscribibles con carácter general en el RM, aunque sí lo eran antes de esta reforma, y con efectos constitutivos, si eran sociedades civiles profesionales, pero no por ser civiles, sino por ser profesionales, como resulta del art. 16.1 C. de C. en relación con el art. 8.1 de la Ley 2/2007). Por otro lado, es destacable, entre los tipos llamados "específicos" (que requieren, aparte de la forma específica adjetiva, la elección de otra forma social básica, como la SA, la SL o la sociedad civil, en su caso), la constitución de 1288 sociedades profesionales (1278 en 2022, 1.068 en 2020 y 1.441 en 2018), 208 sociedades laborales (193 en 2022, 183 en 2020 y 284 en 2018) y el hecho de que no se ha constituido ninguna sociedad anónima europea (en los últimos años, sólo se constituyó una, en 2014).

En otros países, el régimen fiscal más favorable para unos tipos sociales que para otros influye decisivamente a la hora de elegir la forma social. En España, aunque los cuatro tipos principales de sociedades mercantiles estén sometidos a la misma Ley del Impuesto de Sociedades (Ley 27/2014, de 27 de noviembre), cabe la posibilidad de que alguna forma específica, caso de las sociedades laborales (que, como quedó dicho, son anónimas o limitadas), cuente en un momento dado con un régimen fiscal más favorable que incline a su elección, de ahí la relevancia de conocer los aspectos tributarios en esta materia.

Por otro lado, junto al número de sociedades inscritas anualmente, publicado por el Colegio de Registradores, para conocer el peso real de cada tipo social en el conjunto de nuestra economía es fundamental la consulta del Directorio Central de Empresas del Instituto Nacional de Estadística (www.ine.es) que permite saber el número de sociedades existentes en España (en su conjunto, y por provincias) de cada forma social en un año concreto: así, en el ámbito nacional (en 2024, último publicado), consta la existencia de 48.109 sociedades anónimas y 1.093.566 sociedades limitadas; en cuanto a las personalistas, en 2020 constaba la existencia de 125 sociedades colectivas y 72 comanditarias (no se distingue tampoco aquí entre simples y por acciones), habiendo, además, 21.112 cooperativas.

9. Sociedades extranjeras

Como hemos dicho, las sociedades, al igual que las personas físicas y, concretamente, que los empresarios individuales, tienen nacionalidad. Así lo establece el C. c. en su artículo 28 para las personas jurídicas en general y, para las sociedades en particular, los artículos 8 LSC y 81 RRM. Su nacionalidad es determinante a efectos de la Ley por la que se han de regir su capacidad, constitución, representación, funcionamiento, transformación, disolución y extinción (art. 9.11 C. c.). El criterio determinante de la nacionalidad de las sociedades en España es discutido y la doctrina mayoritaria considera que es mixto, el del domicilio-constitución. Así se deduce de la interpretación conjunta de los artículos 15 C. de c. y 28 C. c., pues el primero de ellos parece optar por la constitución, pero del segundo se deduce la exigencia del domicilio. De ambos, por tanto, se desprende que no sólo basta el domicilio o la constitución, sino los dos (son, por tanto, españolas las constituidas y domiciliadas en España). Se discute si este criterio cayó o no ya en su momento con las LSA y LSRL, pues en el derogado artículo 5.1 LSA (= 6.1 LSRL, también derogado) se establecía que serán españolas y se regirán por la presente Ley "*todas*" las sociedades anónimas (o de responsabilidad limitada) que tengan su domicilio en territorio español, cualquiera que sea el lugar en que se hubiesen constituido, y en estos mismos términos se recoge ahora la norma bajo el artículo 8 LSC. Así, por ejemplo, SÁNCHEZ CALERO estimaba que se ha abandonado el doble criterio, manteniéndose sólo el del domicilio, mientras URÍA opinaba, en su momento, que no hay tal cambio, porque la expresión legal "*todas*" sólo alude a las sociedades que se van a regir por la Ley española de sociedades precisamente porque se han constituido con arreglo a ella, lo que significa el mantenimiento del doble criterio, que conduce a otorgar la nacionalidad española a las sociedades constituidas con arreglo a la Ley española y que establezcan su domicilio en España. En fin, más recientemente, PAZ-ARES entiende que el criterio determinante es el de la constitución, pues así se derivaría del Derecho de la Unión Europea (en particular, del art. 54 TFUE y la interpretación que el TJUE ha venido haciendo de él).

En esta última línea, el ALCM (art. 212-7.1) abandonó el criterio del domicilio y volvió al de la constitución para todas las sociedades mercantiles, de manera que considera españolas las sociedades constituidas conforme a la ley española (extranjeras, las no constituidas conforme al Derecho español, art. 212-8.1) y obligaba (art. 212-7.2) a que se constituyeran conforme a la ley española las sociedades mercantiles que desarrollasen sus actividades total o casi totalmente en España, salvo que tuvieran vínculo real con otro Estado, si bien se presumía que no existía tal vínculo cuando la administración o el centro de la actividad principal se hallasen en España. El incumplimiento de tal deber determinaría que se aplicase a tales sociedades el régimen de las no inscritas, esto es, se tendrían por irregulares.

Las sociedades extranjeras, al igual que los empresarios individuales extranjeros, pueden ejercer el comercio en España, con arreglo al artículo 15 C. de c.

10. Las cuentas en participación

Es una figura próxima a la sociedad y por eso el Código de comercio la regula a continuación de las sociedades (como Título II del Libro II, arts. 239 a 243). Es una institución muy antigua, medieval, y es hermana gemela de la comanditaria, pues ambas tienen el mismo origen, el contrato de *commenda*, que era un contrato de la práctica marítima por el que una persona -*commendator*- confiaba a otra -*tractator*- mercancías o dinero para vender o comprar, según el caso, y repartir entre sí los beneficios. De este contrato se derivan, como adelantamos, dos formas asociativas que pronto tomaron auge en la práctica: una, la asociación de cuentas en participación, en la que el socio partícipe permanece oculto frente a terceros ("*compagnia segreta*" o secreta) y otra, la sociedad comanditaria, en la que los socios comanditarios son conocidos por terceros ("*compagnia palese*" o abierta) y no responden personalmente de las deudas sociales, limitando su riesgo al capital aportado, con lo cual se afirma, por vez primera, en el campo de las sociedades mercantiles, el principio de responsabilidad limitada.

El artículo 239 C. de c. las define diciendo que "[*p*]*odrán los comerciantes interesarse los unos en las operaciones de los otros, contribuyendo para ellas con la parte del capital que convinieren, y haciéndose partícipes de sus resultados prósperos o adversos en la proporción que determinen*". De ahí se deduce que no existe sociedad, sino una simple participación capitalista de un sujeto en la empresa de otro (pudiendo ser ambos personas físicas o jurídicas), pero en modo alguno surge una sociedad, porque no nace una persona jurídica distinta de los partícipes, ni siquiera un fondo patrimonial común: el capital que pone en la cuenta el socio partícipe pasa a la propiedad del dueño del negocio o gestor, sin perjuicio de que aquél conserve un derecho de crédito contra éste por la parte de capital no perdida.

Como dice el TS (Sala 1ª) en su sentencia núm. 253/2014, de 29 de mayo (RJ 2014/3042): "*Su concepto se formula en el art. 239 del CCom, de donde resulta que: (i) se trata de la aportación o las aportaciones de un tercero al negocio de otro, del gestor, sin que señale si deben destinarse a todas las actividades o a una concreta, por lo que debe estarse a lo convenido entre las partes (como permite el Código de Comercio italiano de 1942, arts. 2549 a 2554 y que contrariamente establece el Código de Comercio alemán, que llama al contrato "sociedad oculta o tácita", y en la que debe participarse en todas las actividades del gestor), lo que no se opone a la literalidad del Código de Comercio español, pues si bien los arts. 239 , 241 y 243 se refieren a "operaciones", el art. 242 habla de "negociación"; (ii) se trata de un acto de comercio aparentemente subjetivo, como si sólo fueran comerciantes quienes pudieran interesarse en el negocio de otros, característica que en la realidad del tráfico mercantil actual no puede mantenerse. Y esta es la acepción más moderna que cabe dar a la práctica inmobiliaria actual, pues el contrato de cuenta en participación se realiza, como en el presente caso, para una operación concreta de promoción inmobiliaria*".

Tampoco se da el *ius fraternitatis* propio de la sociedad, que se concreta en la obligación de los socios de colaborar al fin común que se hayan propuesto, dado que la colaboración del socio capitalista se limita a poner capital (bienes o dinero, no industria) y no interviene en el negocio, que es realizado exclusivamente por el gestor, quien, como dice el artículo 241 C. de c., "*hace y dirige* (tales negociaciones) *en su propio nombre y bajo su responsabilidad individual*". El inversor o partícipe ni se inmiscuye en la gestión ni responde frente a terceros, porque no hay más responsable que el gestor, y tampoco tiene acción contra aquéllos, salvo que el gestor le haya cedido créditos, naturalmente (art. 242 C. de c.).

Pero, si el partícipe interviene en la gestión, puede verse condenado a responder solidariamente con el gestor frente a los terceros, como declaró (aunque en *obiter dicta*) la sentencia del TS (Sala 1ª) de 30 de septiembre de 2009 (RJ 2009/7262).

Por otro lado, como no nace una sociedad, tampoco pueden esos sujetos adoptar una razón comercial común (art. 241 C. de c.); la única razón es la de la empresa participada.

En cuanto a la forma, la Ley establece que no está sometida "*a ninguna solemnidad*", por lo que pueden contraerse "*privadamente de palabra o por escrito, y probándose su existencia por cualquiera de los medios reconocidos en Derecho*" (art. 240 C. de c.).

Libertad de formas que propicia en la práctica evidentes problemas de prueba, tal como se pone de manifiesto en sentencias como la del TS (Sala 1ª) de 17 de mayo de 2010 (RJ 2010/5690).

Finalmente, la Ley prevé (art. 243 en relación con el art. 239 C. de c.) la obligación a cargo del gestor de rendir cuentas de los resultados de las operaciones al partícipe y de liquidarle, según sean los resultados, prósperos o adversos, la parte que le corresponda, con arreglo a lo que se haya convenido. Si la cuenta se ha formado no para realizar una negociación concreta, sino para la explotación de una empresa, la obligación de liquidar tendrá que ser periódica y, a falta de previsión legal al respecto, y si nada se ha pactado en cuanto a la periodicidad, al menos deberán ser liquidaciones anuales, conforme a los usos (URÍA).

11. La realidad social de las uniones de empresas y su acogida legal

Es un fenómeno muy conocido que las empresas suelen entablar vínculos entre ellas más o menos "fuertes" -y más o menos estables- y con muy diversos fines, desde abaratar costes de aprovisionamiento a distribuir un producto en otro mercado, entre otros muchos. En ocasiones, esta unión de empresas puede tener efectos perjudiciales para el mantenimiento de la libre competencia en el mercado, por lo que están sometidas al control previsto en la Ley 15/2007, de Defensa de la Competencia (v. en part. arts. 7 y ss.). Las uniones pueden surgir entre empresarios de cualquier tipo y no necesariamente de gran tamaño. Frente a las fusiones, que suponen siempre la extinción de alguna sociedad, las empresas pueden optar por uniones que permiten que las sociedades que las forman permanezcan vivas y mantengan su independencia jurídica, aunque puedan perder, al menos parcialmente, su independencia económica. La tipología de este tipo de uniones es tan vasta que no es posible describirla en este lugar, pero sí conviene destacar que las relaciones entre las empresas que integran la unión pueden ser de *coordinación* (caso de las UTEs o de las AIEs, a las que vamos a referirnos a continuación) o de *subordinación* (como los llamados “grupos de sociedades”, tal como están legalmente consagrados en nuestro ordenamiento).

En nuestro ordenamiento no contamos hasta ahora con un régimen general de las diferentes uniones de empresas, sino disperso y parcial. Los grupos de sociedades, que constituyen la modalidad principal de este tipo de uniones, están regulados a efectos contables en el artículo 42 del C. de c., que determina cuándo se entiende que hay grupo como presupuesto para que nazca la obligación de presentar cuentas consolidadas para la sociedad que ocupe en él la posición de dominio. Y, sin entrar en un análisis detallado del precepto, se considera que existe grupo cuando una sociedad (dominante) ostente o pueda ostentar, directa o indirectamente, el control de otra u otras (dependiente-s); situación de posible control que se presume cuando se dan una serie de circunstancias indiciarias, como el hecho de que una sociedad posea la mayoría de los derechos de voto de otra. Como este tipo de uniones son propias de sociedades de capital, cuando se realizó la refundición de textos legales mediante la aprobación del R. D. leg. 1/2010, por el que se aprobó la Ley de Sociedades de Capital, se introdujo, por razones de sistemática, bajo el artículo 18, un concepto legal de grupo de sociedades a efectos de interpretación de esa Ley; precepto que era entonces formalmente nuevo, puesto que las derogadas LSA y LSRL no regulaban los grupos de sociedades, pero que materialmente era una reproducción del artículo 42 del Código de Comercio. Como también se remite a este concepto legal de grupo el artículo 4 de la Ley 6/2023, de 17 de marzo, de los Mercados de Valores y de los Servicios de Inversión (en adel., LMVSI). Por otro lado, se encuentra una noción de grupo, en este caso de cooperativas, en su Ley reguladora (v. art. 78.1 de la Ley 27/1999). En fin, la Ley de Defensa de la Competencia (Ley 15/2007) determina cuándo una concentración económica puede suponer un riesgo desde la perspectiva del mantenimiento de la libre competencia en el mercado, para someterla a un procedimiento de control, como hemos adelantado, y a estos efectos la define en su artículo 7.

Aparte del concepto legal de grupo de sociedades del fundamental artículo 42 C. de c. y de las otras normas citadas, contamos en nuestro Derecho con la regulación de dos tipos concretos de uniones de empresas: las agrupaciones de interés económico (AIEs), reguladas por la Ley 12/1991, de 29 de abril, y de las que ya nos hemos ocupado (*supra*, L.1.7.8), y las uniones temporales de empresas (UTEs), reguladas por la Ley 18/1982, de 26 de mayo, a efectos fiscales. Frente a las AIEs, que suponen la creación de una nueva sociedad, en la que se integran como socios las sociedades que pretenden facilitar el desarrollo o mejorar los resultados de su actividad (art. 2.1 de la Ley 12/1991), las UTEs son uniones de empresas (no necesariamente sociales) menos fuertes, que no originan ninguna nueva sociedad (carecen por sí mismas de personalidad jurídica, art. 7.2 Ley 18/1982), aunque sí engendran la responsabilidad solidaria e ilimitada frente a terceros de sus miembros, que se forman para "*el desarrollo o ejecución de una obra, servicio o suministro*" (art. 7.1 Ley 18/1982). Son, pues, uniones más coyunturales que se crean, por tiempo determinado o indeterminado, para ejecutar una obra, servicio o suministro que, por su envergadura, no puede asumir una de las empresas en solitario, pero que pierden su razón de ser cuando finaliza la obra o termina el contrato de suministro o servicios.

El ALCM dedicó a las uniones de empresas el Título IX del Libro Segundo ("*De las sociedades mercantiles*"), donde regula los tres tipos de uniones de empresas ya tipificados en nuestro ordenamiento: los grupos de sociedades, las AIEs (y AEIEs) y las UTEs. En relación con los grupos de sociedades, a diferencia del régimen vigente, contemplaba la posibilidad de que fueran de coordinación, no sólo de subordinación, y, aparte de regularlos a efectos contables, les obligaba a dar publicidad -incluso registral- a la existencia del grupo, para que fuera conocida por terceros, y protegía a los llamados "*socios externos*" o minoritarios de las dependientes (caracterizados por su debilidad frente a la posición del socio mayoritario, que es la sociedad dominante, v. art. 291-15 y ss.). En fin, también hizo frente al tradicional problema (hasta ahora resuelto jurisprudencialmente) de la responsabilidad frente a terceros que han confiado en la apariencia del grupo, haciendo corresponsable (aunque de forma subsidiaria, no solidaria) a la dominante de las deudas contraídas por la dominada (v. art. 291-13). En otra medida, también merece destacarse el cambio que introdujo en la regulación de las UTEs, que, para mejor protección de los terceros, pasan a concebirse como sociedades mercantiles inscribibles en el RM y atribuyó a los socios responsabilidad personal ilimitada y solidaria entre ellos (como hasta ahora), pero también con la sociedad, por las deudas sociales (art. 293-6.1). En el caso de las AIE, por contra, se mantuvo el régimen de responsabilidad de las deudas propio de la colectiva, por lo que los socios seguían disfrutando del beneficio de excusión del patrimonio social (arts. 292-5 y 292-6).

Lección 2. Las sociedades de personas

1. La sociedad colectiva

1.1. Origen histórico

Para hacer frente a las actividades comerciales que superan los medios de los mercaderes individuales surgen en la Edad Media las empresas colectivas, las sociedades de mercaderes, que parten, desde luego, del esquema del contrato de *societas* romano, pero con caracteres nuevos y desarrollos propios. Esto es lo que ocurre con la sociedad colectiva, que surge, en un principio, como solución para permitir a los herederos la explotación conjunta del negocio familiar al fallecimiento del causante y se afirma el principio de la responsabilidad ilimitada y solidaria de los socios por las deudas sociales como aplicación del postulado de la responsabilidad de los herederos por las deudas de la herencia. Por eso, inicialmente, sólo unía a personas pertenecientes a una misma familia. Más tarde el vínculo se extiende fuera del ámbito puramente familiar, pero en todo caso alcanzando sólo a personas que fueran de la máxima confianza. Este carácter originario ha permanecido fresco a lo largo de los siglos y hasta la actualidad. La sociedad colectiva se llama así porque es una comunidad de trabajo y de gestión colectiva: todos los socios son gestores natos; tienen el derecho y el deber de concurrir al manejo de los negocios comunes. El dato jurídico fundamental de la sociedad colectiva estriba en la responsabilidad que tienen los socios por las deudas sociales, que sólo se da en ella con total pureza, y a la que antes hacíamos referencia: primero responde la sociedad con todo su patrimonio social, en aplicación del artículo 1911 C. c., que afecta tanto a personas físicas como jurídicas. Pero, si el activo de la sociedad es insuficiente para responder del pasivo, subsidiariamente responden los socios con su propio patrimonio de forma ilimitada y solidaria (art. 127 C. de c.). Como los socios colectivos asumen un riesgo ilimitado, se les reconoce legalmente la capacidad de gestionar la sociedad, aplicando la clásica ecuación del derecho de sociedades riesgo-poder.

1.2. Significado actual

Actualmente se reduce su existencia a los ámbitos de empresas pequeñas, normalmente familiares, y están poco difundidas, fundamentalmente por el riesgo que asumen los socios y la posibilidad de acudir a otras formas sociales (en particular, la sociedad limitada) que, sin exigir grandes desembolsos para su constitución (de hecho, ahora, desde la reforma del art. 4.1 LSC operada por la Ley 18/2022, basta con desembolsar inicialmente un euro), les permiten obtener el beneficio de no responder personalmente de las deudas sociales. Otro de los motivos que desfavorecen su difusión es que la toma de acuerdos en estas sociedades es, en principio, por unanimidad, por el riesgo que corren los socios, a diferencia de las sociedades de capital, en las que rige el principio mayoritario. Aquí, en cambio, se requiere unanimidad para la toma de decisiones y también para modificar la escritura social. En fin, en estas circunstancias, y teniendo presente que estas sociedades no gozan de beneficio fiscal alguno que pudiera influir en favor de su constitución, es fácilmente explicable la huida hacia las formas sociales capitalistas.

Ahora bien, siguen siendo frecuentísimas en la práctica sociedades no constituidas regularmente que operan en el mercado realizando actividades mercantiles sobre la base de acuerdos escritos entre los socios (elevados o no a escritura pública) o meros pactos verbales. A estas sociedades, ya referidas (v. *supra*, Lección 1, epígrafe 3), llamadas "*irregulares*", se les acaba aplicando, para proteger fundamentalmente a los terceros con los que contratan, el régimen de la sociedad colectiva, como hemos expuesto. De ahí que, aunque sean pocas las sociedades colectivas que se constituyen cada año (si bien en los últimos dos años se observa un aumento considerable de ellas, v. *supra*, Lección 1, epígrafe 8) y su peso relativo en el ámbito de las sociedades mercantiles sea muy escaso, su régimen legal sí alcanza, en cambio, una aplicación estimable por esta vía patológica indirecta.

1.3. Constitución

Conforme a lo que establece el Código de comercio para la generalidad de las sociedades mercantiles (art. 119), el acuerdo de constituir una sociedad colectiva habrá de formalizarse en escritura pública e inscribirse en el RM. Con la inscripción registral adquirirá la sociedad su personalidad jurídica.

El Código de comercio y el RRM establecen qué menciones han de constar necesariamente en la escritura pública de constitución que luego deberá inscribirse en el RM. Estas menciones son las siguientes: por un lado, el Código (art. 125) establece que deberán figurar el nombre, apellido y domicilio de los socios; la razón social; el nombre y apellido de los socios a quienes se encomiende la gestión social y el uso de la firma de la compañía; el capital que cada socio aporte; la duración de la compañía; las cantidades que se asignen, en su caso, a cada socio gestor y demás pactos lícitos. Además, el RRM (art. 209) añade: el domicilio social, el objeto social, la fecha de comienzo de las operaciones y el capital social.

Como se advierte fácilmente, el Código se refiere en este precepto a los socios como personas físicas, sin embargo, nada impide que sean socios de una sociedad personalista tanto personas físicas como personas jurídicas y así se infiere de otros preceptos del Código, en particular del artículo 41.2, que prevé la posibilidad de que todos los socios colectivos, tanto de las colectivas como de las comanditarias simples, sean, a su vez, sociedades.

La modificación del contenido de la escritura social debe hacerse, en principio, con el consentimiento de todos los socios, pues así se deduce de la propia naturaleza de la colectiva. Por otra parte, no habiendo ninguna regla especial para este tipo social, la modificación está sometida al doble requisito de elevación a escritura pública e inscripción registral, conforme al principio general del citado artículo 119 C. de c.

En cuanto a la razón social o firma de la sociedad, el Código establece normas rígidas: se exige que la firma esté formada necesariamente por el nombre de los socios o de alguno de ellos añadiendo en este último caso "*y compañía*" (art. 126). La razón de ser de esta previsión legal es que, en la sociedad colectiva, como hemos visto, los socios responden subsidiaria, solidaria e ilimitadamente de las deudas de la sociedad, de forma que su patrimonio constituye una garantía para los acreedores de la misma. El constar el nombre de una persona en el nombre de la sociedad supone que esa persona responde subsidiaria e ilimitadamente y así el acreedor sabe –con ese solo dato- quién responde de las deudas, contra quién debe dirigirse para el cobro de sus créditos. Por eso el nombre de la colectiva se llama "*razón social*", porque da razón de los socios que forman parte de ella.

El carácter obligatorio de la denominación subjetiva en las sociedades de personas desapareció en el régimen previsto en el ALCM, que les permitía (art. 221-2) optar por una denominación que no fuera subjetiva. Ahora bien, exigía que, si se optaba por una subjetiva, ésta diera razón de los socios que de presente formaran parte de la sociedad, imponiendo que la denominación se formase "*necesariamente por el nombre o denominación* [dando cabida expresa a que fueran personas jurídicas] *de todos los socios colectivos, de alguno de ellos o de uno solo, debiendo añadirse en estos dos últimos casos la expresión «y compañía» o su abreviatura «y cía.»*".

Por este motivo, porque la firma social ha de ser veraz, ha de dar razón de los socios que la componen, la Ley (art. 126, párr. 2º C. de c.) prohíbe que se incluya en la firma "*el nombre de una persona que no pertenezca de presente a la compañía*" (así, en el caso de que una persona deje de ser socio de la colectiva, el RRM, en su artículo 401.4, obliga a que se modifique la razón social de forma inmediata). Y en el caso de que una persona incluya su nombre en la razón social no siendo socia de la compañía, está obligada a responder como si lo fuera (art. 126, párr. 3º C. de c.), dando prevalencia a la apariencia sobre la realidad en aras de la protección de los terceros de buena fe (GARRIGUES). En otras palabras, en nuestro ordenamiento, se corresponden los nombres que figuran en la razón social con las personas que responden.

La atribución de responsabilidad por las deudas sociales a quien permita la inclusión de su nombre en la razón social no siendo socio o que, habiéndolo sido, consienta que se mantenga su nombre en el de la sociedad, también desapareció en el ALCM, que, por un lado, permitía que el socio que dejase de serlo mantuviera su nombre en la razón social y sólo le obligaba a resarcir los daños que de esa actuación se derivasen (art. 212-3.2) y, por otro, le eximía expresamente (art. 221-22.2) de responder de las deudas sociales.

En fin, como en cualquier otra sociedad inscribible en el RM, en la razón social debe figurar la indicación del tipo social o su abreviatura legalmente admitida, que en una colectiva es "*S. C.*" o "*S. R. C.*" (art. 403 RRM).

1.4. Relaciones jurídicas internas

1.4.1. Obligación de aportar

No hay una norma explícita en materia de sociedad colectiva que imponga la obligación de aportar, sino que se deriva del artículo 116 C. de c., que concibe la sociedad como el contrato por el que dos o más personas "*se obligan a poner en común bienes, industria o alguna de estas cosas...*" y de otros preceptos de la colectiva que la presuponen, como el artículo 125 C. de c., que obliga a expresar en la escritura social entre otras menciones "*[e]l capital que cada socio aporte en dinero efectivo, créditos o efectos*".

Los socios se obligan a poner en común "*bienes, industria o alguna de estas cosas*" en la forma que se establezca en la escritura como medio para lograr el fin que se propone la sociedad. A los bienes se refiere la Ley cuando determina las menciones que deben figurar en la escritura y pueden ser tanto aportaciones de dinero como de otros bienes que no sean dinero efectivo, pero que tengan valor económico, como un local de negocio para la sociedad. La industria consiste en una prestación de hacer, por la que el socio pone a disposición de la sociedad sus servicios, que pueden tener la naturaleza más variada, desde hacer asesoramiento jurídico hasta llevar la contabilidad u ocuparse del mantenimiento y limpieza del local. Así, se habla de socios capitalistas y socios industriales. Lo normal es que haya, al menos, un socio capitalista, pero al regular las menciones de la escritura de constitución el RRM admite (art. 209, 8ª) la posibilidad de sociedades formadas exclusivamente por socios que sólo aporten servicios.

1.4.2. Administración

La nota característica de las relaciones jurídicas internas dentro de la sociedad colectiva es que todos los socios (incluidos los industriales) pueden participar en la gestión social: dado que todos ellos responden de las deudas de la sociedad, también todos ellos pueden participar en su gestión. Ahora bien, en la escritura social puede pactarse otro régimen de administración si se considera que conviene más a la sociedad. Recuérdese que en los artículos 125.3 C. de c. y 209.9 RRM se dice que en la escritura figurarán los socios a quienes se encomiende la administración y representación de la sociedad, admitiéndose así expresamente la posibilidad de limitarla a alguno de ellos.

Hay, pues, dos supuestos principales:

1. Que en la escritura no se diga nada, hipótesis infrecuente, pero a la que el Código de comercio da solución: la administración corresponde a todos los socios. Conforme al artículo 129 de ese texto legal, "*todos tendrán la facultad de concurrir a la dirección y manejo de los negocios comunes*". En tal caso, los acuerdos se tomarán por los "*presentes*", lo que supone que incluso si un socio está solo podrá contratar sin necesidad de consentimiento de los demás. Lo que no cabe es contratar con la oposición de algún socio, pues el artículo 130 C. de c. confiere un derecho de veto, que en todo caso no tiene efectos frente a terceros. Además, el socio que cause daños a la sociedad tendrá que responder por ellos si los demás socios se lo exigieren (art. 144 C. de c.).

2. Lo normal no es el caso anterior, sino que los socios acuerden nombrar a uno o más socios como administradores de la sociedad. Si es así, puede pactarse que actúen de dos formas alternativas: mancomunada o solidaria.

Mancomunada supone que los administradores tienen que adoptar las decisiones de forma conjunta, lo que en ocasiones puede paralizar la sociedad, porque no logren ponerse de acuerdo.

Solidaria significa que un administrador por su cuenta puede tomar decisiones con independencia del otro u otros. Sin duda es la forma más ágil, pero también puede traer inconvenientes, precisamente por la libertad de actuación que se otorga a los gestores, que no necesitan recabar la autorización de los demás para realizar actos que obliguen a la sociedad, con lo que se expone no sólo el patrimonio de ésta, sino también los bienes personales de los socios, dado el régimen de responsabilidad propio de esta forma social. No obstante, el derecho de veto previsto en el artículo 130 C. de c. mitiga parcialmente el riesgo.

Como ejemplo de los riesgos que puede comportar esta forma de administración, puede verse el caso resuelto por la STS (Sala 1ª) de 12 de septiembre de 2008 (RJ 2008/6906), relativo a una sociedad colectiva en cuya escritura se atribuía la condición de administrador a cada uno de los socios con facultades solidarias.

En el caso de que los socios acuerden nombrar a un socio administrador de la sociedad, éste puede ser destituido en cualquier momento, como cualquier mandatario.

Otro supuesto es que el nombramiento de administrador haya sido conferido como condición expresa del contrato social, es decir, que la sociedad se haya constituido con la condición de que un socio concreto sea su administrador. En este caso, que es el llamado del "*administrador* (o *gerente*) *estatutario*", no se puede destituir al administrador, aunque gestione mal, porque la sociedad se constituyó con la condición de que esa persona, y no otra, fuera quien administrara, pero la Ley ofrece otra solución (art. 132 C. de c.): el nombrar de entre los socios un coadministrador que lo controle o bien promover la "*rescisión*" judicial del contrato de sociedad. Esta segunda posibilidad interpretada así, como rescisión total del contrato social, es demasiado extrema, por lo que procede interpretarla en el sentido de rescisión parcial, respecto de la persona o personas que son administradores estatutarios.

Habiendo una o más personas encargadas especialmente de la administración, los demás no pueden contrariar ni entorpecer sus gestiones ni impedir sus efectos (art. 131 C. de c.).

En cuanto al ámbito de poder de los administradores, será, al igual que cualquier mandatario, que tiene tantos poderes como le haya conferido el *dominus*, lo amplio que se haya determinado en la escritura social. Ahora bien, a falta de previsión en la escritura, se entenderá que están facultados para realizar los actos que sean necesarios para desarrollar la empresa que constituya el objeto de la sociedad. Esta postura ha sido superada, como veremos, para las sociedades anónimas y limitadas, en las que se conciben los administradores no como mandatarios de los demás socios, sino como órganos sociales, y en consecuencia su ámbito de actuación no depende de la escritura social, sino que viene determinado por la propia Ley (art. 234 LSC). En cuanto a su régimen de responsabilidad, los administradores de la sociedad colectiva deberán desempeñar su cargo con la diligencia debida, aunque sólo responden frente a la sociedad de actuaciones dolosas y con culpa grave (art. 144 C. de c.). Es decir, no responden de la culpa leve, lo que supone un régimen más beneficioso que el general del Código civil, pues en principio todo deudor responde de los actos negligentes en todos los grados de la culpa, conforme al artículo 1104 de ese texto legal. Aquí no, no responden de la culpa leve, porque se creyó mejor solución teniendo presentes las decisiones que se han de tomar en la vida empresarial, que siempre implica riesgos. Además, se prevé que esta responsabilidad decaiga cuando pueda inferirse de algún acto la aprobación o ratificación expresa o virtual del hecho en que se funde la reclamación (cit. art. 144 C. de c.). Este régimen de responsabilidad difiere del actualmente establecido para los administradores de sociedades de capital, que han perdido, en la regulación vigente, el beneficio de no responder de los actos realizados con culpa leve y responden en todos los grados de la culpa. Su cargo es retribuido (de hecho, en la escritura, como vimos, una de las menciones es la retribución asignada a los administradores). Y no es delegable, salvo consentimiento expreso de los socios (art. 143 C. de c.).

En cualquier caso, todos los socios, administren o no, tienen derecho a examinar el estado de la administración y de la contabilidad (art. 133 C. de c.), como consecuencia del riesgo que asumen. Es decir, que tienen derecho al examen directo de los libros de contabilidad y de la documentación relativa a los asientos.

1.4.3. Limitaciones a los socios para el ejercicio por cuenta propia de una actividad mercantil

Dado que la sociedad colectiva es una comunidad de trabajo y que todos los socios tienen la posibilidad de participar directamente en la administración de la sociedad y que todos ellos, aunque no intervengan, pueden informarse en cualquier momento de la marcha de los negocios sociales, su deber de fidelidad hacia la sociedad es muy acentuado. Por ello, el Código establece una limitación al ejercicio por parte de los socios de una actividad mercantil realizada por su cuenta, y así dicta una serie de normas:

En primer lugar, el socio industrial no puede en ningún caso ocuparse de negocios de ninguna especie, salvo que la sociedad se lo permita expresamente (art. 138 C. de c.).

Los demás socios tampoco pueden hacer operaciones por cuenta propia sin consentimiento de la sociedad en el caso de que ésta no tenga un objeto social determinado, pero no se requiere que el consentimiento sea expreso y además la sociedad no puede negarlo sin acreditar que de ello se le deriva un perjuicio efectivo y manifiesto (art. 136 C. de c.).

En caso de que la sociedad tenga un objeto social determinado, los socios que no sean industriales podrán dedicarse, salvo pacto en contrario, a una actividad por su cuenta siempre que no sea la de la sociedad (art. 137 C. de c.).

El régimen más riguroso para el socio industrial se explica porque es una persona que no aporta capital a la sociedad, sino sólo su trabajo, y con esta previsión se pretende que dedique todos sus esfuerzos a la sociedad.

1.4.4. Transmisión de las cuotas sociales

Por el carácter personalista de la sociedad, para la transmisión *inter vivos* se requiere (art. 143 C. de c.) el consentimiento de todos los socios. El Código se refiere expresamente a la transmisión "*a otra persona*", lo que supone que el consentimiento de los demás socios se requerirá no sólo para transmisiones a terceros ajenos a la sociedad, sino incluso a otro socio, pues eso puede agravar la responsabilidad del resto. Y si muere uno (art. 222.1 C. de c.), no entran automáticamente sus herederos, sino que la sociedad se disuelve, salvo que en la escritura social se haya previsto expresamente que la sociedad continúe con los herederos del difunto o con los socios sobrevivientes.

1.4.5. Reparto de las ganancias e imputación de las pérdidas

Anualmente es usual que la sociedad reparta los beneficios obtenidos en el desarrollo de la empresa social, si los hay, entre sus socios, lo que no supone que reparta todos sus beneficios, pues normalmente se guarda una parte de ellos como ahorro, lo que se denomina reservas voluntarias. Cabe incluso que en algún ejercicio social se destinen todos los beneficios a reservas, lo que no es admisible es que sistemáticamente se destinen todos los beneficios a reservas sin repartir nada entre los socios.

El reparto de beneficios se rige por lo previsto en la escritura y, si no se ha dicho nada, el Código fija una regla (art. 140): se distribuirán en proporción al valor de la aportación de bienes de cada socio y el socio industrial participará como el socio capitalista de menor participación. La diferencia de trato se debe a que se minusvalora el trabajo frente al capital. Y en la misma proporción se imputarán las pérdidas (art. 141 C. de c.), sin comprender a los socios industriales, que, para compensarles, no participan de las pérdidas, salvo pacto expreso en contrario.

1.5. Relaciones jurídicas externas

1.5.1. Representación

La sociedad puede conferirle la representación para actuar en nombre suyo, contratando con terceros, a cualquiera de los socios, aunque normalmente serán los administradores de la sociedad los que tengan poder para representarla tanto judicial como extrajudicialmente. A eso se le llama "*uso de la firma social*" y, si se hace legítimamente por quien está facultado para ello, obliga directamente a la sociedad con los terceros. En caso de que un socio que no tenga poder para usar de la firma social realice un acto en nombre de ella, la sociedad no responde, sólo lo hace él (art. 128 C. de c.). Cuestión distinta es la del denominado "*abuso de la firma social*": si el socio tiene autorización para usar de la firma social, pero abusa de ella, utilizándola para negocios por cuenta propia, las ganancias que obtenga por ese negocio serán de la sociedad y podrá resolverse el contrato social respecto a él, además de poder verse obligado a indemnizar a la sociedad por los daños y perjuicios que le haya causado, si los hubiera (art. 135 C. de c.).

1.5.2. Responsabilidad por las deudas sociales

De las deudas de la sociedad responde ella misma, con todo su patrimonio, y luego todos los socios, incluidos los industriales, pues el artículo 141 sólo opera a efectos internos. La característica tradicional de la sociedad colectiva es que todos los socios responden por las deudas de la sociedad, en los términos dispuestos por el artículo 127 C. de c., que es un precepto de derecho necesario.

Esta responsabilidad se articula del siguiente modo (art. 127 en relación con art. 237 C. de c.):

1. Todos los socios responden de forma personal e ilimitada, es decir, con todos sus bienes.

2. Es una responsabilidad subsidiaria o de segundo grado, lo que significa que primero responde la sociedad y si sus bienes resultan insuficientes para hacer frente al pago de las obligaciones es cuando pueden ejecutarse los bienes de los socios (es lo que se llama el "*beneficio de excusión*": los bienes de los socios no pueden ejecutarse por deudas de la sociedad, "*sino después de haberse hecho excusión del haber social*", art. 237 C. de c.). Esto supone que, si se demanda conjuntamente a la sociedad y a los socios, la condena de los socios será subsidiaria y sólo podrá ejecutarse la sentencia contra ellos después de haberse ejecutado contra la sociedad.

3. Es una responsabilidad solidaria, lo que significa que un acreedor puede reclamar el pago de todo el crédito a cualquiera de los socios y éste está obligado a pagárselo, con independencia de cuál sea su participación en la sociedad, sin perjuicio del derecho de repetición que tenga el que haya pagado contra los demás.

1.6. Rescisión parcial del vínculo

Supone que se disuelve el vínculo social respecto de alguno de los socios. Ello puede deberse a la voluntad del socio en las sociedades constituidas por tiempo indefinido, dado que nadie puede obligarse a estar vinculado a una sociedad por toda su vida, y está expresamente reconocido en el C. de c. en sus artículos 224 y 225. Ahora bien, el socio que ejercita esta facultad, conforme al artículo 225, "*no podrá impedir que se concluyan del modo más conveniente a los intereses comunes las negociaciones pendientes, y mientras no se terminen no se procederá a la división de los bienes y efectos de la compañía*". También puede hacerse contra su voluntad como sanción por una actuación reprochable, estableciéndose en el artículo 218 varias causas de rescisión parcial del contrato con este fundamento.

Sea voluntaria o a modo de sanción, los efectos de la rescisión parcial son los mismos en ambos casos: el socio se desvincula de la sociedad, liquidándose su cuota, pero eso no le libera de responsabilidad por las pérdidas anteriores a la separación, pudiendo la sociedad "*retener, sin darle participación en las ganancias ni indemnización alguna, los fondos que tuviere en la masa social, hasta que estén terminadas y liquidadas todas las operaciones pendientes al tiempo de la rescisión*" (art. 219 C. de c.). Además, para que la rescisión surta efectos frente a terceros es necesario que se inscriba en el Registro Mercantil y, mientras no se haga la inscripción registral (art. 220 C. de c.), "*subsistirá la responsabilidad del socio excluido por todos los actos y obligaciones que se practiquen en nombre de la compañía y por cuenta de ésta, con terceras personas*".

1.7. Disolución y liquidación de la sociedad colectiva

Disolución no significa extinción de la sociedad, sino que constituye un presupuesto de la misma, pues abre el camino de la extinción, pero la disolución por sí sola no pone fin a la sociedad, ni como contrato, ni como persona jurídica. Por el contrario, con ella se abre otro período en la vida de la sociedad, llamado liquidatorio, en el que la actividad social ya no consiste en el desarrollo de la empresa (lo que suponía asumir nuevas obligaciones mediante contratos con terceros, etc.), sino en la realización de actos exclusivamente liquidatorios, y, concretamente, en el cobro de créditos pendientes, el pago a los acreedores, la fijación del haber social remanente (si queda algo tras el pago de las deudas), y el reparto de este haber entre los socios. Sólo una vez realizadas estas operaciones y finalizado, pues, el proceso de liquidación de la sociedad, se procede a su cancelación en el RM, y es así, mediante este último paso, como se extingue la sociedad. En efecto, la sociedad, igual que nace mediante la inscripción registral, se extingue mediante la cancelación de los asientos relativos a la misma en el propio Registro.

Las causas de disolución vienen recogidas en los artículos 221, 222 y 224 C. de c., sin perjuicio de las que se hayan previsto en la escritura.

Las recogidas en la Ley son las siguientes:

1ª. Cumplimiento del término, si se ha fijado: opera *ipso iure*, sin necesidad de que los socios efectúen ninguna declaración, pues el RRM (art. 238.1) prevé que la puede apreciar el Registrador Mercantil de oficio o a instancia de cualquier interesado, tras cuyo hecho extenderá una nota al margen de la última inscripción, expresando que la sociedad ha quedado disuelta. Para evitar esta consecuencia, la única solución es que todos los socios acuerden en escritura pública prorrogar la vida de la sociedad, pero ésta ha de presentarse a inscripción en el RM antes de que llegue el término, pues si éste transcurre sólo cabe celebrar un nuevo contrato de sociedad (art. 223 C. de c.). Para evitarlo, lo usual es pactar la duración indefinida de la sociedad.

2ª. Conclusión de la empresa que constituya su objeto: dado que en la práctica se suele configurar un objeto muy amplio, es difícil que se aprecie la concurrencia de esta causa de disolución.

3ª. Pérdida entera de su capital: una sociedad no puede operar sin capital.

4ª. La apertura de la fase de liquidación de la compañía declarada en concurso: conforme a la Ley Concursal, la declaración de concurso por sí sola no es causa de disolución de la sociedad, pues el concurso no necesariamente termina con la liquidación de su patrimonio para el pago de sus deudas (de hecho, la solución preferida por la Ley es que se llegue a un convenio con los acreedores). Por ello, sólo si se abre la fase liquidatoria se disuelve la sociedad.

5ª. La muerte de algún socio, salvo que en la escritura social conste pacto expreso en contrario en los términos del artículo 222 C. de c.

6ª. La inhabilitación de un socio gestor para administrar sus bienes: el socio inhabilitado no puede seguir administrando la sociedad, de ahí que sea causa de disolución, por el marcado carácter personalista de la sociedad.

7ª. La apertura de la fase de liquidación en el concurso de cualquier socio: por lo mismo, sólo es causa de disolución cuando el procedimiento concursal de un socio termina con la liquidación del patrimonio del socio afectado. Y por qué es causa de disolución: porque, dado el régimen de responsabilidad por las deudas sociales de este tipo social, eso supone agravar la responsabilidad de los demás socios y, por tanto, reducir la garantía de cobro de sus créditos de los acreedores, que contarán con un patrimonio menos.

8ª. Por denuncia unilateral del contrato (arts. 224 y 225 C. de c.): sólo si la sociedad se ha constituido por tiempo indefinido, puede cualquiera de los socios instar su disolución, pero siempre que no lo haga de mala fe, es decir, para obtener un lucro por la desaparición de la sociedad.

> "*La mala fe del socio que desiste, aunque no se reduce al supuesto contemplado en el párrafo segundo del art. 224 CCom (que tiene carácter meramente ejemplificativo), tampoco puede identificarse, sin más, con el perjuicio objetivo, mayor o menor, que la disolución comportará necesariamente para los demás socios, porque esos perjuicios, entendidos como pérdida de la posición que se ostentaba y de la expectativa de seguir obteniendo los beneficios que hasta entonces venía generando la sociedad, son consecuencia, no de la mala fe del socio disidente, sino de la disolución misma. Y es que, en otro caso, y siempre que la sociedad fuera productiva, el socio disidente no podría nunca denunciar el contrato, pues los demás socios resultarían objetivamente perjudicados en sus intereses por esa decisión. Tiene, por tanto, que existir un plus que convierta en maliciosa la decisión de denunciar el contrato. Lo habrá cuando la denuncia se haga con ánimo de perjudicar a los consocios, o con absoluta falta de consideración de sus razones o intereses, como sucede, por ejemplo, cuando el socio persistiera en su intención de denunciar la sociedad tras haber recibido una oferta razonable de sus compañeros para adquirir su participación. Pero no existirá mala fe cuando, como en el caso presente, el socio disidente busca el interés propio antes que el ajeno, e incluso el general...*" (SAP Cantabria, Sección 1ª, de 26 de junio de 2000, AC 2000/1417). Para excluir la licitud de la denuncia no basta la búsqueda por el socio disidente de un lucro "*normal*" (v. STS, Sala 1ª, de 27 de enero de 1997 (RJ 1997/143).

Salvo en la hipótesis del cumplimiento del término, el resto de las causas no operan automáticamente, sino que actúan a modo de presupuesto, debiendo todos o alguno de los socios hacer valer la causa. Además, aun no concurriendo ninguna de estas causas, siempre podrá disolverse la sociedad por acuerdo unánime de los socios: igual que su voluntad hizo nacer la sociedad, también su voluntad puede hacerla desaparecer. La disolución tiene que inscribirse en el RM, lo que en principio se hará presentando una escritura pública en la que conste el consentimiento de todos los socios, pero tal consentimiento no siempre es necesario, porque hay casos en que la causa de disolución es un hecho indubitado que consta documentalmente (por ej., la declaración de apertura de la fase de liquidación del concurso, sea de la sociedad o de un socio, que, conforme al artículo 239.3 RRM, deben bastar para practicar la inscripción, aunque los presente un socio sin que preceda el consentimiento de los demás). Ello sin olvidar que el transcurso del término consta en el RM y no tiene ni que ser alegado. En los demás casos (por ej., la conclusión del objeto social), si no se llega a un acuerdo unánime, el socio interesado en la disolución de la sociedad tendrá que acudir a los tribunales, que habrán de valorar si realmente concurría tal causa.

Con la disolución se abre la liquidación, lo que supone que cesa "*la representación de los socios administradores para hacer nuevos contratos y obligaciones*" (art. 228 C. de c.). De la liquidación se ocupan los liquidadores, que, si no se dice otra cosa en la escritura, serán los propios administradores de la sociedad, salvo que se oponga alguno de los socios (art. 229 C. de c). Como la finalidad de este período es liquidar el patrimonio de la sociedad, no se permite a los liquidadores celebrar nuevos contratos y obligaciones, limitándose sus facultades a percibir los créditos de la compañía, extinguir las obligaciones contraídas y realizar las operaciones pendientes (art. 228 C. de c.). Una vez pagadas las deudas de la compañía, si queda un remanente, éste se reparte entre los socios (art. 235 C. de c.). Si nada se dispone en la escritura, a cada socio le corresponde en la división del haber social una cuota proporcional a su participación en la sociedad.

Una vez repartido entre los socios el haber social remanente, tienen que cancelarse en el Registro Mercantil los asientos relativos a la sociedad, y esa cancelación, como adelantamos, supone el momento de la extinción de la persona jurídica, pues, dado que la sociedad adquiere su personalidad con la inscripción, la pierde con la cancelación de la inscripción.

2. Sociedad comanditaria, con especial referencia a la simple

2.1. Origen, evolución y tipos de sociedad comanditaria

La sociedad comanditaria es, como hemos expuesto (v. *supra* Lección 1, epígrafe 10), una sociedad de origen medieval derivada de la *commenda*, contrato propio del tráfico marítimo que originaría también, en el terreno asociativo, las cuentas en participación. Pero, con independencia de su origen, lo cierto es que tiene muchos puntos de contacto con la sociedad colectiva, lo que ha permitido al legislador remitirse en gran medida a las normas que regulan esta sociedad al disciplinar la comanditaria. No obstante, tiene importantes diferencias, y la principal es que en ella conviven dos tipos de socios:

1. Por un lado, socios colectivos, que están sometidos al mismo régimen que los socios de la sociedad colectiva, es decir, que todos tienen responsabilidad personal y solidaria, aunque subsidiaria respecto a la sociedad, por las deudas contraídas por ésta y, en consecuencia, en principio todos ellos concurren a la gestión de los negocios de la sociedad.

2. Por otro, socios comanditarios, que tienen responsabilidad limitada. Como no arriesgan todo su capital, tampoco administran.

La existencia de estos socios capitalistas no priva a esta sociedad de su carácter personalista, por la preponderancia en ella de los socios colectivos y porque las circunstancias personales de los socios comanditarios juegan un papel relevante.

El Código de comercio, en su versión originaria, daba en el artículo 122 una definición de la sociedad comanditaria diciendo que es aquella "*en que uno o varios sujetos aportan capital determinado al fondo común, para estar a las resultas de las operaciones sociales dirigidas exclusivamente por otros con nombre colectivo*". Esta noción, muy criticada por la doctrina, fue suprimida y el texto actual del artículo 122.2 (tras la reforma operada por la Ley 19/1989, de 25 de julio) simplemente se limita a decir que una de las formas de las sociedades mercantiles es la "*comanditaria, simple o por acciones*". En efecto, las comanditarias pueden ser simples, cuando la aportación de un socio no está documentada por un título o una anotación en cuenta, que son sociedades personalistas muy similares a las colectivas, o por acciones, esto es, que tienen su capital dividido en acciones, cuentan con elementos propios de las sociedades personalistas combinados con otros capitalistas y en ellas la aportación sí está documentada por un título o consta por una anotación en cuenta.

Actualmente se constituyen muy pocas sociedades comanditarias, por la proliferación de otras formas sociales, como las limitadas y las anónimas y por la rigurosa prohibición de que el socio comanditario intervenga en la gestión social. La por acciones está muy difundida en Alemania y aunque estaba admitida por el Código de comercio (antiguo art. 160), la citada Ley 19/1989, de 25 de julio, le otorgó una regulación específica, dando nueva redacción a los (derogados) artículos 151-157, con el fin de atraer inversiones de capital alemán a España, especialmente en el sector hotelero, pero esta forma no ha dado los resultados apetecidos, no alcanzando la difusión esperada. Este régimen ha estado formalmente vigente hasta la aprobación del R. D. leg. 1/2010, por el que se aprobó la LSC, al integrarse la regulación de anónimas, limitadas y comanditarias por acciones en un mismo texto legal. Ahora bien, en sustancia el régimen legal de esta sociedad permanece invariado, al haberse simplemente repartido en diversos preceptos de la LSC, en particular en su artículo 252, donde se regulan sus notas más características. Con todo, como habremos de ver cuando nos ocupemos más delante de la LSC, no deja de ser novedosa la integración de la sociedad comanditaria por acciones con las otras dos formas sociales con las que ahora comparte ley. No es irrelevante que mientras la sociedad comanditaria simple se regula en el Código de comercio junto a la colectiva (arts. 145-150), la comanditaria por acciones haga lo propio fuera del Código de comercio, en una Ley especial, la LSC, pues supone que queda sometida a otro sector del ordenamiento, un sector más cambiante y sobre el que está permanentemente puesta la mirada del legislador y de los operadores económicos, lo que aporta de rebote cierto dinamismo también al régimen de las sociedades comanditarias por acciones, en cuanto se introduzcan o modifiquen normas generales que les afecten o normas de la anónima, que se les aplican a las comanditarias por acciones de forma supletoria.

Como los dos tipos de comanditaria presentan diferencias en su estructura y régimen, las estudiamos separadamente, ahora la simple y, entre las capitalistas, la por acciones.

2.2. Régimen legal de la sociedad comanditaria simple

2.2.1. Constitución y otros datos jurídicos fundamentales

Del Código de Comercio y del RRM se deduce que en la escritura tienen que constar, aparte de las menciones que requiere el Código para la sociedad colectiva, al que se remite en este punto (art. 145), otras que exige el RRM (art. 210) para las comanditarias, y cuya exigencia se deriva de la diferente estructura de una y otra, pues en la comanditaria concurren dos tipos de socios durante toda su vida y esto ocasiona que en su régimen jurídico, tanto en las relaciones internas como en las externas, surjan peculiaridades. Por ello, es necesario que además figuren: (i) la identidad de los socios comanditarios; (ii) la aportación que haga o se obligue a hacer cada comanditario con expresión de su valor cuando no sean dinerarias, y (iii) el régimen de adopción de los acuerdos sociales.

La escritura social requiere, para ser modificada, en principio, el consentimiento de todos los socios, tanto colectivos como comanditarios, pues todos ellos son igualmente socios, y todos han contribuido al nacimiento de la sociedad mediante los pactos que constan en la escritura y que no pueden ser alterados sin el consentimiento de todos los que la integran. No ha lugar en este punto a establecer diferente trato para los comanditarios, porque una cosa es que no se puedan inmiscuir en la gestión social y otra muy distinta que no puedan contribuir a formar la voluntad del ente social, además de que lo contrario supondría dejarlos en las manos de los colectivos. No obstante, mientras el consentimiento de los colectivos es inexcusable, el de los comanditarios puede excluirse mediante previsión expresa en la propia escritura social. Así lo autoriza el artículo 212.1 RRM, que dice respecto al consentimiento de los comanditarios que "*se estará a lo dispuesto en el contrato social*".

En cuanto a la transmisión de las partes sociales, en este punto rigen para los socios colectivos las mismas normas que para los de la sociedad colectiva en virtud de la remisión que efectúa el artículo 148, párr. 2º, C. de c. al 143 del mismo texto legal (esto es, se requiere el consentimiento de todos los socios, tanto colectivos como comanditarios, salvo que se excluya el consentimiento de estos últimos en la escritura). Más dudoso es el supuesto de transmisión de la parte social del comanditario, que es socio capitalista, no interviene en la gestión y responde limitadamente: no obstante, puesto que el fundamento de la exigencia legal de que consientan todos los socios es el *intuitus personae* y no puede decirse que la persona del socio comanditario no sea relevante, sino todo lo contrario, hay que entender que no puede transmitir su parte sin el consentimiento de todos los socios (incluyendo también aquí colectivos y comanditarios).

La razón social o firma de la sociedad se forma de manera similar a la de la sociedad colectiva: es decir, es una denominación subjetiva, en la que habrán de constar los nombres de todos los socios colectivos o de alguno de ellos o de uno solo, habiendo de añadirse en los dos últimos casos la expresión "*y compañía*" y en todos ellos la de "*sociedad en comandita*" (art. 146 C. de c.), expresión que podrá sustituirse por las abreviaturas "*S. en C.*" o "*S. Com.*" (art. 403.2 RRM). En la razón social nunca podrán incluirse los nombres de los socios comanditarios, para evitar que los terceros crean que son socios colectivos, y si alguien incumple esta prohibición, incluyendo o permitiendo la inclusión de su nombre en la razón social, responde frente a terceros de forma ilimitada y solidaria, como si fuera un colectivo, pero sin convertirse en colectivo y, por tanto, en lo demás conserva la condición de comanditario, sin adquirir los derechos propios de los colectivos (art. 147 C. de c.).

2.2.2. Relaciones jurídicas internas

El régimen jurídico de los socios colectivos es el mismo que el de los socios de la sociedad colectiva. Así se deriva del artículo 148, párr. 2º C. de c. que dice escuetamente tendrán "*los mismos derechos y obligaciones*" que éstos. En cuanto a los comanditarios, el Código hace alguna precisión: se le prohíbe intervenir en la gestión de la sociedad (art. 148, párr. 4º C. de c.) y tiene muy limitado el derecho a examen de la administración y contabilidad social (art. 150 C. de c.).

Respecto a la prohibición de inmiscuirse en la gestión social, esta tiene un fundamento evidente: dado que los comanditarios no responden ilimitadamente, esta circunstancia podría inducirles a realizar operaciones arriesgadas en perjuicio de los colectivos. Además, los terceros que con ellos contratasen podrían pensar que son colectivos y, por tanto, responsables de forma ilimitada. Por eso la Ley es muy tajante y dice que no podrán actuar "*ni aun en calidad de apoderados de los socios gestores*" (art. 148, párr. 4º C. de c.). La prohibición afecta tanto a los actos de administración como a los de representación, a que luego nos referiremos, pero esta prohibición no debe extenderse a otros actos, como el de participar en la modificación de la escritura social o en la cesión de las participaciones sociales, ya vistas, pues su intervención en tales actos no perjudica los intereses de los otros socios ni de los terceros. Si un socio viola esta prohibición, incurre en causa de rescisión parcial del contrato de sociedad respecto a él (art. 218, 2º C. de c.) y, además, aplicando por analogía el artículo 128 C. de c., debe entenderse que sus actos no obligarán a la sociedad y que el único responsable en el orden civil y penal será él, como autor de los mismos. Ello sin perjuicio de que se vea obligado a indemnizar a la sociedad con arreglo al artículo 144 C. de c., al que se remite expresamente, con carácter general (no para este caso concreto), el artículo 149 C. de c.

Con referencia al derecho de información de los socios comanditarios, el artículo 150 establece (párr. 1º) que "*no podrán examinar el estado y situación de la administración social sino en las épocas y bajo las penas que se hallen prescritas en el contrato de constitución o sus adicionales*". Para añadirse a continuación (párr. 2º) que "*[s]i el contrato no contuviera tal prescripción, se comunicará necesariamente a los socios el balance de la sociedad a fin de año*". Por "*balance*" hay que entender las cuentas anuales en conjunto, ya que, conforme al régimen vigente en materia de contabilidad, tras la reforma del Código en este punto, el balance, la cuenta de pérdidas y ganancias, un estado que refleje los cambios en el patrimonio neto del ejercicio, un estado de flujos de efectivo y la memoria forman una unidad (art. 34.1).

En cuanto al reparto de ganancias y pérdidas y a la participación en la cuota que resulte de la liquidación de la sociedad, se aplica el mismo régimen que vimos para las colectivas (arts. 140 y 141 C. de c.), sin distinguirse entre colectivos y comanditarios, esto es: primero, lo que se haya previsto en la escritura; a falta de pacto, las ganancias se repartirán en proporción a lo aportado y la misma regla se aplica a las pérdidas, aunque, dada la responsabilidad limitada de los comanditarios, se prevé (art. 148, párr. 3º C. de c.) que no participarán en las pérdidas más allá del importe de su cuota de aportación. En cualquier caso, si algún socio se sintiese agraviado en la división acordada, tiene abierta la vía judicial (art. 233 C. de c.).

2.2.3. Relaciones jurídicas externas

Como vimos, la Ley prohíbe a los socios comanditarios inmiscuirse en la representación de la sociedad, que queda reservada a los socios colectivos.

Por lo que se refiere a la responsabilidad por las deudas sociales, el régimen legal distingue entre socios colectivos y comanditarios.

Los colectivos responden de las deudas sociales como los socios de la colectiva, de forma personal, ilimitada, solidaria, aunque subsidiaria respecto a la sociedad, y ello ya se haya encomendado la administración a alguien en particular o, por el contrario, concurran todos.

Los comanditarios, en cambio, responden sólo con lo que se hayan obligado a aportar (148, párr. 3º C. de c.), de manera que si un socio ya hubiese aportado lo comprometido a la sociedad, ni ésta ni los acreedores podrán exigirle pago alguno si el patrimonio de la sociedad no fuera bastante, mientras que si aún no hubiese aportado a la sociedad todo lo que se había comprometido y el patrimonio de la sociedad fuera insuficiente, los acreedores podrían dirigirse contra él para exigirle lo que faltara por aportar y esa acción se estima que es *directa* frente a él, no subrogatoria, por lo que el socio no podría oponer a los acreedores sociales las excepciones que sí podría oponer frente a la sociedad si ésta ejercitara la acción, como, por ejemplo, la existencia de pactos internos entre los socios condonando la obligación de aportar (URÍA).

En todo caso, la responsabilidad del socio comanditario es también subsidiaria y solidaria (como la de los colectivos), pero limitada. Sólo responde ilimitadamente cuando haya incluido su nombre, o consentido que se incluya, en la razón social, pero no si esto se ha hecho sin su consentimiento.

La resolución parcial del contrato se rige por las mismas normas que la colectiva (arts. 218-220 C. de c.).

2.2.4. Disolución y liquidación

En esta materia, la sociedad comanditaria también se rige por las normas comunes a la colectiva (arts. 221 y ss. C. de c.), sin perjuicio de que hay que resaltar aquí (conformes con URÍA), en cuanto a la posición del socio comanditario:

1º. Que para la disolución se requiere, en principio, el consentimiento de todos los socios, no sólo de los colectivos, por las mismas razones que vimos al estudiar las modificaciones de la escritura social.

2º. Que la facultad de denunciar unilateralmente el contrato corresponde a todos los socios, también a los comanditarios, pues los artículos 224 y 225 C. de c. no distinguen según la clase de socios y no puede pretenderse que un socio, por ser comanditario, dado que no puede transmitir su parte sin consentimiento de los demás socios, se obligue indefinidamente.

3º. Que la prohibición de que se inmiscuya el comanditario en la administración de la sociedad no se extiende a las funciones liquidatorias: nada impide que pueda ser liquidador si así consta en el contrato o si lo acuerdan los demás socios, porque, no pudiendo hacer en este período operaciones nuevas, no cabe el riesgo de que involucre a la sociedad en empresas arriesgadas en perjuicio de los colectivos ni el de que los terceros crean que es un socio colectivo que responde con su patrimonio personal.

Lección 3. Las sociedades de capital: origen, evolución y régimen legal

1. Preliminar

La denominación "*sociedades de capital*" agrupa actualmente tres tipos sociales que comparten varias características comunes, aunque no necesariamente se presentan en todas ellas con la misma pureza: (i) el hecho de que se valore al socio no por sus condiciones personales, sino por el "capital que aporte a la sociedad"; (ii) el que todas giran alrededor del capital social, que es una cifra de obligada constancia en los estatutos de toda sociedad capitalista y que tiene que integrarse con las aportaciones hechas inicialmente por los socios para entrar a formar parte de la sociedad; (iii) que ese capital social se divide en partes alícuotas o proporcionales, que se denominan acciones en los casos de las sociedades anónima y comanditaria por acciones y participaciones sociales en la sociedad limitada; (iv) que la titularidad de una acción o participación social atribuye la condición de socio, no pudiendo suscribirse acciones o participaciones por un importe inferior al valor nominal; (v) que los socios no responden personalmente de las deudas sociales, sólo arriesgan la aportación hecha para suscribir acciones o participaciones (adquisición originaria) o el precio pagado por ellas a otro socio (adquisición derivativa); de ahí que pueda decirse que "responden limitadamente", aunque esta expresión, muy gráfica, no sea del todo correcta, pues, en sentido estricto, el único sujeto responsable de sus deudas es la sociedad con su propio patrimonio (entendido como conjunto de derechos y obligaciones; patrimonio que, por otro lado, no tiene por qué coincidir con la cifra estática del capital social, al depender la cuantía y composición de aquél de la marcha económica de sus negocios); (vi) que todas ellas son empresarios por razón de la forma (aunque su objeto social no sea mercantil).

Sin perjuicio de sus notas distintivas comunes, cada tipo social tiene su propio origen y razón de ser y, aunque se hayan acercado progresivamente con los diferentes cambios legislativos que han sufrido y, en particular, con la reunión en un solo texto legal, la LSC de 2010, de sus respectivos regímenes, hasta ese momento separados, mantienen los rasgos que las han caracterizado siempre en nuestro ordenamiento.

Por razones de sistemática, parece más adecuado exponer brevemente a continuación los factores que impulsaron históricamente el nacimiento de cada forma social, que explica las diferencias que cabe observar, aún hoy, entre las distintas sociedades capitalistas. Estas diferencias de régimen las iremos viendo a continuación, más que tipo a tipo, por materias, siguiendo de cerca la estructura de la vigente LSC. No obstante, dejaremos expuesto ya en este capítulo el sucinto régimen legal de la sociedad comanditaria por acciones, para ocuparnos en lo sucesivo fundamentalmente de las sociedades anónimas y limitadas. El hecho de que las comanditarias por acciones estén actualmente reguladas junto con las capitalistas clásicas responde a una decisión del legislador que en modo alguno cambia la realidad: el carácter híbrido de esta forma social y la nula acogida que ha tenido en nuestro mercado desde que se introdujo su régimen jurídico por la Ley 19/1989, de 25 de julio.

2. Origen y evolución de las distintas sociedades de capital

2.1. Sociedad anónima

La sociedad anónima es una forma jurídica universal que ha servido de instrumento para el desarrollo de la economía moderna. Conocida en otros países como sociedad por acciones (así, Italia o Alemania), en el nuestro (como en Francia), se denomina anónima, porque en su nombre, a diferencia del propio de las sociedades personalistas, no aparece el de los socios. En efecto, la sociedad anónima puede tener una denominación subjetiva, pero no es lo normal, lo más habitual es que su nombre sea objetivo –o de fantasía- y al estar ocultos los socios, y no expuestos, como en una sociedad personalista, se llama anónima.

Es la sociedad mercantil cuyo capital está dividido en acciones, que pueden representarse mediante títulos o anotaciones en cuenta (todas las SA cotizadas tienen las acciones representadas de esta última forma) y en la que los socios no responden personalmente de las deudas sociales. Precisamente estos dos elementos característicos, el tener el capital dividido en acciones, fácilmente transmisibles, y la no responsabilidad personal de los socios por las deudas sociales, han sido las razones de su éxito.

Se desarrolló sobre todo durante los siglos XIX y XX como vehículo jurídico del progreso y herramienta fundamental para la realización de las grandes obras públicas (p. ej., ferrocarriles) y empresas industriales y comerciales, hasta llegar a ser la forma social más importante. Se ha dicho que la introducción de la sociedad anónima en la vida de los negocios es equiparable a la invención de la máquina de vapor. Las grandes empresas de banca, seguros, bursátiles y otros sectores actúan bajo esta forma social. Ahora bien, aunque el mundo económico moderno no puede explicarse sin la presencia de la sociedad anónima, no sólo es un tipo social apto para el desarrollo de las grandes empresas, sino también para las pymes, aunque desde hace varias décadas en este campo se está produciendo una tendencia, sobre todo para las empresas de tamaño limitado, de huida hacia la sociedad limitada. En cualquier caso, con independencia de este movimiento, en general las grandes empresas suelen desarrollarse bajo la forma de sociedad anónima, mientras el tipo de sociedad limitada suele servir de cobijo a empresas medianas y pequeñas.

En cuanto al nacimiento de este tipo social, conviene precisar que, aunque la idea de la responsabilidad limitada es más antigua (ya aparece en la sociedad comanditaria, que es medieval, y, fuera del ámbito societario, en el trato privilegiado al empresario individual naviero), el origen de la anónima se sitúa en el siglo XVII. La organización del tráfico con Ultramar habría de dar lugar a la aparición de las compañías coloniales privilegiadas de Indias, constituidas, las más potentes, primero en Holanda (1602) y luego en otros países (Francia, Inglaterra, Dinamarca y Suecia), pero no en España, salvo muy tardíamente (la de Filipinas lo fue en 1732, la Guipuzcoana de Caracas en 1728 y la de Barcelona en 1755) y sin los resultados que tuvieron las extranjeras. Dedicadas a la explotación de los productos de los territorios designados en la Concesión Real que autorizaba su instauración, disponían de capitales ingentes, con participación importante de los soberanos, que estaban divididos en acciones, primero nominativas y luego al portador, transmisibles.

En ellas está el origen de la sociedad anónima moderna. Además, la rentabilidad de esas acciones en algunos casos dio lugar al nacimiento en Amsterdam a principios del siglo XVII de un mercado propio, la "Bolsa", cuyo nombre deriva del apellido de una familia de Brujas, *van der Buërse*, que facilitaba la realización de transacciones en un edificio de su propiedad. Contratación que fue descrita por vez primera en el famoso libro del español José DE LA VEGA *Confusión de confusiones*, publicado en Amsterdam en 1688, que se considera el primer tratado de Derecho bursátil.

Las compañías coloniales son muy distintas de las sociedades anónimas actuales porque eran entidades creadas por el Estado mediante decisiones gubernativas (*octroi*) que las dotaba de personalidad jurídica propia y les confería el privilegio de explotar un territorio en exclusiva. Cada compañía tenía su propio estatuto, no había una ley general. En esta época las compañías estaban dominadas por los grandes accionistas: a ellos se les reservaba el derecho de elección activa y pasiva para los cargos del Consejo de administración y eran ellos los que, de acuerdo con los directores de la sociedad, fijaban el dividendo, que no se repartía anualmente, sino al regreso de cada expedición.

La primera ley general para las sociedades anónimas se encuentra en el *Code* de 1807. Bajo los principios liberales que inspiraron su redacción, la sociedad anónima se separa del Estado: se suprime el *octroi*, la sociedad ya no se funda por decisión del Estado, sino por la voluntad de los socios, aunque no se admite la libre creación de sociedades anónimas, sino que se requiere concesión o autorización gubernativa previa para controlar la legitimidad y la conveniencia de su creación. Este sistema influye en toda Europa y así el Código español de 1829 establece también un control de la creación de las sociedades, aunque más liberal que el francés, pues se limita a requerir la autorización de los Tribunales de comercio, y en su regulación aparece ya la sociedad anónima privatizada tanto en su organización como en su funcionamiento, sin privilegios, sin intervención estatal, regida democráticamente por la voluntad de los socios, que actúan en régimen de igualdad de derechos. Este sistema de autorización previa se abandonaría por la Ley de 19 de octubre de 1869, que, inspirada en la francesa de 1867, establece el régimen de máxima libertad de creación de sociedades, pero no la somete, como el francés, a un sistema de normas coactivas. Esta situación se mantuvo con el Código de 1885, que, por dejar la mayor libertad a la iniciativa de los particulares, dedicó a la sociedad anónima sólo 19 artículos (151-169), dejando el resto a la iniciativa privada, y sin que tales preceptos fueran imperativos, lo que suponía dejar sin tutela los intereses de los terceros.

La insuficiencia del régimen del Código hizo que desde principios de siglo se generara un movimiento de reforma, porque el Código, en palabras de GARRIGUES, "*a fuerza de querer ser liberal terminó siendo inhibicionista*" y eso era extremadamente peligroso, pues la sociedad anónima era la forma de estructurarse la empresa moderna. En efecto, la insuficiencia de su régimen legal daba lugar a grandes abusos que fueron denunciados a principios de siglo en la revista financiera "El Economista", que publicó varios artículos bajo el rótulo "La delincuencia en lo financiero" para denunciar engaños por fundadores y gestores de sociedades, fundaciones imaginarias de sociedades anónimas, capitales aparentes no suscritos, o suscritos pero no desembolsados, dividendos ficticios, mayorías amañadas en juntas generales, convocatorias habilidosas de juntas, valoraciones no reales de las aportaciones no dinerarias, acopios de votos para las juntas, etc. Esto motivó que el entonces Ministro de Fomento, Fermín Calbetón, presentase en las Cortes, en 1910, un Proyecto de Ley sobre inspección de bancos y sociedades anónimas y que tiene un Preámbulo en la línea crítica de lo denunciado en "El Economista", que tuvo gran repercusión, pero fracasó, como también lo hizo el Proyecto de reforma del C. de c. de la Comisión General de Codificación de 1926, y así no fue hasta después de la Guerra Civil cuando se persuadió al Gobierno de la necesidad de redactar una nueva Ley que orientase jurídicamente la reconstrucción de la economía española en la posguerra. Esta iniciativa fructificó en el Anteproyecto de Ley del Instituto de Estudios Políticos (hoy Centro de Estudios Políticos y Constitucionales) de 1947, redactado por una Sección presidida por GARRIGUES, e integrada entre otros por URÍA, y que tras algunas modificaciones se convirtió en la Ley de 17 de julio de 1951, que era una Ley perfectamente comparable a las que existían ya en otros países de Europa (Alemania, Francia, Italia o Suiza) y cuyo texto incluso está aún parcialmente vigente en la actual LSC de 2010. La Ley de 1951 fue la Ley mercantil más importante que se dictó en España desde la entrada en vigor del Código de comercio y supuso en su día un avance muy considerable respecto de las normas exiguas y dispositivas del Código de comercio.

Avances fundamentales que supuso:

1. En cuanto a la fundación de la sociedad, que es uno de los momentos más delicados de la vida corporativa, la Ley se preocupó por velar por la integridad del capital, evitar los capitales aparentes, etc., y así estableció como medidas: (i) la suscripción íntegra del capital y el desembolso mínimo del 25% en el momento de la fundación y (ii) un sistema de valoración de las aportaciones no dinerarias y de revisión de tales valoraciones a cargo de los administradores e incluso un sistema de revisión judicial.

2. En materia de acciones, la Ley resolvió los problemas del usufructo y prenda de acciones, no previstos por el Código de comercio e irresolubles con el C. c. También estableció normas importantes para las cláusulas restrictivas de su transmisión, pero lo más llamativo es el reconocimiento de los derechos políticos y económicos del accionista.

3. Dotó a la junta general de una ordenación completa: distinguió entre juntas ordinarias y extraordinarias, reguló la constitución y el funcionamiento, determinando, entre otros aspectos, el modo de constituir las mayorías y los requisitos de publicidad de las convocatorias. También admitió explícitamente las juntas universales -que es una forma típica de reunión en las pymes, caracterizada porque en ellas está presente todo el capital social y por ello no requieren convocatoria pública-, así como la posibilidad de la convocatoria judicial de las juntas, aunque ésta ya había sido incorporada a nuestro ordenamiento por Dec. -Ley de 7 de noviembre de 1947.

4. Sin duda alguna, la medida de tutela más relevante de los intereses de las minorías es el sistema de impugnación de acuerdos sociales, que la Ley del 51 reguló en su doble vertiente, sustantiva y procesal, estableciendo un procedimiento especial. Antes de la Ley del 51, como eran juicios de cuantía indeterminada, se dirimían por el declarativo de mayor cuantía, lo que eternizaba la resolución. Por ello, los accionistas, aun pudiendo impugnar los acuerdos sociales, no lo hacían, pero, al establecer la Ley del 51 el procedimiento especial, aumentaron en progresión geométrica los procesos de impugnación.

5. Otro aspecto muy trascendente es el del control de las cuentas y ahí el legislador del 51 introdujo un sistema que fracasó en la práctica, porque dejaba el control en los propios accionistas, mediante el nombramiento por éstos de censores, pero como las juntas generales están dominadas por los grandes accionistas, que nombran a los administradores de la sociedad, se proponía como censores a personas de confianza del órgano de administración, quedando la censura de cuentas convertida en papel mojado.

6. El régimen legal de los administradores contenido en la Ley de 1951 es el germen del hoy vigente, pero hay un aspecto realmente fundamental en el que se ha modificado la Ley del 51: su responsabilidad. En efecto, bajo esta Ley los administradores no respondían más que de los daños causados interviniendo culpa grave, pero con la reforma legal de 1989 su responsabilidad se amplió a todos los grados de la culpa y así se mantiene en la actualidad, sin perjuicio de los importantes cambios legislativos habidos en la materia, y en particular el operado en la LSC por la Ley 31/2014, de 3 de diciembre.

En general, la Ley de 1951 deja un balance positivo tras de sí.

El TRLSA 1989 tiene su origen en el ingreso de España en la entonces denominada CEE (hoy, UE), que le obligó a incorporar las Directivas dictadas hasta ese momento en materia de sociedades. Para ello se aprobó la Ley de Reforma y Adaptación de 25 de julio de 1989, que no se limitó a la adaptación exigida por las Directivas, sino a reformar la LSA en algunas materias en que se había venido observando que requerían un nuevo o mejor tratamiento legal. La Ley de 1989 autorizó al Gobierno a elaborar un Texto Refundido de la LSA, en el que se recogiesen las disposiciones que se mantenían vigentes de la LSA y se incorporasen las que introducía la nueva Ley. Este TR se aprobó el 22 de diciembre de 1989 y entró en vigor el 1 de enero de 1990. Las innovaciones que introdujo el nuevo régimen fueron muy numerosas y en todas las materias (desde impugnación de acuerdos sociales a censura de cuentas, pasando por autocartera y usufructo de acciones, entre otras muchas), pero algunas de ellas fueron de una trascendencia en el mercado especialmente decisiva, como la fijación del capital mínimo de diez millones de pesetas o la exigencia de que las acciones se representen mediante anotaciones en cuenta para ser negociadas en el mercado bursátil.

Durante su vigencia sufrió numerosas modificaciones: por obra de la LSRL 1995, con la introducción fundamental de la sociedad anónima unipersonal, y luego por las Leyes de 17 de noviembre y 30 de diciembre de 1998, que redactaron de nuevo algunos preceptos e introdujeron novedades, que afectaban fundamentalmente a las acciones sin voto, a las rescatables, a la ampliación de capital, al derecho de suscripción preferente, etc. Posteriormente, sufrió varias reformas parciales dirigidas en gran medida, aunque no exclusivamente, a las sociedades cotizadas, como la llevada a cabo por Ley 44/2002, de 22 de noviembre, de Medidas de Reforma del Sistema Financiero, la Ley 22/2003, de 9 de julio, Concursal, o la 26/2003, de 17 de julio, conocida como "Ley de Transparencia". A través de la Ley 19/2005, de 14 de noviembre, se introdujo en el TRLSA un nuevo capítulo para regular la sociedad anónima europea. También fue afectado por la Ley 62/2003, de 30 de diciembre; la 7/2006, de 24 de abril; la 6/2007, de 12 de abril; la 56/2007, de 28 de diciembre; la 16/2007, de 4 de julio; el Real Decreto-ley 10/2008, de 12 de diciembre; la Ley 3/2009, de 3 de abril, de modificaciones estructurales de las sociedades mercantiles; la 5/2009, de 29 de junio, y la Ley 12/2010, de 30 de junio, de auditoría de cuentas. Este movimiento de reforma se completó en su momento con el RRM de 1996, que respecto a la sociedad anónima venía a cumplir el papel de reglamento de desarrollo de la LSA.

La LSA de 1989 estuvo vigente hasta la aprobación del Texto Refundido de la Ley de Sociedades de Capital de 2010, por cuya virtud se refundieron en un único texto legal las regulaciones legales hasta entonces dispersas de cada uno de los tipos de sociedades de capital, pero de esta Ley, que es la actualmente vigente, nos ocuparemos en los sucesivos capítulos de nuestro estudio.

2.2. Nacimiento y desarrollo de la sociedad limitada

A diferencia de la sociedad anónima y de las sociedades personalistas, que nacieron, aun en épocas diversas, espontáneamente en el tráfico, la consagración legal de la sociedad de responsabilidad limitada es fruto de una decisión legislativa que tuvo lugar casi a finales del siglo XIX en Alemania. En ese momento y, concretamente, a partir de un hecho determinante, que fue el endurecimiento de la regulación de las sociedades anónimas con la reforma de 1884, se vio la necesidad en el tráfico de una nueva forma de sociedad pensada para pocos socios, a imagen de las personalistas, pero que gozaran del beneficio de responsabilidad limitada de la sociedad anónima. Tras un intenso debate entre los sectores interesados y dos modelos contrapuestos del nuevo tipo social (uno, que la acercaba a una sociedad colectiva con responsabilidad limitada y otro, que finalmente se impuso, que la presentaba más próxima a una "pequeña anónima"), acabó promulgándose la Ley de 20 de abril de 1892, primera ley reguladora de la nueva forma social en ese ordenamiento y que pronto se expandiría a los de su entorno. No obstante, ya años antes, en Inglaterra, al amparo de la legislación de la sociedad anónima (la *Companies Act* de 1862), comenzaron a constituirse sociedades anónimas con pocos socios y cuyos estatutos limitaban la transmisibilidad de las acciones, por oposición a las grandes sociedades anónimas. Aquellas sociedades, denominadas *private companies* por oposición a las abiertas, conocidas como *public companies*, responden a la misma necesidad de adaptar el tipo de sociedad anónima a empresas de menor tamaño y con pocos socios que propiciaría pocos años después la introducción en el ordenamiento alemán de la sociedad limitada como nuevo tipo social.

En nuestro Derecho (como describía en su momento el maestro GARRIGUES y recuerda ahora LEÓN SANZ) se da la circunstancia de que comenzaron a constituirse sociedades de responsabilidad limitada sin un específico amparo legal, pero apoyándose en la interpretación (discutida) de que el Código de comercio, en su artículo 122, no establecía un *numerus clausus* de formas sociales, sino que ofrecía libertad para crear nuevos tipos de sociedades. El RRM de 1919 (art. 108) abonó esta posición, admitiendo la constitución de estas sociedades (pese a la falta de un especial pronunciamiento del legislador), que se creaban, según conviniera a sus fundadores, bien como sociedades anónimas que no se sujetaban a las normas del Código de comercio, bien como sociedades colectivas en las que los socios gozaban del beneficio de responsabilidad limitada, e incluso como una amalgama de distintos tipos sociales.

Tras varios intentos fallidos de proporcionar una ley especial para encauzar estas sociedades, la entrada en vigor de la Ley de Sociedades Anónimas de 1951 hizo ineludible que se redactase un Proyecto de Ley sobre Sociedades de Responsabilidad Limitada, que se convertiría finalmente en la Ley de 17 de julio de 1953. Las razones de la necesidad de esta nueva Ley se expresan claramente en su Exposición de Motivos, donde se manifiesta cómo "*de poco hubiera servido establecer un régimen más riguroso para la Sociedad Anónima, regida universalmente por normas de Derecho coactivo, si fuese posible cobijar bajo los rasgos de Sociedad de Responsabilidad Limitada, no definidos en nuestro Derecho, empresas que por su naturaleza debieran someterse a las normas propias de la Sociedad Anónima*".

La LSRL de 1953 pretendía ofrecer un régimen especialmente flexible, frente al marcado carácter imperativo de la regulación de la sociedad anónima de la Ley de 1951. Tanto es así que el legislador evitó calificarla de ninguna manera, ni como capitalista ni como personalista, permitiendo así que pudiera configurarse en el caso concreto con rasgos más propios de una u otra categoría. En este sentido, la nueva Ley estaba bien orientada, pero presentaba defectos (SÁNCHEZ CALERO), como la falta de exigencia de un capital mínimo, el establecimiento de un capital máximo, o el sometimiento de la transmisión de las participaciones sociales al doble requisito de formalización en escritura pública e inscripción registral. Las deficiencias de su régimen propiciaron que, pese a su necesidad social, siguiera siendo la sociedad anónima la forma social más elegida hasta que la Ley 19/1989, de 25 de julio, ya citada, introdujera el capital social mínimo de 10 millones de pesetas para la sociedad anónima, propiciando la huida hacia la sociedad limitada. Si la introducción de ese capital mínimo para la sociedad anónima suponía una suerte de reserva de este tipo social para desarrollar grandes empresas, se hacía insoslayable dotar a la forma social que habría de ser el vehículo jurídico para la gran masa de pequeñas y medianas empresas de una regulación adecuada. Parte de los defectos de régimen que presentaba fueron abordados ya por la citada Ley 19/1989, pero esa reforma legal, preparada con urgencia, era insuficiente, y de ahí que se viera como solución mejor dictar una nueva Ley de Sociedades Limitadas que derogara la de 17 de julio de 1953.

Así se hizo. La nueva Ley, que sería aprobada como Ley 2/1995, de 23 de marzo, aunque reprodujo numerosos preceptos de la LSA de 1989, no configuró la sociedad limitada como una "*pequeña anónima*" (como gráficamente aclara en su E. de M.), sino como un tipo propio, de carácter híbrido, en el que (sigue su E. de M.) "*deben convivir en armonía elementos personalistas y elementos capitalistas*". A este fin, el régimen otorga un gran campo de actuación a la autonomía de la voluntad, pues junto al "*imprescindible mínimo imperativo*" se une un amplio conjunto de normas dispositivas, que podrían ser derogadas mediante las correspondientes cláusulas estatutarias, permitiendo a los socios "*acentuar el grado de personalización*" o intensificar el carácter cerrado de la sociedad (carácter cerrado que constituye uno de los tres postulados de su regulación, junto al carácter híbrido de la sociedad y la flexibilidad de su régimen).

2.3. Consagración legal de la sociedad comanditaria por acciones

La sociedad comanditaria por acciones es un tipo de comanditaria que presenta elementos comunes con la comanditaria simple y con la sociedad anónima. De su origen en nuestro ordenamiento y las vicisitudes que ha experimentado su recepción legislativa, pasando de estar regulada en el

Código de Comercio junto con la comanditaria simple a figurar ahora en la LSC junto con la anónima y la limitada como una capitalista más, ya hemos dado cuenta, por lo que ahora nos centraremos en su régimen legal, para extraer de él sus notas distintivas.

Ateniéndonos a su concepto legal (art. 1.4 LSC), es una sociedad comanditaria cuyo capital está dividido en acciones, que se formará por las aportaciones de los socios, uno de los cuales, al menos, se encargará de la administración de la sociedad y responderá personalmente de las deudas sociales como socio colectivo, mientras que los restantes socios tendrán responsabilidad limitada.

Es una sociedad híbrida, con matices personalistas y capitalistas, cercana a la sociedad anónima, a cuyo régimen se remitía el Código de comercio para lo no dispuesto en él, siempre que no fuera incompatible con los preceptos que él mismo le dedicaba (arts. 151-157). Esto ha permitido regularla ahora junto a las tradicionales sociedades de capital, bajo la LSC, que derogó la regulación de este tipo social del C. de c., y que contiene también la remisión al régimen legal de la sociedad anónima (v. art. 3.2 LSC).

De su regulación legal, que no ha variado sino en su ubicación, desde que se introdujera en el ordenamiento español mediante la Ley 19/1989, de 25 de julio, se derivan las siguientes notas características:

1ª. En ella hay dos tipos de socios (accionistas), unos que se encargan de la administración y que por ser administradores responden como colectivos y otros que, no asumiendo la gestión de la sociedad, carecen de esa responsabilidad (socios comanditarios). Esta nota es la más peculiar de esta forma social. Obsérvese que, aunque la atribución de responsabilidad ilimitada a un tipo de socios sea una característica de naturaleza netamente personalista, difiere en este punto totalmente de la sociedad comanditaria simple. En efecto, en la comanditaria simple, a diferencia de la por acciones, los socios colectivos responden ilimitadamente con independencia de que administren o no. Y es que en esta sociedad los socios colectivos son administradores natos, pero nada impide que se restrinja la gestión a algún socio en concreto para que sea más eficiente. El artículo 148 es meridianamente claro al decir que "[*t*]*odos los socios colectivos, sean o no gestores de la compañía en comandita, quedarán obligados personal y solidariamente a las resultas de las operaciones de ésta, en los propios términos y con igual extensión que los de la colectiva, según dispone el artículo 127*". Aquí, en la comanditaria por acciones, es lo contrario: la atribución de responsabilidad ilimitada se limita al socio que administra *por el hecho de administrar* y al asumir esa responsabilidad personal, propia del socio colectivo, se le otorga esta denominación. También se separa netamente en este punto de la sociedad anónima: en las sociedades anónimas (y lo mismo en las limitadas) los administradores *no* asumen responsabilidad *por* las *deudas* sociales (salvo en el caso excepcional del art. 367 LSC, en que se prevé como sanción) *sino por* los *daños* que causen en el desempeño de su cargo.

2ª. La presencia de dos tipos de socios (colectivos, que responden con todo su patrimonio de las deudas sociales y comanditarios, que tienen responsabilidad limitada) es inexcusable durante toda la vida de la sociedad. Tiene que haber al menos un socio colectivo, pues la ausencia de socios colectivos (sea por fallecimiento, cese, incapacidad o apertura de la fase de liquidación en el concurso) causa la disolución de la sociedad o la necesidad de que se transforme en otro tipo social (art. 363.2 LSC). Con todo, para facilitar la subsistencia de la sociedad, la Ley prevé que la falta de un socio colectivo no origina la disolución de forma inmediata, otorgando por el contrario a la sociedad un plazo de seis meses para que busque a una persona que quiera asumir el cargo con la responsabilidad que implica o, en su defecto, para que acuerde la transformación en un tipo social en el que el cargo de administrador no conlleve responsabilidad personal por las deudas sociales, como puede ser el de sociedad anónima o el de limitada. Puesto que se requiere que haya al menos un socio colectivo para que pueda existir la sociedad (y que responderá ilimitadamente de las deudas sociales), cuando se introdujo su régimen en 1989, se determinó no limitar la condición de socio colectivo a las personas físicas, para facilitar la difusión de este tipo social en la práctica, pudiendo serlo también las jurídicas (el actual art. 1.4 LSC no establece ninguna restricción), y así, por ejemplo, puede ser socio colectivo una SA o una SL.

3ª. En cuanto a su constitución, se requiere, como para toda sociedad mercantil: (i) que se otorgue escritura pública, en la que deben figurar los estatutos sociales y dentro de éstos el nombre de todos los socios colectivos (art. 23.*e)* LSC y 213 *c)* RRM) y la cifra del capital suscrito, que como mínimo será, como en la sociedad anónima, de 60.000 euros (art. 4.2 LSC), y (ii) que se inscriba en el RM.

4ª. También hay especialidades en cuanto a la formación del nombre de la sociedad, por su naturaleza híbrida. Conforme al artículo 6.3 LSC, puede ser o bien una razón social (con el nombre de los "*socios colectivos*", de alguno de ellos o de uno solo, pero sin incluir nombres de socios comanditarios o de terceros) o una denominación objetiva o de fantasía (art. 400.3 RRM), con indicación del tipo social (art. 403.2 RRM), por extenso ("*Sociedad comanditaria por acciones*") o abreviado ("*S. Com. por A.*").

Téngase presente que el RRM (art. 402) incluye las denominaciones de fantasía entre las objetivas.

5ª. La comanditaria por acciones tiene una estructura orgánica análoga a la de la sociedad anónima: (i) Los socios se reúnen en junta general, que se regirá por las normas propias de la SA. (ii) Como la anónima (y ahora también, como veremos, las limitadas), puede emitir obligaciones (u otros valores que reconozcan o creen una deuda) para financiarse (art. 401 LSC). (iii) En cuanto a los administradores, ya quedó dicho que la condición de administrador tiene como consecuencia que el accionista responde como un socio colectivo (art. 1.4 LSC). Por lo demás, en el desempeño de su función, los administradores se rigen por las normas de la sociedad anónima (art. 252.1 LSC). Dado que el accionista asume la responsabilidad ilimitada por ser administrador, si cesa como tal se extingue también esta responsabilidad ilimitada (art. 252.3 LSC). El cese puede ser a petición propia del administrador o forzoso y, si lo fuere sin justa causa, tiene derecho a ser indemnizado por los daños y perjuicios que se le deriven (art. 252.2 LSC). En todo caso de cese, sea voluntario o no, se requiere la modificación de los estatutos sociales (en los que figuran los nombres de los administradores) por acuerdo de la junta, conforme al régimen propio de la sociedad anónima, pero con la particularidad de que no basta con un acuerdo mayoritario de la junta, sino que se requiere además el consentimiento expreso de todos los socios colectivos (art. 294 LSC), salvo el del afectado, que deberá abstenerse (art. 252.4 LSC).

6ª. También se requiere el consentimiento expreso de todos los socios administradores para otras modificaciones estatutarias que no tienen por objeto el cese o nombramiento de nuevos administradores, como son la modificación del régimen de administración, el cambio del objeto social o la prórroga de la sociedad más allá del término fijado en los estatutos (art. 294 LSC), lo que supone introducir un derecho de veto a los administradores, justificado por su responsabilidad ilimitada, pero que en ocasiones puede ser perjudicial para los intereses de la sociedad.

7ª. En fin, por lo que respecta al régimen de su disolución, se le aplican las causas propias de la sociedad anónima, que ahora son las comunes a toda sociedad de capital (art. 363.1 LSC), pero, además, el artículo 363.2 LSC introduce otras causas específicas para este tipo social, relativas a la exigencia legal de al menos un socio colectivo durante toda la vida de la sociedad, que ya han quedado expuestas.

3. La Ley de Sociedades de Capital

La Ley 3/2009, de 3 de abril, sobre modificaciones estructurales de las sociedades mercantiles (derogada por el R. Dec-Ley 5/2023, de 28 de junio), aplicable, como su nombre indica, a toda forma social mercantil, no sólo a las de capital, facultó al Gobierno para refundir en un único texto, y bajo el título "*Ley de Sociedades de Capital*", tanto la regulación que el Código de Comercio dedicaba a las sociedades comanditarias por acciones, como las Leyes de Sociedades Anónimas y de Sociedades de Responsabilidad Limitada, además de la regulación contenida en la Ley del Mercado de Valores sobre las sociedades cotizadas.

> La D. F. 7ª de la Ley 3/2009 dispuso lo siguiente:
> "*1. Se habilita al Gobierno para que en el plazo de doce meses proceda a refundir en un único texto, y bajo el título «Ley de Sociedades de Capital», las leyes reguladoras de las sociedades de capital, regularizando, aclarando y armonizando los siguientes Textos Legales:*
> *-La Sección 4ª, Título I, Libro II, del Código de Comercio de 1885, relativa a las sociedades comanditarias por acciones.*
> *-El Real Decreto Legislativo 1564/1989, de 22 de diciembre, por el que se aprueba el Texto Refundido de la Ley de Sociedades Anónimas.*
> *-La Ley 2/1995, de 23 de marzo, de Sociedades de Responsabilidad Limitada.*
> *-Y el Título X de la Ley 24/1988, de 28 de julio, del Mercado de Valores, relativo a sociedades anónimas cotizadas.*
> *2. Se autoriza al Gobierno para que dicte cuantas disposiciones sean precisas para la debida ejecución y cumplimiento de lo dispuesto en esta Ley*".

La habilitación concedida por el legislador al Gobierno en los términos en que fue hecha es sorprendente, puesto que hasta ese momento la calificación de tales sociedades como capitalistas era puramente doctrinal. Y, además, dos de ellas, la sociedad limitada y la sociedad comanditaria por acciones, tenían elementos personalistas plenamente reconocibles en su régimen legal, por lo que su calificación como capitalistas no dejaba de ser arbitraria y olvidadiza de su carácter híbrido. Además, si nos fijamos en la sociedad comanditaria por acciones, de hecho, hasta ese momento estaba regulada junto con las personalistas en el Código de comercio, por lo que la refundición de textos legales, así planteada, suponía extraerla de un bloque normativo, el de las sociedades de personas, y llevarla al de las sociedades de capital.

En fin, haciendo uso de tal autorización, se aprobó un texto refundido con el título de Ley de Sociedades de Capital mediante el Real Decreto Legislativo 1/2010, de 2 de julio (LSC).

La forma en que se hizo esta refundición de textos legales no está exenta de críticas, pues se aprovechó la habilitación legal para efectuar auténticas reformas, en absoluto amparadas por la cláusula por la que se permite al Gobierno "*regularizar, aclarar y armonizar*" los textos legales afectados. Así, como he mantenido en otro estudio más ampliamente, en ocasiones se extendió a uno de los tipos sociales la solución legal prevista para otro (en algún caso el traspaso se hizo de la sociedad anónima a la limitada, pero la mayor parte de las veces el precepto procedía de la LSRL, más moderna, y se atribuyó su régimen sin más a la sociedad anónima). En otros, se incluyó en el TRLSC una norma procedente del RRM y que, como tal, tenía rango reglamentario, otorgándole de forma ilegítima rango legal.

Más allá de la discutible forma en que se hizo la refundición de textos, propiciada por el hecho de que no se reguló por tipos sino "*por materias*" (como destacó críticamente el Prof. OLIVENCIA), la cuestión de fondo es que tuvo el efecto innegable de acercar el régimen de las dos principales formas sociales, la sociedad anónima y la sociedad limitada, eliminando algunas de las diferencias de régimen que existían hasta entonces. Por otro lado, la LSC, que nació "*con decidida voluntad de provisionalidad*" (como se manifiesta en su E. de M.), sería pronto objeto de reformas: la primera, mediante el Decreto-ley 13/2010, a la que seguirían las efectuadas por la Ley 2/2011, la 25/2011, el Decreto-ley 9/2012, las Leyes 1/2012, 9/2012 y 14/2013, el Decreto-ley 11/2014, las Leyes 31/2014, 5/2015, 9/2015, 11/2015, 15/2015 y 22/2015, los Decretos-leyes 15/2017, 18/2017 y 19/2018 y la Ley 11/2018; también sería afectado por las medidas establecidas por los Decretos-leyes 25/2020, 34/2020 y la Ley 2/2021, y reformado por Ley 5/2021 y Decreto-ley 7/2021, así como por las Leyes 16/2022, de 5 de septiembre, 18/2022, de 28 de septiembre, 6/2023, de 17 de marzo, 11/2023, de 8 de mayo, el Real Decreto-ley 5/2023, de 28 de junio, y las Leyes Orgánicas 2/2024, de 1 de agosto, y 1/2025, de 2 de enero. Cabe señalar, retomando ideas expuestas, que a través de estas sucesivas reformas se ha profundizado (y esta vez de forma legítima, al tratarse de auténticas modificaciones legales) en esa tendencia a aproximarlas cada vez más, manteniendo separado el régimen propio de las sociedades cotizadas. De este modo, ahora, la verdadera dicotomía no se produce entre sociedades anónimas y limitadas, sino más bien entre sociedades no cotizadas (sean anónimas o limitadas) y cotizadas.

Con todo, no es pensable que en un futuro próximo se llegue a un tipo único para las sociedades no cotizadas. En el ALCM (Libro II) se optó, siguiendo una estructura descendente, por establecer unas normas generales para las sociedades mercantiles, seguidas de unas disposiciones comunes para cada una de las dos grandes categorías (sociedades de personas y sociedades de capital) y un régimen específico para cada tipo social, que constituye una estructura más clara que la actual de la LSC, que, al no regular por tipos sino por materias (recuérdese la crítica certera de OLIVENCIA), no permite ver con claridad las diferencias entre aquéllos.

4. Notas distintivas de cada tipo social

La sociedad anónima es una sociedad de capital que, conforme a la legislación vigente (arts. 1.3 en relación con 4.2 LSC), tiene un capital mínimo de 60.000 euros, que está dividido en acciones, fácilmente transmisibles, y en la que sólo responde su patrimonio, y no el de los socios, del cumplimiento de las deudas sociales. Puede captar fondos del público no sólo a través de la emisión de acciones, sino de obligaciones, que, frente a las acciones, que atribuyen a su titular la condición de accionista y son valores de renta variable, son valores de renta fija y convierten a su titular no en socio, sino en acreedor de la sociedad (sin perjuicio de las obligaciones convertibles en acciones, de las que nos ocuparemos más abajo).

Recordemos que la sociedad de responsabilidad limitada (arts. 1.2 en relación con 4.1 LSC) no tiene el capital dividido en acciones, sino en participaciones sociales, cuya transmisibilidad está legalmente restringida, y que tiene un capital mínimo de 1 euro, aunque se establece un régimen especial hasta que alcance 3.000 euros (antes de la Ley 18/2022, de 28 de septiembre, el capital social mínimo era de 3.000 euros). Por el contrario, su régimen de responsabilidad por las deudas sociales es el mismo que el de la anónima. Pensada para el desarrollo de pequeñas y medianas empresas, frente a la anónima, tradicionalmente tenía vedado emitir obligaciones para financiar sus operaciones.

La prohibición para las SSLL de emitir obligaciones se levantó sólo aún recientemente, por Ley 5/2015, de 27 de abril, lo que constituye un ejemplo claro (hay muchos más) de la tendencia que hemos señalado de ir limando (vía reforma legal) las diferencias entre ambos tipos sociales.

Por su parte, la sociedad comanditaria por acciones (arts. 2.4 y 4.2 por remisión del art. 3.2 LSC) tiene el capital dividido en acciones, como la sociedad anónima, y comparte con ella la exigencia de que alcance como mínimo 60.000 euros, aunque presenta la peculiaridad de que uno de sus socios, al menos, responderá personalmente de las deudas sociales, como socio colectivo.

5. Sociedades cerradas y abiertas

La anónima es la sociedad reina para la creación de grandes capitales necesarios para las empresas de cierta entidad, ha sido un instrumento fundamental para el desarrollo del capitalismo moderno y aún hoy los titulares de las grandes empresas -tanto públicas como privadas- tienen generalmente esta forma social. La sociedad anónima típica es aquella compuesta por un número elevado de socios que no se valoran por sus condiciones personales. Como estas sociedades, que suelen calificarse doctrinalmente como "abiertas", tienden a crecer y expandirse entre el público cuanto más mejor, buscan normalmente que sus acciones sean admitidas a negociación en un mercado bursátil, en cuyo caso, de ser admitidas, aparte de quedar sometidas al régimen general del tipo social, como cualquier otra anónima, están sujetas al régimen especial de las cotizadas que se encuentra ahora bajo el Título XIV de la LSC (arts. 495-541) y a la legislación del mercado de valores (la citada LMVSI y las normas reglamentarias del mismo sector). No obstante, no toda sociedad abierta es una sociedad bursátil.

Si una sociedad abierta, y más si es cotizada, constituye la anónima por excelencia, el régimen legal de esta forma social es lo suficientemente dúctil como para permitir que la sociedad anónima sea un tipo apto también para el desarrollo de empresas de menor tamaño y en las que no se pretende en absoluto la dispersión del capital entre numerosos accionistas. En efecto, son muchas las sociedades anónimas en las que el capital está en manos de pocos socios y en las que se valoran sus condiciones personales. A estos efectos, para mantener la sociedad entre los mismos socios, o simplemente para evitar ingresos indeseados, se introducen en sus estatutos cláusulas que limiten la libre transmisibilidad de las acciones. Cuando una sociedad anónima presenta estas características suele denominarse doctrinalmente sociedad "cerrada". Tradicionalmente, estas sociedades eran sociedades familiares, constituidas por miembros de una familia o personas ajenas, pero de la máxima confianza, aunque también hay sociedades cerradas que son filiales de grandes sociedades, lo que supone que no toda sociedad cerrada es titular de una empresa pequeña o mediana, pudiendo, por el contrario, tener un capital muy elevado.

Las similitudes entre una sociedad anónima cerrada y una sociedad limitada son evidentes, dado que esta última forma social se configura legalmente como sociedad cerrada, al estar dividido su capital en participaciones sociales que, a diferencia de las acciones, no son libremente transmisibles. Es más, están prohibidas (art. 108.1 LSC) las cláusulas estatutarias que hagan prácticamente libre la transmisión voluntaria de las participaciones sociales por actos *inter vivos*. En este sentido, si la intención de los socios fundadores es configurar una sociedad cerrada, pueden acudir a cualquiera de las dos formas sociales. De ahí que se explique sin esfuerzo la tendencia a un régimen cada vez más cercano entre sociedades no cotizadas, sean anónimas o limitadas.

6. Denominación, domicilio social, nacionalidad y *web* de las sociedades de capital

6.1. Denominación social

La denominación social es el nombre de la sociedad, cumple la función de distinguir esa persona jurídica de las demás, al igual que ocurre con el nombre de las personas físicas. El nombre de la sociedad está constituido por un conjunto de palabras o números que identifica a esa persona y el ordenamiento lo protege tanto para tutelar los intereses de la propia sociedad como de los terceros que contraten con ella y de los terceros en general. Así, como veremos, si falta el nombre de la sociedad en los estatutos es causa de nulidad de la misma (art. 56.1 *d)* LSC).

Como ya dijimos, a diferencia de las sociedades de personas, cuyo nombre es obligatorio que sea subjetivo, esto es, que refleje o dé razón de las personas que forman parte de ella como garantía para los terceros, en las sociedades anónimas y limitadas, en las que los socios no responden personalmente de las deudas sociales, no es necesario que el nombre de éstos se incluya en el nombre de la sociedad (cosa que en las grandes sociedades sería imposible), sino que puede ser, conforme a lo establecido en los artículos 400.1 y 402 RRM, una denominación: (i) subjetiva, aunque sin que ello tenga trascendencia alguna en el plano de la responsabilidad por las deudas sociales; (ii) objetiva (en sentido estricto), lo que supone que la denominación haga referencia al objeto social, a la actividad que vaya a desarrollar la empresa de la que es titular la sociedad e incluso (iii) de fantasía, esto es, que no haga referencia ni al objeto social ni a ninguna otra actividad económica (pues el incluir otra actividad económica distinta a la real induciría a error entre el público, lo que en general está prohibido por el art. 406 RRM).

> Téngase presente que la LSC, al regular esta materia (los tipos de denominación), sólo se ocupa de las sociedades comanditarias por acciones (art. 6.3), presentando la particularidad respecto al régimen expuesto de que, si la sociedad opta por una denominación subjetiva, ésta necesariamente ha de estar formada por el nombre de los socios colectivos. Para las sociedades anónimas y limitadas, el régimen es el previsto en el RRM, en desarrollo del art. 7.2 LSC.

El nombre de la sociedad tiene que ser único (art. 398.1 RRM), es decir, una sociedad no puede tener varios nombres, y esta denominación "*no podrá ser idéntica a la de cualquier otra sociedad preexistente*" (art. 7.1 LSC), sea cual sea su tipo social (art. 408.3 RRM) y esté o no inscrita en el RM (art. 407.2 RRM, que completa el citado precepto legal). Hay que tener en cuenta que el RRM, al desarrollar esta norma, establece un concepto de identidad amplio, que incluye la similitud (art. 408 RRM). La denominación tiene que estar formada por palabras y números (art. 399 RRM) y debe figurar necesariamente la indicación del tipo social completo o su abreviatura legalmente admitida ("*S.A.*" para la anónima, "*S. R. L.*" o "*S. L.*" para la sociedad limitada y "*S. Com. por A.*" en la hipótesis de la comanditaria por acciones, art. 6 LSC). Está prohibido, por otra parte, que figure cualquier otra abreviatura distinta de la que indica el tipo social (arts. 398.2 en relación con el 403.2 RRM).

La adquisición del derecho al nombre de la sociedad supone que, una vez constituida la sociedad, esto es, una vez inscrita en el RM, tiene derecho a usar ese nombre para identificarse y puede prohibir a los terceros que utilicen esa misma denominación con ese fin. Tampoco podrán registrarse como marcas o nombres comerciales las denominaciones sociales pertenecientes a personas distintas del solicitante (art. 9.1.*d)* Ley 17/2001, de Marcas).

6.2. Domicilio y nacionalidad

El domicilio es una mención que tiene que consignarse en los estatutos, al igual que el nombre. La sociedad de capital no tiene plena libertad para elegir su domicilio: la Ley (art. 9) dice que tiene que fijarlo dentro del territorio español "*en el lugar en que se halle el centro de su efectiva administración y dirección, o en el que radique su principal establecimiento o explotación*". Puede, pues, elegir entre esos dos criterios: el del centro de su efectiva administración o dirección o el del lugar donde radique su principal establecimiento o explotación. Pero, como puede haber discordancias entre el domicilio registral y el real, la Ley contiene una norma protectora de los terceros, dándoles en tal caso la opción de elegir entre uno y otro (art. 10 LSC).

Además, el criterio del domicilio es el que se ha acogido en la legislación vigente para determinar la nacionalidad de las sociedades de capital. Así, se establece (art. 8 LSC) que serán españolas y se regirán por la presente Ley todas las sociedades de capital que tengan su domicilio en territorio español, cualquiera que sea el lugar en que se hubieren constituido. Para añadirse (art. 9.2 LSC) que deberán tener su domicilio en España las sociedades de capital cuyo principal establecimiento u explotación radique dentro de su territorio.

6.3. La **web** *de las sociedades de capital*

Las sociedades de capital pueden tener una página *web* corporativa para facilitar información a socios, terceros y acreedores. Su creación, que es competencia de la junta general, es obligatoria para las sociedades cotizadas, mientras sólo facultativa para las restantes (art. 11 *bis*. 1 LSC). Las cotizadas están obligadas a publicar por ese medio (entre otros) los anuncios de las convocatorias de las juntas generales que celebren (art. 516.2 LSC), así como, en general, los hechos que la legislación del mercado de valores considere relevantes (art. 539 LSC), tales como el reglamento de la junta.

7. Sociedad unipersonal

En la década de los ochenta del pasado siglo, comenzó un movimiento legislativo en varios países europeos dirigido a solucionar un problema práctico histórico: la pretensión del empresario individual de no arriesgar todo su patrimonio por el ejercicio de su actividad profesional. Los hombres de negocios, como es fácil de entender, siempre han pretendido establecer ciertos límites al riesgo económico y buscado la posibilidad de no comprometer todo su patrimonio a las resultas de las operaciones económicas en que intervinieran en el ejercicio de su actividad empresarial. Esta aspiración, de no verse tratado como cualquier deudor, sometido al principio de la responsabilidad universal frente a sus acreedores (consagrado en nuestro ordenamiento en el art. 1911 C. c.), logró encontrar, como apuntaba, respaldo legislativo.

Ahora bien, para dar carta de naturaleza a esta aspiración, había dos posibles vías:

La primera, y más evidente, suponía admitir que un empresario individual tuviera responsabilidad limitada como excepción al régimen general de la responsabilidad universal.

La segunda consistía en permitir que el interesado en ejercitar una actividad empresarial constituyera por sí solo una sociedad en la que él, como socio, tuviera, por ley, responsabilidad limitada por las deudas sociales. Al responder la sociedad con su patrimonio por las deudas sociales, por esta vía su socio (y fundador) sólo arriesgaría lo invertido, no lo no invertido en la sociedad, que sería la que actuaría como sujeto de derechos en el tráfico y adquiriría la condición de empresario. A esta situación se asimilaría la del socio que en un momento dado acaba adquiriendo todo el capital de una sociedad constituida inicialmente como pluripersonal.

Esta segunda solución fue la que se adoptó en Alemania, que fue el primer país en hacer frente al problema, mediante la Ley de reforma de las sociedades de responsabilidad limitada de 1980, y pronto le siguieron otros países, como Francia (1985), Holanda (1986) y Bélgica (1987). Portugal, en cambio, optó por la primera solución, mediante una Ley de 1986.

La influencia de este movimiento legislativo pronto se dejó notar en el ámbito comunitario y así, en 1989, se aprobó la 12ª Directiva del Consejo, en materia de Derecho de sociedades (Dir. 89/667/CEE, de 21 de diciembre), en la que se adoptó la solución alemana, aunque admitiéndose que los países en que se hubiera consagrado legislativamente la primera solución, como es el caso citado de Portugal, no tuvieran que asumir la segunda (postura lógica, dado que son dos vías que llegan al mismo fin, variando sólo la técnica jurídica empleada). En nuestro ordenamiento la trasposición de esta Directiva se hizo con ocasión de la reforma de la legislación de la sociedad limitada, concretamente, con la promulgación de la LSRL de 1995, acogiéndose la solución "alemana", aunque la admisión de la sociedad unipersonal contaba ya con un clima favorable en el sector doctrinal e incluso antecedentes legislativos, pues la LSA de 1951 toleraba las sociedades anónimas unipersonales sobrevenidas, al no incluir entre las causas de disolución la reunión de todas las acciones en una sola mano (v. E. de M. de la Ley). Por otro lado, aunque el régimen de la sociedad unipersonal se introdujo en el articulado de la LSRL, su aplicación desde el inicio se extendió expresamente a la sociedad anónima, entonces regulada por la LSA de 1989, superando así las propias exigencias de la Directiva, que trataba de satisfacer las necesidades de las pequeñas y medianas empresas. Pues bien, el mismo régimen que antes se encontraba en la derogada LSRL de 1995 está actualmente recogido en la LSC de 2010, en sus artículos 12 a 17, que son de aplicación a sociedades limitadas y anónimas (pero no a las comanditarias por acciones, que por su propia naturaleza exigen la presencia de al menos dos socios).

En fin, antes de abordar el estudio del régimen legal de la sociedad unipersonal, hemos de referirnos a otro hito en el plano legislativo que se ha producido más recientemente, consistente en la *admisión de que el empresario individual tenga responsabilidad limitada*. Esta posibilidad, que históricamente sólo estaba prevista en nuestro ordenamiento para el naviero inscrito en el Registro Mercantil, se extendió a todo empresario individual por la Ley 14/2013, de 27 de septiembre (de Emprendedores), aunque, en este último caso, el patrimonio que el empresario que hiciera uso de esta facultad dejaba a salvo de las reclamaciones de sus acreedores era sólo su vivienda habitual y siempre que ésta no excediera de un determinado valor (300.000 €, que se elevaban a 450.000 para las situadas en ciudades de más de un millón de habitantes). Pero esta medida, atendiendo a los datos publicados por el Colegio de Registradores, no tuvo la acogida pretendida.

En 2014, sólo 51 empresarios individuales se inscribieron como emprendedores de responsabilidad limitada y la tendencia de años posteriores confirma el escaso éxito de esta figura: 27 en 2015, 12 en 2016 (v. *Estadística Mercantil*, 2014, 2015 y 2016, p. 27 en los tres documentos), 15 en 2017,10 en 2018 y 2019 (v. *Estadística Mercantil*, 2017 y 2018, p. 28 en ambos, y de 2019, p. 29), 13 en 2020 y 6 en 2021 (v. *Estadística Mercantil*, 2020 y 2021, p. 29 en las dos).

Por eso, para darle más impulso, se reformó este régimen por la Ley 18/2022, de 28 de septiembre, incluyendo como activos que podían ser protegidos, junto a la vivienda habitual con los límites de valor indicados, los bienes de equipo productivos y los que los reemplazasen. Tanto unos como otros bienes tienen que identificarse en la inscripción del emprendedor de responsabilidad limitada en el Registro Mercantil, para que los terceros que contraten con él sepan que estos bienes no quedarán obligados por las deudas contraídas por el empresario en el ejercicio de su actividad profesional. El tiempo dirá si realmente la reforma da los frutos deseados y comienza a tener éxito esta figura.

En 2022, sólo 20 empresarios individuales se acogieron a esta medida. En 2023, cuando ya podían notarse los efectos de la reforma, se observa un aumento tímido de la cifra, pues entre enero y septiembre se inscribieron 31 empresarios de responsabilidad limitada, pero en 2024, en todo el año, sólo 10 personas optaron por esta vía, según las estadísticas publicadas por el Colegio de Registradores. En contraste, hay una tendencia alcista continua en las sociedades declaradas unipersonales desde 2010 (interrumpida exclusivamente en 2020, por la pandemia). Sólo en 2024, hubo 77.961 declaraciones de unipersonalidad, lo que representa un incremento del 10,63% respecto a 2023 (v. *Estadística Mercantil* 2024, pp. 6-7).

Entrando ya en el régimen previsto actualmente en la LSC relativo a las sociedades unipersonales, hay que tener presente que consta sólo de unas disposiciones especiales relativas a varios aspectos (en particular, la publicidad de la condición de unipersonal, las decisiones del socio único y la contratación del socio único con la sociedad), en parte impuestos por la Directiva traspuesta. Por otro lado, este régimen no se aplica íntegramente a las sociedades unipersonales públicas (art. 17 LSC). Por lo demás, la unipersonal queda sometida al régimen general del tipo social elegido, esto es, el de la sociedad anónima o el de la limitada.

La Ley (art. 12 LSC) comienza por distinguir dos clases de sociedades unipersonales, las que se conocen como "*originarias*", por haber sido constituidas por un único socio, que puede ser una persona física o jurídica, y las "*sobrevenidas*", que son sociedades en origen pluripersonales pero que devienen en el transcurso de su vida unipersonales, lo que sucede cuando todas las acciones o las participaciones sociales pasan a pertenecer a un solo socio. En función de la clase de sociedad unipersonal, se establece (arts. 13 y 14 LSC) un régimen de publicidad registral adaptado a cada una de esas situaciones jurídicas. En cambio, la norma que regula la publicidad extrarregistral es única para las dos, así como el resto del régimen.

La Ley establece un régimen especial de publicidad a cargo de la sociedad del hecho de su condición de unipersonal y ello tanto en el plano registral como fuera de él.

Así, por lo que atañe a la publicidad registral, procede aclarar que la sociedad unipersonal se constituye, como cualquier sociedad de capital, mediante el doble requisito de escritura pública e inscripción en el RM, adquiriendo con la inscripción personalidad jurídica. En la inscripción ha de constar necesariamente la identidad del socio único (art. 13.1 LSC y 114.1º RRM, para la SA y 175.1 RRM, para la SL), como también en la escritura de constitución, por exigencias del artículo 22.1.*a)* LSC. La misma publicidad habrá de darse a: (i) la unipersonalidad sobrevenida, a (ii) la pérdida de la condición de unipersonal (que tendrá lugar por transmisión de parte de las acciones o participaciones sociales) y al (iii) cambio del socio único. La Ley (art. 14 LSC) trata con especial rigor la no constancia registral de la unipersonalidad sobrevenida si pasan seis meses desde que, dándose la situación de hecho de haber pasado todas las acciones o participaciones sociales a la propiedad de un único socio, no se ha hecho constar en el RM la condición de sociedad unipersonal. En tal caso, imputa al socio único responsabilidad personal, ilimitada y solidaria de las deudas sociales contraídas durante el período de unipersonalidad. Si finalmente se inscribe la unipersonalidad, cesa su responsabilidad personal, pero sólo de las deudas contraídas con posterioridad.

Fuera del ámbito del Registro Mercantil, también está obligada a dar publicidad a su carácter de sociedad unipersonal en los términos que exige el artículo 13.2 LSC, que le impone que haga constar ese hecho en toda su documentación, correspondencia, notas de pedido y facturas, así como en todos los anuncios que haya de publicar por disposición legal o estatutaria.

En segundo término, en materia de órganos sociales, se rige por las normas generales del tipo social elegido, sea la anónima o la limitada, pero por la existencia de un único socio se precisa que "*el socio único ejercerá las competencias de la junta general*" (art. 15.1 LSC), cuyas decisiones se harán constar "*en acta, (...) pudiendo ser ejecutadas y formalizadas por el propio socio o por los administradores de la sociedad*" (art. 15.2 LSC). Es evidente que en la sociedad unipersonal no existe la junta general entendida como reunión de socios (art. 159 LSC), ni tendría sentido que se convocara de forma alguna, puesto que hay un solo socio; por ello la Ley equipara jurídicamente las decisiones del socio único sobre asuntos propios de la competencia de la junta general con los acuerdos que adopta ésta cuando la sociedad es pluripersonal. Y en cuanto a las funciones propias del órgano de administración, puede asumirlas el propio socio único o confiarlas a otras personas (posibilidad expresamente aceptada por el referido art. 15.2 LSC), sin que se restrinja en modo alguno la forma de organizar la administración, pudiendo optarse por cualquiera de los sistemas previstos en la LSC para las sociedades con pluralidad de socios.

En fin, especial interés presenta el régimen de la contratación del socio único con la sociedad, previsto en el artículo 16 LSC, pues siendo sujetos distintos para el Derecho pueden ser contrapartes en contratos bilaterales. A la vez, como esto puede perjudicar a terceros, en particular a acreedores de la sociedad, se exige la observancia de varias medidas: (i) que tales contratos consten por escrito; (ii) que se transcriban a un determinado libro-registro de la sociedad, y (iii) que en la memoria anual se haga referencia expresa e individualizada a estos contratos. En el apartado 2º de este mismo precepto se establecen las consecuencias jurídicas del incumplimiento de estos deberes: en caso de concurso del socio único o de la sociedad, la Ley declara inoponibles a la masa los contratos que no se hayan transcrito al libro-registro o no consten en la memoria anual. En fin, para proteger el patrimonio de la sociedad e indirectamente el de los terceros que puedan resultar acreedores de la misma, se impone al socio responsabilidad frente a la sociedad de las ventajas que directa o indirectamente haya obtenido en perjuicio de ésta como consecuencia de esos contratos. Responsabilidad que dura dos años a contar desde la fecha de su celebración.

Lección 4. Fundación de las sociedades de capital

1. Escritura social y estatutos

La sociedad de capital es un contrato y para celebrarlo es menester que concurran, como en todos los contratos (art. 1261 C. c.), consentimiento, objeto y causa. Ahora bien, la sociedad se distingue de los demás contratos por que una vez celebrado con las formalidades que exige la Ley surge de él una persona jurídica distinta de las personas de sus socios. Es, además, un contrato con una gran repercusión frente a terceros, por ser una de las formas típicas en que se instrumentan jurídicamente las empresas. De ahí que la exigencia de esos tres requisitos se refuerce con un ulterior requisito de forma, el otorgamiento de escritura pública, y además que ésta sea inscrita en el RM del domicilio social. Esta regla, común a todas las sociedades mercantiles (art. 119 C. de c.), la establece para las sociedades de capital en particular el artículo 20 LSC, determinando los efectos de la inscripción el artículo 33 del mismo texto legal. Por otro lado, además de la adquisición de personalidad jurídica, que la Ley vincula a la inscripción registral, debemos recordar que, aunque la Ley no lo diga expresamente, la inscripción tiene otro efecto fundamental: la adquisición del tipo social. En efecto, antes de la inscripción registral no existe sociedad anónima ni limitada; hay sociedad, pero sin los caracteres propios de ninguno de los tipos de sociedad de capital, lo que supone que no se adquiere aún en ese momento el beneficio de la responsabilidad limitada por los socios, que es propio de una sociedad (anónima o limitada) que aún no existe. Por otro lado, como la inscripción se anunciará en el BORME, hay que tener en cuenta lo que dispone el artículo 21.1 C. de c. en relación con la oponibilidad a terceros.

El artículo 22 LSC determina el contenido de la escritura social. Ésta se compone de dos partes: por un lado, constituye el documento público en el que se recogen los elementos esenciales del contrato de sociedad (consentimiento, objeto y causa) y por otro, los estatutos sociales. No hay que confundir la escritura social con los estatutos sociales, que son las normas de gobierno de la sociedad.

Contenido de la escritura social: tiene que reunir por Ley una serie de menciones (art. 22 LSC, para todas las sociedades de capital y 114 RRM para las SSAA y 175 RRM para las SSLL):

a) Identidad de los socios, que pueden ser personas físicas o jurídicas.

b) Voluntad de los otorgantes de fundar una sociedad de capital, con elección de un tipo social determinado.

c) La aportación que los socios se hayan obligado a realizar (que puede ser a título de dominio o de uso), o hayan efectivamente realizado, así como de las acciones o participaciones atribuidas a cambio.

d) Los estatutos que han de regir el funcionamiento de la sociedad.

e) La identidad de la-s persona-s que se encargue-n inicialmente de la administración y representación de la sociedad (pueden ser también personas físicas o jurídicas).

f) Además, en la SA: la cuantía total, o al menos aproximada, de los gastos de constitución, y en la SL, aparte de los cinco mencionados primero, el modo concreto en que inicialmente se organice la administración, si los estatutos prevén varias alternativas.

Esto es el contenido mínimo, luego los fundadores podrán incluir (art. 28 LSC) en la escritura, además, todos los pactos y condiciones que juzguen conveniente establecer, siempre que no se opongan a las leyes ni contradigan los principios configuradores del tipo social elegido (como el régimen de la sociedad limitada es más flexible que el de la anónima, da más cabida a la autonomía de la voluntad a efectos de la inclusión de otros pactos distintos en la escritura).

Los *estatutos*, que es una de las menciones de la escritura, son la norma que regula la organización y el funcionamiento de ese nuevo ente jurídico que nace con la inscripción registral y determina la posición jurídica de los socios. Su contenido también está establecido por la Ley, que fija (art. 23, en redacción dada por Ley 6/2023) una serie de menciones mínimas:

a) Denominación (con arreglo a los arts. 6 y 7 LSC).

b) Objeto social, que es la-s actividade-s que pretende desarrollar la sociedad, y que tiene que determinarse con exactitud, pues es de una gran relevancia al delimitar el ámbito de actuación de los administradores.

c) Domicilio social, que tiene que elegirse conforme a lo dispuesto en los artículos 9 y 10 LSC.

d) Capital social, las participaciones o acciones en que se divida, su valor nominal y su numeración correlativa. Además, en la sociedad limitada, si se ha constituido con un capital social inferior a 3.000 euros, los estatutos habrán de declarar expresamente que queda sometida al régimen del artículo 4.1 LSC mientras no alcance esta cifra. Por otro lado, si las participaciones sociales atribuyen derechos desiguales tienen que especificarse y en la anónima debe precisarse, respecto a las acciones: (i) las clases (ordinarias/privilegiadas) y series (en función de su valor nominal), y (ii) su forma de representación (títulos, anotaciones en cuenta o sistemas basados en tecnología de registros); si mediante títulos, debe indicarse si son nominativas o al portador y si se prevé la emisión de títulos múltiples.

e) Estructura del órgano de administración: hay varios sistemas de administración. El artículo 210 LSC los describe: administrador único, varios administradores solidarios, varios conjuntos (en la SA, cuando sean más de dos conjuntos, constituirán consejo de administración, art. 210.2 LSC) y consejo de administración. Actualmente (tras la reforma introducida por la Ley 25/2011, de 1 de agosto en el art. 23 LSC), para sociedades anónimas y limitadas (no sólo para estas últimas) pueden preverse en los estatutos varias alternativas para que la junta general elija entre ellas sin necesidad de modificar estatutos. Se expresarán, además: el número de administradores o, al menos, el máximo y el mínimo, el plazo de duración del cargo y el sistema de retribución (si la tuvieren). En la sociedad comanditaria por acciones, tiene que expresarse la identidad de los socios colectivos, que en esa sociedad son los administradores, que asumen responsabilidad personal por las deudas sociales (art. 1.4 en relación con el 252 LSC).

f) El modo de deliberar y adoptar sus acuerdos los órganos colegiados de la sociedad.

Dado que las condiciones de la sociedad no siempre son las mismas, no tendría sentido que no pudieran modificarse los estatutos una vez constituida la sociedad. Así, la Ley prevé que, por medio de un acuerdo de la Junta general, que es el órgano deliberante, el que expresa la voluntad de la sociedad (en contraposición a los administradores, que son el órgano ejecutivo), adoptado con ciertos requisitos, puedan modificarse los estatutos sociales (art. 194 para la SA, art. 199 para la SL y 285 y ss. LSC para las dos). Sólo excepcionalmente, como veremos, pueden los administradores acordar alguna modificación estatutaria, bien por tener la competencia atribuida legalmente (v. art. 285.2 LSC), bien por delegación de la junta general (en operaciones de aumento de capital en la SA).

Pactos reservados: es muy frecuente que los fundadores celebren acuerdos al margen de la escritura social y de los estatutos, pero que afectan al funcionamiento de la sociedad (por ej., acuerdos relativos a compromisos de voto en un mismo sentido, acuerdos sobre nombramiento de administradores, pactos de adquisición preferente en caso de transmisión de acciones o participaciones, etc.). Son los llamados "pactos reservados" entre los socios o "pactos parasociales". Un tipo de ellos son los llamados "protocolos familiares".

Como todo lo relativo a la sociedad que se funda, tanto en su vertiente contractual como en la institucional, tiene que resultar del contenido de la escritura social y su inscripción, la Ley (art. 29) declara que son inoponibles a la sociedad, lo que significa que despliegan su eficacia sólo entre los que los acordaron.

Ahora bien, como tales pactos, aun siendo inoponibles a la sociedad, pueden afectar profundamente a su funcionamiento, las sociedades cotizadas están obligadas a darles publicidad, para que puedan conocerlos los potenciales inversores, concretamente cuando tales pactos afecten al derecho de voto y a la libre transmisibilidad de las acciones (arts. 530 y ss. LSC). A estos efectos cualquiera de los firmantes de un pacto de este tipo tiene que comunicarlo a la propia sociedad y a la CNMV y depositar el documento en que conste en el RM. Además, debe publicarse como hecho relevante. Mientras no se haga tal comunicación, depósito y publicación como hecho relevante, "*no producirá efecto alguno*" (art. 533 LSC), lo que significa que sus firmantes no están obligados a cumplirlos y si los incumplen la sanción que suele preverse en el pacto para su incumplimiento no podrá imponérseles (así, SÁNCHEZ-CALERO GUILARTE).

En fin, en el ámbito de la sociedad anónima, la Ley (art. 27 LSC) admite que los fundadores (en el caso de fundación simultánea) o los promotores de la sociedad (en hipótesis de fundación sucesiva) se reserven unos "*derechos especiales*" como remuneración por la idea de la fundación y la labor previa a la constitución de la sociedad, pero es una admisión con dos límites. El primer límite afecta a la cuantía, no pudiendo exceder del 10% de los beneficios netos, una vez deducida la cuota destinada a la reserva legal, y el segundo límite es temporal, 10 años como máximo, con el fin de evitar una carga perpetua o demasiado prolongada para la sociedad. Además, este pacto tiene que constar en los estatutos, de lo contrario es ineficaz, y no puede hacerse valer frente a la sociedad.

Los derechos especiales pueden incorporarse a títulos nominativos, pero no pueden ser acciones (art. 27.2 LSC), porque a las acciones debe corresponder una efectiva aportación económica a la sociedad (que aquí no se da), por el principio de correspondencia del capital social con el patrimonio. Esos títulos se llaman bonos o partes de fundador y son transmisibles, pero los estatutos pueden restringir su transmisibilidad.

2. Suscripción y desembolso. De la sociedad limitada de formación sucesiva a la práctica eliminación del capital mínimo en la SL

Además de las formalidades vistas, la Ley establece como requisito necesario para la validez del negocio fundacional que la sociedad anónima tenga suscrito totalmente su capital y desembolsado al menos en una cuarta parte el valor nominal de cada una de las acciones (art. 56 1 *g)* en relación con el 79 LSC).

En cuanto a la limitada, al requerirse históricamente un capital más reducido, de 3.000 euros, se venía exigiendo que fuera no sólo totalmente suscrito, como en el caso de la anónima, sino también íntegramente desembolsado en el momento mismo de la fundación (art. 56.1.*g)* en relación con el art. 78 LSC). Esta situación jurídica sufrió un cambio notable gracias a la reforma que la Ley 14/2013, de 27 de septiembre, de apoyo a los emprendedores y su internacionalización (conocida como Ley de Emprendedores), hizo en la LSC, modificando los artículos 4 y 5 y añadiendo un nuevo artículo 4 *bis*, por el que se incorporó la llamada "*sociedad limitada de formación sucesiva*".

La finalidad de esta Ley, como se expresa en su Preámbulo, es favorecer la creación de empresas, que se había visto mermada por la crisis económica iniciada en 2007, como hemos puesto de manifiesto (v. *supra* Lección 1, epígrafe 8). A estos efectos, y pensando que la exigencia del capital mínimo íntegramente desembolsado desde la constitución podía suponer un freno para la fundación de sociedades limitadas, creó una subespecie de sociedad limitada, con aquella denominación, a la que podían acogerse voluntariamente los fundadores y que se caracterizaba por carecer de capital mínimo. No era un tipo social nuevo, añadido a los hasta entonces admitidos (SA, SL, etc.), sino un subtipo de sociedad limitada, que quedaba sometida, claro está, aparte de a sus disposiciones especiales, al régimen general de aquélla. Por otro lado, la reforma no afectó al artículo 78 LSC, que establece el requisito del desembolso íntegro de las aportaciones, por lo que había de entenderse que cabía elegir un capital social mínimo inferior a tres mil euros, pero no que tras la fundación pudieran quedar desembolsos pendientes de ese capital reducido elegido.

En cualquier caso, la Ley, para paliar el efecto que en materia de responsabilidad de la sociedad pudiera suponer la falta de exigencia del capital mínimo general, estableció para esta sociedad varias medidas correctoras, protectoras de los intereses de los terceros, a las que tenía que atenerse la sociedad hasta que alcanzara el capital mínimo general de tres mil euros (conforme al art. 4 *bis*. 1 LSC, entonces vigente): por un lado, (i) se endurecía la obligación de dotar una reserva legal y, por otro, (ii) se limitaba el reparto de dividendos, así como (iii) la retribución de los administradores. Además, en caso de liquidación (art. 4 *bis*. 2 LSC), si el patrimonio social era insuficiente para satisfacer a los acreedores, se imponía responsabilidad solidaria a socios y administradores, aunque debía entenderse (la redacción del precepto no era clara) limitada a la diferencia entre la cantidad obrante en el patrimonio social y la cifra de capital mínimo legal general de 3.000 euros.

Sin embargo, como quedó dicho, este nuevo subtipo de sociedad limitada tuvo escasa aceptación. Según datos publicados por el Colegio de Registradores, en 2013 (la Ley 14/2013 entró en vigor el 29 de septiembre de ese año) sólo se constituyeron 18 SSLL por esta vía y al año siguiente, apenas 244 (con más de 93.000 SSLL constituidas en 2014, la cifra es realmente exigua). En 2015, se notó un cierto repunte, con 340, pero al año siguiente, con más de 100.000 SSLL constituidas gracias a la recuperación económica, se volvió a cifras de años anteriores, pues sólo lo hicieron 239 por la vía de la formación sucesiva; en 2018, de 94.875 SSLL fundadas, sólo 148 optaron por esta modalidad; en 2019, 126 de 93.546 SSLL creadas y en 2020, tan sólo 107 de 79.067, y eso que fue el año en que surgió la crisis del coronavirus. En fin, en 2021, sólo 133 de 100.803 y 117 de 98.720 en 2022 (más datos estadísticos, v. *supra* Lección 1, epígrafe 8).

El último paso sobre esta cuestión se dio por la Ley 18/2022, dictada, como en el caso de la Ley de Emprendedores de 2013, para favorecer la creación de empresas tras otra crisis, en este caso, la originada por la pandemia de 2020-21. Y una de las medidas adoptadas fue precisamente la de generalizar la posibilidad de fundar SSLL con un capital mínimo inferior a 3.000 euros, concretamente de un solo euro, dando nueva redacción al artículo 4 LSC. En consonancia, se derogó el régimen de la SLFS, contenido en el artículo 4 *bis*, por innecesario. Ahora cualquier SL, sin que sea adjetivada de ninguna manera, puede ser constituirse con un euro.

Además, aunque se han introducido (nuevo art. 4.1 LSC) ciertas medidas para protección de terceros mientras el capital social no alcance la cifra de 3.000 euros, son menos estrictas que las que regían esta misma situación en el caso de la SLFS. En efecto, las medidas que rigen ahora, mientras el capital social no alcance la cifra de 3.000 euros, son sólo: (i) la obligación de destinar a la reserva legal una cifra al menos igual al 20 por ciento del beneficio hasta que dicha reserva junto con el capital social alcance el importe de tres mil euros, y (ii) en caso de liquidación, voluntaria o forzosa, si el patrimonio de la sociedad fuera insuficiente para atender el pago de las obligaciones sociales, la obligación de los socios de responder solidariamente de la diferencia entre el importe de tres mil euros y la cifra del capital suscrito. En cambio, no hay limitación alguna ni en relación con el reparto de dividendos ni con referencia a la retribución de administradores, como había en cambio para la SLFS.

3. Procedimientos de constitución

Hay varias vías para constituir una sociedad de capital a las que puede acudirse en función del tipo social elegido.

1. Existe un procedimiento de fundación de las sociedades de capital que es común a todas ellas, la llamada "*fundación simultánea*", que es además el modo normal de crear cualquier sociedad de capital.

2. En el ámbito de la fundación simultánea, pero sólo de la sociedad limitada, se han introducido varias medidas para ahorrar costes y tiempo de tramitación, fundamentalmente mediante el recurso a comunicaciones por vía telemática: así, en un primer momento, por Ley 7/2003, de 1 de abril, se introdujo la denominada "*sociedad limitada nueva empresa*"; luego, a través del R. Dec.-ley 13/2010, de 3 de diciembre, la forma de constituir sociedades conocida socialmente como "sociedad exprés"; en un tercer momento, la citada Ley 14/2013, de 27 de septiembre, de Emprendedores, introdujo nuevas medidas (arts. 15 y 16) que eran un nuevo modo de constituir sociedades limitadas en sustitución de la "sociedad exprés", cuya regulación derogó expresamente [ver D. D., letra *d)*, en redacción reformada por la Ley 25/2013, de 27 de diciembre (D. F. 4.1)]. Posteriormente, la Ley 18/2022, de 28 de septiembre, reformó la Ley de Emprendedores para facilitar aún más la creación de empresas, pero el paso definitivo se ha dado últimamente por la Ley 11/2023, que permite la creación online de SSLL, sin necesidad de acudir físicamente al Notario, como lo era hasta ese momento.

3. Por último, está legalmente previsto un procedimiento propio de la sociedad anónima: la fundación "*sucesiva*" o "*por suscripción pública (de acciones)*".

Veámoslos separadamente.

3.1. La fundación simultánea (o por convenio) de sociedades de capital

La Ley (art. 19 LSC) prevé dos caminos para que pueda constituirse una sociedad anónima: la fundación simultánea o por convenio (art. 19.1) y la fundación sucesiva por suscripción pública de acciones (art. 19.2). La fundación simultánea o por convenio no presenta ninguna particularidad respecto a la forma de celebrar cualquier otro contrato. Consiste en que los fundadores de la sociedad, que son los primeros socios de la misma, llegan a un acuerdo, lo manifiestan ante Notario, otorgan la escritura pública, suscriben todas las acciones, las desembolsan como mínimo en una cuarta parte del valor nominal de cada acción (art. 79 LSC) y luego la inscriben en el RM. Éste es el modo normal. El establecer un sistema alternativo, a través de la fundación sucesiva, se justifica por la dificultad que puede revestir para los socios fundadores asumir todo el capital de la sociedad en el momento de su fundación cuando se trata de una sociedad con un capital muy elevado. A estos efectos se regula este segundo procedimiento, dirigido a que las acciones sean suscritas no por los que tuvieron la iniciativa de fundar la sociedad (como sería en defecto de otra alternativa), sino por el público en general. Ahora bien, este procedimiento, que sólo tiene razón de ser en el ámbito de las grandes empresas y que por ello sólo se prevé para la anónima, no se utiliza en la práctica, por lo que le prestaremos atención en último lugar.

Por su parte, las sociedades limitadas se constituyen sólo a través de la fundación simultánea, por lo que la breve descripción de este proceso que antes hemos hecho para la sociedad anónima es perfectamente trasladable a ella, con la diferencia de que los socios no sólo están obligados a la suscripción íntegra de las participaciones, sino también a su total desembolso (no rige para ellas el principio del desembolso mínimo, sino del desembolso íntegro, regulado por el art. 78 LSC).

Por las razones expuestas, vamos a centrar nuestra atención en el procedimiento de fundación simultánea.

En primer lugar, como hemos adelantado, el artículo 19 LSC se refiere a la fundación simultánea en su apdo. 1º, cuando dice que "*[l]as sociedades de capital se constituyen por contrato entre dos o más personas o, en caso de sociedades unipersonales, por acto unilateral*". El Código de comercio de 1885 en su artículo 116 concibe la sociedad como contrato plurilateral formado por dos socios como mínimo y la derogada LSA de 1951 (art. 10) lo amplió a tres, pero en la práctica esa exigencia solía burlarse acudiendo a terceras personas que no tenían interés personal en constituir la sociedad, actuando como testaferros. Actualmente, y tras la derogada LSRL 1995, que traspuso la duodécima Directiva en materia de sociedades, reguladora de las SSLL de un solo socio, ya no se exige un número mínimo de socios para crear una sociedad limitada o anónima, puesto que tales sociedades, como hemos visto, pueden fundarse por una sola persona.

La sociedad, ya sea por uno o más socios, se constituye en escritura pública más inscripción registral y con ésta adquiere su personalidad jurídica (art. 20 en relación con el 33 LSC).

Además, los fundadores, que son quienes concurren al otorgamiento de la escritura, por sí o por medio de representante, asumiendo todas las acciones de la sociedad, y que son los primeros socios de la misma, pueden ser tanto personas físicas como jurídicas y eso ya sea sociedad unipersonal o con más socios (art. 21 LSC).

Ahora bien, aunque antes describíamos sucintamente el proceso de constitución por vía simultánea de las sociedades de capital, no debemos olvidar que la constitución de una sociedad no se hace en el vacío, sino para desarrollar una actividad generalmente empresarial, la que sea, y que mientras se van acordando los elementos esenciales de la sociedad que se va a fundar (básicamente, los que la Ley obliga que consten en la escritura de constitución, antes referidos, esto es, el tipo social, las aportaciones que va a realizar cada uno, el sistema de administración, la cifra del capital social, etc.) se va montando a la vez la empresa, lo que suele generar ya obligaciones a cargo de la sociedad que se está gestando. En este sentido, en el proceso constitutivo de las sociedades de capital pueden distinguirse varias fases temporales: (i) la anterior al otorgamiento de la escritura de constitución y (ii) la que se extiende desde el otorgamiento de la escritura de constitución hasta la inscripción registral.

Con la inscripción registral terminará el proceso constitutivo, existiendo a partir de ese momento una sociedad con personalidad jurídica plena y sometida al régimen legal del tipo social elegido por los socios fundadores. Sólo a partir del acto de la inscripción la sociedad está plenamente constituida y puede hablarse con propiedad de una "sociedad anónima", "sociedad limitada" o "sociedad comanditaria por acciones", no antes.

Las dos primeras fases son, pues, las que conforman el proceso constitutivo. La primera de ellas, que se puede denominar "*sociedad prefundacional*", no está expresamente regulada en nuestro ordenamiento. Sí, en cambio, la segunda, conocida como "*sociedad en formación*". Por otro lado, la Ley también contempla una tercera situación jurídica que, frente a las anteriores, no es una fase que atraviesa una sociedad en su proceso regular de constitución, al contrario, es la situación en la que caen las sociedades que en algún momento de su constitución se apartan de la vía regular y comienzan a actuar en el tráfico sin haber culminado el proceso legal de fundación. Esta última situación jurídica es la denominada "*sociedad irregular*".

3.1.1. Sociedad prefundacional

Como antes apuntamos, antes del otorgamiento de la escritura de constitución, los interesados en constituir la sociedad de capital tienen, por un lado, que ponerse de acuerdo sobre los elementos esenciales de la sociedad que desean constituir y sobre los que habrán de consentir luego ante Notario (la determinación del tipo social, del capital, de las aportaciones, etc., o acuerdos sobre personal y otros muchos), y, por otro, que ir creando la empresa para cuyo desarrollo constituyen la sociedad. A este fin, suelen producirse contactos con terceros, como pueden ser Bancos -a efectos de financiación- u organismos públicos -por razón de posibles bonificaciones fiscales u otras ayudas. En muchos casos se contraen ya obligaciones: se compran o alquilan locales e instalaciones, se inician obras, se adquieren maquinaria, mobiliario y mercancías, se solicitan créditos, se piden asesoramientos, etc. Ahora bien, tales actos, debe aclararse, no son propiamente actos empresariales, sino "de organización", pues no se realizan en desarrollo del objeto social, sino para organizar la empresa.

La Ley, como hemos dicho, no ofrece una regulación para esta fase y para colmar esa laguna no puede adaptarse sin más la relativa a la sociedad en formación, que parte de la existencia de una escritura de constitución, a la que atribuye ciertos efectos, como: la posibilidad de que los socios actúen "en nombre" de una sociedad, que a falta de escritura aún está sin individualizar; que la sociedad tenga un "patrimonio" propio formado con las aportaciones ya hechas por los socios, o que los administradores que figuran en esa escritura tengan tantos poderes como los que ésta les atribuye para esa fase, otorgando una cierta personificación a la sociedad que regula. Antes del otorgamiento de la escritura, no puede hablarse de actuar en nombre de una sociedad aún no personificada, que tampoco tiene administradores con facultades derivadas de escritura alguna y que carece de patrimonio propio. En otras palabras, el grado de personificación que la Ley reconoce a la sociedad escriturada no se ha producido todavía, de modo que los bienes o derechos que adquieran los socios personalmente para organizar la sociedad no ingresan en el patrimonio de ésta, puesto que la misma no existe jurídicamente (como sujeto de derecho) ni siquiera como "sociedad en formación", ni pueden ser calificados, por tanto, de aportación a "ella".

En esta situación, a falta de regulación expresa, hay que entender que los socios que hayan actuado en esta fase con terceros asumen responsabilidad personal de las deudas derivadas de su actuación, y que tal responsabilidad debe extenderse no sólo a los que hayan intervenido directamente, sino también a los socios no intervinientes, en cuanto la actuación de los primeros se ha hecho en interés de todos ellos. Respecto a si, siendo varios socios, su responsabilidad es mancomunada o solidaria, en principio, jugaría la presunción general de no solidaridad del artículo 1137 del Código civil. No obstante, el caso que nos ocupa -adquisiciones de bienes o derechos para organizar una empresa común- es uno de los más claros en los que procede aplicar la interpretación semicorrectora que la jurisprudencia del Tribunal Supremo ha hecho de dicho precepto cuando estima que la responsabilidad es solidaria cuando hay una "comunidad jurídica de objetivos" o una "conexión interna" entre las prestaciones de los diversos deudores, conexión o comunidad que resulta evidente en dicho caso por ser actos o contratos celebrados en interés de todos ellos para una empresa de la que son partícipes, por lo que no cabe dividir las responsabilidades, sino, por el contrario, hacerlas solidarias.

3.1.2. Sociedad en formación

La sociedad en formación es una situación regular, no tiene nada de anormal. Como la fundación es un proceso complejo, la Ley, una vez otorgada la escritura de constitución, da un plazo de un año a los socios fundadores para que inscriban la sociedad en el Registro Mercantil. Y al período que transcurre entre el otorgamiento de la escritura y la inscripción registral lo llama "*sociedad en formación*". Al iniciarse con el otorgamiento de la escritura, es, por tanto, una situación jurídica por la que pasa necesariamente (más o menos tiempo) toda sociedad en su proceso constitutivo, pero como la sociedad aún no tiene personalidad jurídica y durante ese período es previsible, porque así lo exige la propia realidad, que los socios realicen contratos con terceros (por ej., bancarios, con fabricantes o suministradores de materias primas, con clientes, con futuros distribuidores, etc.), ya sea en su propio nombre o en el de la sociedad que están constituyendo, la Ley establece un régimen singular para proteger los intereses de los terceros y evitar, en particular, la comisión de fraudes.

Esta fase de la sociedad estaba regulada en el artículo 15 LSA (aplicándose también a las sociedades limitadas por remisión del art. 11.3 de la derogada LSRL) y de ahí ha pasado a los vigentes artículos 36-38 LSC.

El artículo 36 LSC establece la norma general: por los actos y contratos celebrados en nombre de la sociedad responden solidariamente quienes los hubiesen celebrado. Es la solución lógica, porque la sociedad como sujeto aún no existe, que respondan quienes los celebraron y además solidariamente, lo que supone que los terceros podrán dirigirse contra cualquiera de ellos, "*a no ser que su eficacia hubiese quedado condicionada a la inscripción y, en su caso, posterior asunción de los mismos por parte de la sociedad*".

En segundo lugar, la Ley establece (art. 37) un trato especial para determinados actos y contratos: (i) los indispensables para la inscripción de la sociedad, (ii) los que los administradores hagan dentro de las facultades que les confiere la escritura para esta fase y (iii) los hechos por persona designada por mandato específico de todos los socios. En tales casos, responde la sociedad en formación con el patrimonio que hasta ese momento hayan desembolsado los socios. Además del patrimonio de la sociedad, para el caso de que los socios no hubieran aportado todo lo que hubieran comprometido, se prevé que responderán personalmente "*hasta el límite de lo que se hubieran obligado a aportar*", lo que supone en una sociedad anónima que los terceros tendrán acción directa para exigir a los socios hasta el importe de los dividendos pasivos (recuérdese que el régimen del desembolso es distinto según se trate de una SA o de una SL). El régimen previsto en este precepto es llamativo: por un lado, porque otorga una cierta personificación a la sociedad en formación, imputándole responsabilidad personal a costa de su patrimonio (que es un atributo propio de una personalidad que no tendría hasta la inscripción registral) y, por otro, porque se adelanta el beneficio de la responsabilidad limitada de los socios (propio y privativo de la sociedad de capital) a un momento en que la sociedad, por no estar inscrita, no es aún anónima ni limitada. De ahí que esta medida sea criticada por un sector de la doctrina (así, VICENT CHULIÁ), que estima debería imputarse responsabilidad personal ilimitada a los socios en esta fase.

Finalmente, la Ley (art. 38 LSC), partiendo de la hipótesis normal, esto es, que la sociedad en formación acabe inscribiéndose en el RM, dispone lo siguiente:

Una vez que la sociedad se inscribe, queda obligada *ministerio legis* por los actos y contratos del artículo 37. En cuanto al resto de actos y contratos (los del art. 36 LSC) queda obligada si en el plazo de tres meses los acepta (art. 38.1 LSC). En los dos casos cesa la responsabilidad solidaria de los socios, administradores y representantes (art. 38.2 LSC).

Como la sociedad actúa ya en el tráfico en esta fase, pueden producirse pérdidas y por ello la Ley quiere garantizar que en el momento de la inscripción haya equivalencia entre el capital y el patrimonio de la sociedad. A tal efecto dispone (art. 38.3 LSC) que si el patrimonio de la sociedad, sumados los gastos indispensables para su inscripción registral, fuese inferior a la cifra del capital social, los socios están obligados a cubrir esa diferencia (art. 38.3). Una vez inscrita, la sociedad deja de estar sometida a este régimen y pasa a aplicársele el régimen general del tipo social elegido.

3.1.3. Sociedad devenida irregular

Una vez pasado el plazo de un año sin que se otorgue la inscripción registral o si, antes del transcurso de ese plazo, se verifica la voluntad de no inscribir la sociedad, la sociedad en formación deviene irregular, patología que es muy frecuente en el ámbito de la pequeña empresa. Como ya hemos dicho, la inscripción registral produce efectos constitutivos, no hay sociedad anónima antes de la inscripción; por lo tanto, no cabe hablar de sociedad anónima o limitada irregular, sino de sociedad irregular a secas. Aquí la LSC (arts. 39 y 40) establece también cautelas con toda razón para proteger los intereses de los terceros de buena fe que contraten con la sociedad, así como de los propios socios que no estén conformes con esa situación.

Así, como medida de tutela de los socios disconformes, dispone (art. 40), en primer lugar, que cualquier socio podrá instar la disolución de la sociedad en formación, y exigir, previa liquidación del patrimonio social, la restitución de sus aportaciones.

En segundo término, como medida de tutela de los terceros, se prevé que, si la sociedad ha iniciado sus operaciones o continúa con ellas, se le aplicarán las normas del C. de c. sobre colectivas (arts. 125-144) si su objeto social es mercantil y si su objeto social es civil, las de la sociedad civil (arts. 1665-1708 C. c.). Es decir, el régimen de responsabilidad más riguroso para proteger los intereses de aquéllos.

Finalmente, en caso de que la sociedad acabe inscribiéndose, aun fuera de plazo, y llegue, por tanto, a adquirir personalidad jurídica, la Ley establece que no le será de aplicación lo previsto en el artículo 38.2, que tiene como efecto que no cesará la responsabilidad solidaria de los socios, administradores y representantes por los actos anteriores a la inscripción.

Procede recordar, para terminar, que la Ley no regula por completo el fenómeno de las sociedades irregulares, al limitarse a las sociedades devenidas irregulares, olvidando que junto a estas son muy frecuentes las sociedades originariamente irregulares, entendiendo por tales las que no han pasado por la fase de sociedad en formación, por carecer de escritura de constitución, pero que, pese a ello, realizan operaciones mercantiles o civiles en el mercado. A este fenómeno, que presenta una identidad de razón evidente con el sí regulado, la jurisprudencia le aplica, como quedó dicho, la misma solución legal.

La citada STS (Sala 1ª) núm. 740/2010, de 24 de noviembre (RJ 2011/580) recoge la doctrina del TS relativa a las sociedades no inscritas en el RM que actúan, pese a ello, en el tráfico y, en concreto, la aplicación de las normas de la sociedad irregular tanto a las escrituras como a las no escrituradas.

3.1.4. Responsabilidad de los fundadores

Durante la etapa fundacional, el papel de los fundadores (que, como se sabe, son los primeros socios, los que asumen inicialmente todo el capital social y otorgan la escritura de constitución) es muy importante y la Ley tiene especial preocupación por que este proceso fundacional se realice y culmine dentro de los parámetros que ella establece y evitando fraudes a la propia sociedad, a los futuros socios y a los terceros. Esta preocupación legal se concreta (art. 30.1 LSC) en imputar a los fundadores responsabilidad solidaria frente a todos esos sujetos (i) por la constancia en la escritura de constitución de las menciones exigidas por la Ley; (ii) por la exactitud de cuantas declaraciones hagan en aquélla y (iii) por la adecuada inversión de los fondos destinados al pago de los gastos de constitución. A continuación (art. 30.2 LSC) se extiende esta responsabilidad a los fundadores ocultos (si resulta probada su existencia) por cuya cuenta hayan obrado los que actúen como fundadores aparentes.

En fin, la responsabilidad de los fundadores no se circunscribe sólo a los supuestos recogidos bajo el artículo 30 LSC, sino que se extiende a otros previstos a lo largo del articulado legal. Uno de ellos es el recogido bajo el artículo 32 LSC, que les impone la obligación de presentar la escritura a inscripción en el RM en el plazo de dos meses desde la fecha del otorgamiento y cuyo incumplimiento los hace responsables solidarios de los eventuales daños que de ello se deriven. Conviene precisar que una cosa es que la sociedad tenga un año para inscribirse en el RM antes de convertirse en irregular y otra que los fundadores puedan sin más esperar a que transcurra ese año, pues si pasan dos meses sin que se inscriba la sociedad, seguirá siendo sociedad en formación (salvo que quede demostrada la falta de voluntad de inscribirla), pero ellos responderán de los daños producidos a consecuencia del retraso.

3.2. Medidas tendentes a agilizar la fundación de sociedades de capital

Como hemos adelantado, en las dos últimas décadas se han sucedido varias medidas para fomentar la creación de empresas, facilitando la constitución de las sociedades capitalistas, en particular, de las sociedades limitadas, mediante el abaratamiento de sus costes y la reducción del tiempo necesario para su tramitación, recurriendo a la vía telemática y recortando progresivamente los plazos legales de intervención notarial y calificación e inscripción registral. En este proceso podemos distinguir tres hitos fundamentales: (i) la introducción legal de la sociedad limitada nueva empresa, (ii) la posibilidad de constituir sociedades de capital por el procedimiento conocido en la práctica como "sociedad exprés"; (iii) la sustitución de este último procedimiento por otro similar a través de la Ley de Emprendedores y (iv) la introducción de la constitución íntegramente *online* por la Ley 11/2023.

3.2.1. Sociedad limitada nueva empresa

Esta tendencia se inició con la Ley 7/2003, de 1 de abril, que añadió a la entonces vigente LSRL de 1995 un nuevo capítulo (el XII) dedicado a la que llamó "*sociedad limitada nueva empresa*" (SLNE). Esta disciplina se incorporó después a la LSC como Título XII.

Lo más característico de este sistema es que no introdujo un procedimiento simplificado de constitución de sociedades limitadas, sino que creó un subtipo de éstas, con un régimen propio, que afectaba no sólo a la fundación de la sociedad, sino a su organización y funcionamiento durante toda su vida. Claro está que, en lo no dispuesto en su disciplina específica, la SLNE quedaba sometida al régimen general del tipo de SL.

Las ventajas que introdujo este régimen en cuanto a la constitución se sustanciaban fundamentalmente en que los trámites precisos para otorgar la escritura notarial de la sociedad y su posterior inscripción registral podían hacerse por vía telemática a través del entonces nuevo Centro de Información y Red de Creación de Empresas (CIRCE). Además, se preveía la emisión de un "*documento único electrónico*" (DUE) que facilitaba asimismo el cumplimiento de las obligaciones fiscales y de Seguridad Social inherentes al desarrollo de la actividad, aparte de otros trámites administrativos necesarios para la puesta en marcha de la empresa. Por otro lado, para aumentar la rapidez en la constitución se aprobaron (Orden JUS/1445/2003, de 4 de junio) unos estatutos modelo orientativos y, de ser utilizados, el Registrador Mercantil tenía que calificar e inscribir la escritura de constitución en el plazo máximo de 24 horas, a contar desde el momento del asiento de presentación. En fin, se otorgaban beneficios fiscales para las sociedades que se constituyan con sometimiento a este régimen en sus dos primeros años de vida.

Ahora bien, junto a esas ventajas iniciales, la sociedad, una vez constituida y durante toda su vida, quedaba sometida a una serie de restricciones de todo tipo frente a cualquier otra SL. Había así restricciones en materia de denominación social, objeto social, tipo de socios o modificaciones estatutarias, que sin duda hacían poco atractivo acogerse a este procedimiento, pese a los beneficios mencionados.

En fin, al generalizarse a través del R. Dec.-ley 13/2010, de 3 de diciembre, la posibilidad de constituir de modo "exprés" una sociedad limitada (además de cualquier otra sociedad capitalista), sin necesidad de dejar sometida a esa sociedad al régimen especial de la SLNE, este último quedó prácticamente obsoleto y sin sentido.

Baste observar que de las 92.732 SSLL constituidas en 2013 sólo 137 fueron bajo la forma de SLNE, bajando a 107 de 93.476 en 2014, a 60, en 2015, a 48, en 2016, a 31 en 2018, a 29 en 2020 y a 47 en 2021 (ver *Estadísitica Mercantil* de todos estos años). Tanto es así que en el ALCM de 2014 ya ni se regulaba.

Finalmente, el régimen legal de la SLNE se derogó formalmente por la Ley 18/2022, de 28 de septiembre.

3.2.2. La llamada "sociedad exprés"

Como hemos adelantado, el R. Dec.-ley 13/2010, de 3 diciembre (art. 5), extendió la posibilidad de constituir sociedades por vía telemática a todas las sociedades de capital, previendo tres procedimientos distintos en función de las características de la sociedad que se deseara fundar, lo que suponía que, cuanto más estandarizada fuera la sociedad, más sencilla y breve sería su fundación. Aparte de no limitar su aplicación a las sociedades limitadas, lo que ya supuso un avance respecto al régimen de la SLNE, el nuevo sistema acertó plenamente al no crear una subespecie de sociedad de capital, sino una vía rápida de constitución de sociedades de capital ordinarias.

Como quedó apuntado, el R. Dec.-ley (art. 5) distinguía tres procedimientos distintos de fundación:

1. Procedimiento general de creación de sociedades limitadas, caracterizado por reducir el plazo de otorgamiento de la escritura de constitución a un día hábil desde la recepción de la calificación negativa de denominación expedida por el RMC e imponer al Registrador mercantil un plazo de calificación e inscripción de tres días hábiles contados desde la recepción telemática de la escritura.

2. Para sociedades limitadas con capital no superior a 3.100 euros y con arreglo a estatutos modelo, se reducían aún más los plazos: el otorgamiento de escritura pública debía efectuarse el mismo día en que el Notario recibiera la calificación negativa de denominación expedida por el RMC. Por su parte, el Registrador mercantil tenía un plazo para calificación e inscripción de siete horas hábiles desde la recepción de la escritura (recuérdese que es de 24 horas desde el asiento de presentación en SLNE).

3. Finalmente, para las sociedades de capital que no fueran limitadas o que siéndolo tuvieran entre sus socios personas jurídicas o un capital social superior a 30.000 euros o cuyo órgano de administración delimitado en los estatutos sociales no se estructurase como administrador único, varios solidarios o dos mancomunados, se establecía un procedimiento de constitución más rápido que el tradicional, no tanto por limitar los plazos de actuación del Notario y el Registrador (de hecho, para calificación e inscripción regían los generales del art. 18.4 del C. de C.), sino por imponer una tramitación exclusivamente telemática.

Estos procedimientos de constitución, tal como fueron implantados, se convirtieron en la práctica en el modo normal de fundar sociedades de capital. Sin embargo, fueron en gran medida derogados por la Ley 14/2013, de Emprendedores (D. D. *d)*, ya citada, que del artículo 5 del Dec.-ley sólo dejó vigentes las normas que fijan los aranceles notariales y registrales. En fin, mediante la Ley 25/2013, de 27 de diciembre (D. F. 4.1), se recuperó la vigencia de la exención de tasas del artículo 5.1. *f)*.

3.2.3. El sistema introducido por la Ley 14/2013 y su modificación por la Ley 18/2022

La Ley 14/2013, conocida como "Ley de Emprendedores", introdujo un nuevo procedimiento de constitución telemática, derogando el previsto en el Decreto-ley 13/2010 (expuesto en el epígrafe anterior), aunque su punto de partida es el mismo, pues lo concibe como un modo normal de constituir sociedades de capital, sin crear subtipo alguno de sociedad como la SLNE. En este sentido, la filosofía de la regulación es clara y acertada. Frente al régimen que deroga, sólo prevé dos procedimientos de constitución, uno para sociedades limitadas con escritura y estatutos tipo (art. 15) y otro para sociedades limitadas que no se acojan a los estatutos tipo (art. 16). En cambio, para las sociedades anónimas no se contempla un procedimiento rápido de constitución por vía telemática análogo al derogado, aunque sí se permite que se realicen ciertos trámites asociados a la constitución (como el alta fiscal) por medio del documento único electrónico, pues esta posibilidad se deja abierta a todas las sociedades de capital en general, no sólo a las SSLL.

En cuanto a los procedimientos sí regulados, se prevé que, ya se constituya la sociedad con arreglo a estatutos tipo o no, el Notario debe utilizar un modelo de escritura pública estandarizado, con campos rellenables, que permiten su tratamiento informático (regulado por Orden JUS/1840/2015, de 9 de septiembre, en desarrollo del art. 6 del RD 421/2015). En cuanto al Registrador, se distinguen sus obligaciones en función de que la sociedad limitada se constituya mediante estatutos tipo (aprobados por RD 421/2015, de

29 de mayo) o no: si es con estatutos tipo, el registrador debe calificar e inscribir en el plazo de seis horas hábiles a contar desde la recepción de la escritura por vía telemática. Si, por el contrario, no se utilizan estatutos tipo, también ha de calificar e inscribir el registrador en el mismo plazo de seis horas, y la sociedad quedará plenamente constituida desde la inscripción y sometida a la LSC. Ahora bien, en ese plazo sólo tiene que hacer una inscripción "inicial" en la que consten la denominación, el domicilio, el objeto social, el capital social y el órgano de administración elegido. Para efectuar la calificación "definitiva" cuenta con un plazo más amplio (inicialmente, el ordinario para calificar), pero al tener efectos plenos la inscripción inicial, la definitiva se trata jurídicamente como una modificación de estatutos.

Posteriormente, la Ley 18/2022, de 28 de septiembre, de creación y crecimiento de empresas, reformó varios de los preceptos de la Ley de Emprendedores relacionados con el procedimiento de constitución precisamente para agilizar la creación de sociedades, impulsando el uso de la vía telemática a través del CIRCE. Entre otras modificaciones, en relación con la constitución de sociedades de responsabilidad limitada sin estatutos tipo, la Ley 18/2022: (i) precisa que habrá de emplearse la escritura pública con formato estandarizado para agilizar la tramitación y (ii) reduce a 5 días (contados desde el siguiente al de la fecha del asiento de presentación o, en su caso, al de la fecha de devolución del documento retirado) el plazo en que el registrador deberá inscribir de forma "definitiva" la escritura de constitución en el Registro Mercantil.

3.2.4. La constitución íntegramente* online *de sociedades limitadas tras la Ley 11/2023

Dentro de este proceso dirigido a agilizar la constitución de sociedades por la vía de la digitalización, el paso (por ahora) definitivo se ha dado con la Ley 11/2023, de 8 de mayo, por la que se traspone a nuestro ordenamiento la Directiva (UE) 2019/1151 del Parlamento Europeo y del Consejo, de 20 de junio de 2019, por la que se modifica la Directiva (UE) 2017/1132 en lo que respecta a la utilización de herramientas y procesos digitales en el ámbito del Derecho de sociedades, conocida como "Directiva de digitalización de sociedades" o "Directiva de herramientas digitales". Esta Directiva, como se expresa en el Preámbulo de la Ley 11/2023, continúa el proceso de digitalización de empresas ya iniciado a nivel europeo, imponiendo a los Estados miembros la instauración de un sistema que permita *"la constitución de las sociedades de capital íntegramente en línea, así como de sus actos posteriores o sucesivos, la presentación online de los documentos necesarios para estas operaciones, la posibilidad de abrir y registrar una sucursal en otro*

Estado miembro de manera enteramente telemática y el funcionamiento de los Registros mercantiles".

La principal novedad que introduce esta Ley es que permite la constitución totalmente *online* de sociedades de capital, aunque nuevamente sólo se prevé para SSLL. Eso ha obligado a la reforma de varias leyes: la Ley del Notariado, de 28 de mayo de 1862, el Código de Comercio, la Ley Hipotecaria, de 8 de febrero de 1946, la Ley 14/2000, de 29 de diciembre, de Medidas fiscales, administrativas y del orden social, la Ley 24/2001, de 27 de diciembre, de Medidas fiscales, administrativas y del orden social y la Ley de Sociedades de Capital. En la LSC, concretamente, se ha introducido un nuevo artículo 22 *bis* y un capítulo III *bis*, en el título II.

Hasta ahora, aunque la constitución de sociedades, en particular de sociedades limitadas, se podía hacer de forma telemática, eso no se cumplía estrictamente en todo el proceso, pues para el otorgamiento de la escritura se requería que los fundadores acudieran físicamente al Notario. De manera análoga, cualquier modificación estatutaria obligaba a los administradores a presentarse en la Notaría. Esta traba se ha eliminado con esta Ley, haciendo necesaria la presencia física de los interesados ante Notario sólo de manera muy excepcional. En todo caso, el nuevo sistema no deroga ningún otro de los vigentes, a los que se podrá segur acudiendo.

Otras características de este sistema son las siguientes:

(i) Se parte del uso del DUE, estatutos tipo y escritura pública estandarizada que se usaban hasta ahora, pero con las adaptaciones necesarias.
(ii) Sólo cabe constituir SL íntegramente online cuando se prevé que las aportaciones sean dinerarias. El notario comprobará que se ha acreditado la realidad de las aportaciones.
(iii) Si se utilizan escrituras con formato estandarizado con campos codificados y estatutos tipo, el registrador tiene 6 horas hábiles, contadas desde el día siguiente al de la fecha del asiento de presentación o, en su caso, al de la fecha de devolución del documento retirado, para calificar e inscribir.
(iv) Si no se utilizan estatutos tipo o escritura codificada, el plazo máximo de calificación e inscripción será de cinco días laborables contados desde la misma fecha.
(v) Aunque el sistema permite constituir sociedades limitadas sin acudir presencialmente al Notario, este excepcionalmente podrá requerir la presencia de un fundador para comprobar su identidad o su capacidad.

3.3. La fundación sucesiva (o por suscripción pública)

La Ley de Sociedades de Capital regula (arts. 41-55) un procedimiento llamado de fundación "*sucesiva*", de exclusiva aplicación a las sociedades anónimas y como alternativa al procedimiento de fundación simultánea, que es, en cambio, de aplicación común a todas las sociedades de capital (v. art. 19.2, en contraposición al art. 19.1 LSC).

Las sociedades limitadas no pueden acudir a este procedimiento, como se decía en la E. de M. de la derogada LSRL de 1995, porque es contrario al carácter cerrado de este tipo social.

Este procedimiento se sustancia, como su nombre indica, en una serie de actos, que comienzan por la redacción de los promotores de la idea de la constitución futura de la sociedad de un programa que lanzan al público para que las acciones sean suscritas y que tiene que comunicarse a la CNMV. Los primeros accionistas no son los fundadores, llamados aquí promotores, pues no son los que realmente fundan la sociedad, ellos no intervienen en el otorgamiento de la escritura pública e inscripción registral; esto lo harán los suscriptores de las acciones, que, reunidos en junta constituyente, deben decidir si constituirla o no y, en el primer caso, aprobar, entre otras cuestiones, los estatutos que habrán de regir la sociedad y designar quién deberá otorgar la escritura pública y llevarla al RM para su inscripción.

Esta vía de fundación alternativa serviría así para facilitar la creación de grandes sociedades de capital, que podría hacerse sin obligar a los titulares de la iniciativa a suscribir personalmente todas las acciones y desembolsarlas en el mínimo legal. Ahora bien, en la práctica actual no se utiliza; sí se acudió a ella en el pasado, concretamente, en el siglo XIX, para realizar grandes obras públicas, pero, hoy día, para crear sociedades vinculadas a empresas de gran envergadura, se opta por la fundación simultánea y la intervención de entidades financieras, que asumen el capital necesario para después repartirlo total o parcialmente, bien sea colocando las acciones de forma privada o bien ofreciéndolas al público en general, mediante una oferta pública de venta de acciones, conforme a la LMVSI (art. 35, desarrollado por el RD 814/2023, de 8 de noviembre).

Tan en desuso ha caído el procedimiento de fundación sucesiva que en el ALCM ya no se reguló, admitiéndose sólo la fundación simultánea, que pierde su nombre por no ser necesario distinguirla de la desaparecida sucesiva.

4. Aportaciones sociales, prestaciones accesorias y dividendos pasivos

4.1. Aportaciones sociales

Cualquier persona que quiera adquirir acciones o participaciones de nueva creación, ya sea en el momento de la fundación o en un aumento de capital, está obligada a dar como contraprestación a la sociedad una aportación (art. 59.1 LSC). Y esa aportación tiene que corresponderse en su cuantía (como mínimo) con el valor nominal de las acciones o participaciones que se le dan a cambio, para proteger la integridad del capital social (art. 59.2 LSC). También como medida de defensa del capital se exige que todas las acciones y participaciones que se emitan sean suscritas o asumidas en el momento de la fundación (o en del aumento), sin que la sociedad pueda guardarlas "en cartera" para ofrecerlas posteriormente a ningún inversor. En fin, a través de éstas y otras medidas que iremos viendo, la Ley trata de proteger la realidad e integridad del capital social y así establece unas normas para que la aportación del socio sea efectiva (arts. 58 y ss. LSC).

Esa aportación tiene que ser un bien o un derecho susceptible de valoración económica (art. 58.1 LSC). La referencia a bienes se hace en sentido amplio, incluyendo no sólo bienes materiales, sino también inmateriales, como el fondo de comercio o capacidad productiva de la empresa, que es susceptible de valoración económica. Lo que no cabe en las sociedades de capital, a diferencia de las sociedades de personas, son las aportaciones de industria: un socio no puede recibir acciones o participaciones sociales a cambio de realizar trabajo o servicios (art. 58.2 LSC). La razón es que, si se admitieran, se verían mermadas las posibilidades de satisfacer los intereses de los acreedores de la sociedad, puesto que los servicios no pueden embargarse, y así como en las de personas si el patrimonio de la sociedad fuera insuficiente para el pago de los créditos, sus titulares podrían dirigirse contra cada uno de los socios, en las de capital cuentan sólo con el patrimonio social, de ahí que las cautelas para su salvaguarda sean mayores. Eso no significa que en las de capital el socio no pueda obligarse a realizar servicios a la sociedad, pero no se canalizarían como aportaciones, sino como prestaciones accesorias, por lo que el socio no quedaría eximido en modo alguno de efectuar las aportaciones sociales que le correspondan.

La aportación puede ser realizada *a título de propiedad*, que es lo normal, por lo que la titularidad del bien, sea una cosa o un derecho, se transfiere del socio a la sociedad, o *a título de uso*, en cuyo caso el socio conserva la propiedad de la cosa, permitiendo que la sociedad disfrute de ella (por ej., el local). Pero, como lo normal es que sea a título de propiedad, la Ley (art. 60 LSC) dice que toda aportación se entiende realizada a título de propiedad, salvo que expresamente se estipule de otro modo.

Según la naturaleza del bien que se aporte pueden ser dinerarias o no dinerarias (*in natura*), según sean en dinero o no. Lo normal es que sean dinerarias, que deberán establecerse en moneda nacional o en extranjera, expresando su equivalencia en euros (art. 61 LSC). Y aquí la Ley exige que ese desembolso se verifique ante Notario, en el momento de la constitución de la sociedad o en otro posterior (art. 62 LSC y art. 132 RRM). El desembolso puede hacerse de dos formas: (i) o bien entregando directamente el dinero al Notario para que éste efectúe el depósito a favor de la sociedad en una entidad bancaria (en el plazo de cinco días hábiles) o (ii) bien entregándole el resguardo de haber efectuado personalmente el depósito en una entidad de crédito, certificación que se hará constar en la escritura. No basta, como bajo la Ley de Sociedades Anónimas de 1951, que el socio fundador declare ante Notario haber puesto ese dinero en la caja social. En cambio, para la sociedad limitada (no así para la anónima), se admite expresamente (art. 62.2) que no será necesario acreditar la realidad de las aportaciones dinerarias en su constitución "*si los fundadores manifiestan en la escritura que responderán solidariamente frente a la sociedad y frente a los acreedores sociales de la realidad de las mismas*".

En cuanto a las no dinerarias, el artículo 63 LSC prevé ciertas medidas, pero, como el problema que plantean estas aportaciones (por ej., un local de negocio) es el de su valoración, la Ley (art. 67) exige, para la sociedad anónima, que sean objeto de un informe elaborado por un experto independiente, que deberá ser incorporado como anexo a la escritura. Ahora bien, primero la (hoy derogada) Ley 3/2009, de 3 de abril, de Modificaciones Estructurales (en adel., LME), reformando la LSA, y luego la Ley 1/2012, de 22 de junio, modificativa de la LSC, introdujeron importantes excepciones a la exigencia del informe del experto independiente (v. art. 69 LSC): así, (i) cuando no haya riesgo de sobrevaloración de los bienes que se aportan, por ser objeto de circulación en un mercado secundario oficial, y, por tanto, determinarse en el propio mercado su valor, o (ii) por haber sido objeto de una tasación reciente por un experto independiente, el informe del experto independiente será sustituido por un informe de los administradores (al que se refiere el art. 70 LSC). La sociedad limitada, por su parte, tiene un régimen distinto, pues, para ahorrarle costes, no se le exige el informe de un experto independiente, sino que se establece (arts. 73-75 LSC) la responsabilidad solidaria de quienes hayan intervenido en la aportación, ya se haya hecho en el momento de la fundación o con ocasión de un aumento de capital. No obstante, esta responsabilidad decae cuando los socios sometan sus aportaciones a valoración pericial, conforme a lo previsto para las sociedades anónimas (art. 76 LSC).

También se plantea el problema de la responsabilidad por lo aportado, que se regula en los artículos 64 a 66 LSC, mediante reglas comunes a toda sociedad de capital.

Pero, pese a tales medidas, es posible que los particulares intenten burlar la Ley por vía indirecta. Concretamente, que puedan realizar *aportaciones no dinerarias de forma encubierta*. Veámoslo con un ejemplo: un socio fundador suscribe acciones o participaciones por una cantidad concreta (por ejemplo, 60.000 €) y los entrega al Notario o acredita su ingreso en una entidad bancaria en favor de la sociedad, pero posteriormente, después de constituirse la sociedad, vende un bien a la misma y recibe como precio un valor superior al de ese activo (siguiendo con el ejemplo propuesto, una finca que vale 60.000 € se la vende a la sociedad por 120.000 €, y así recupera los 60.000 € que había desembolsado -o comprometido). Dado el riesgo que pueden suponer estas operaciones para la integridad del capital social, la Ley les presta atención, aunque sólo en el ámbito de las sociedades anónimas (y, por extensión de las comanditarias por acciones, pero no de las sociedades limitadas), en el artículo 72 LSC. El precepto es de formulación más amplia, no sólo acogería la hipótesis de las aportaciones no dinerarias encubiertas (aunque estas quedarían desde luego incluidas), pues se aplica a las adquisiciones onerosas que haga la sociedad en los dos primeros años de vida (o en esos mismos dos años, desde la transformación) que sean de cierta relevancia económica (excedentes del 10% del capital social), y la medida que establece la Ley es someterlas al acuerdo de la junta general, para que no puedan realizarlas los administradores sin aprobación de los accionistas. Ahora bien, quedan fuera de esta medida las operaciones "no sospechosas," a las que se refiere el artículo 72.3 LSC.

En todo caso, los fundadores de estas sociedades (anónimas y comanditarias por acciones) responderán solidariamente conforme al artículo 77 LSC (y también los promotores de la fundación sucesiva, con arreglo a lo dispuesto en el art. 54 LSC).

4.2. Prestaciones accesorias

Los socios cumplen, en principio, frente a la sociedad con la realización de la aportación a que se hayan comprometido, pero, aparte de esta obligación fundamental, pueden tener la obligación (también frente a la propia sociedad) de efectuar prestaciones accesorias, que pueden ser de hacer (prestar un servicio), pero también de no hacer (por ej., no hacer competencia a la sociedad), e incluso de dar, aunque (y éste es el dato jurídico fundamental) con independencia de la aportación social. Las prestaciones accesorias son, en palabras de nuestra Ley, "*distintas de las aportaciones*" y "*en ningún caso... podrán integrar el capital social*" (v. arts. 86.1 y 86.2 LSC). La razón de que en las sociedades de capital no se admitan las aportaciones de industria, frente a las de personas, es que, como quedó arriba apuntado, siendo sociedades que responden sólo con su patrimonio (no responden los socios con el suyo), hay que proteger a los terceros, pues no cabe embargar servicios.

Las prestaciones accesorias en la práctica tienen poca difusión. Tuvieron su origen en el campo de la sociedad limitada en Alemania, concretamente en el sector de la producción de azúcar, en el siglo XIX (a partir de 1850), porque se creaban sociedades limitadas en las que los socios no sólo suscribían participaciones sociales, sino que se comprometían a aportar determinadas toneladas de remolacha azucarera a la fábrica, a título de prestación accesoria, para garantizar a la sociedad el aprovisionamiento de la materia prima que necesitaba y, además, al proporcionarla los socios y no terceros, se garantizaba también que fuera de una determinada calidad, que tuviera bastante contenido en azúcar. Dado su origen, no es de extrañar que en nuestro ordenamiento se regularan primero en la LSRL 1953, de donde pasaron a la LSA 1989, que las admitió y reguló para las anónimas.

Ahora, la LSC (arts. 86 a 89) establece en este punto un régimen común para toda sociedad de capital, sin perjuicio de alguna norma específica para alguno de los tipos sociales. Con arreglo a este régimen legal, las prestaciones accesorias, de haberlas, tienen que estar previstas en los estatutos, indicándose "*su contenido concreto y determinado*" (art. 86.1 LSC). La Ley parte de que pueden ser gratuitas o remuneradas, aunque lo normal es que los socios obligados a realizarlas (que pueden ser todos o no, según se establezca en los estatutos) perciban una retribución por realizarlas, que podrá consistir en una participación en los beneficios. Si la prestación accesoria está vinculada a determinadas acciones o participaciones sociales (puede estarlo o no), la transmisión de estas últimas requiere autorización de la sociedad. Esta autorización (si no hay norma estatutaria en contra) corresponde en las sociedades anónimas a los administradores, mientras en las sociedades limitadas, a la junta general (art. 88 LSC).

4.3. Dividendos pasivos

En la sociedad anónima no es necesario desembolsar plenamente las acciones suscritas en el momento de la fundación de la sociedad o en virtud de un aumento de capital acordado en el transcurso de la vida de la sociedad. En ambos casos, aunque ahora nos vamos a limitar al estudio de la fase fundacional, es suficiente con que, en el momento de otorgarse la escritura de constitución de la sociedad o de ejecución del aumento del capital social, se desembolse el 25 por ciento del valor nominal de cada acción (art. 79 LSC). Por el contrario, en las sociedades limitadas se exige el desembolso íntegro en ese mismo momento (art. 78 LSC), aunque esa exigencia, que se explicaba porque el capital social es más reducido que en la anónima, pero como mínimo tenía que llegar a 3.000 euros, cada vez tiene menos relevancia, pues ahora puede ser inicialmente de un solo euro (art. 4.1 LSC, en versión dada por Ley 18/2022).

La parte de aportación que no se desembolse inicialmente y deba, por tanto, el socio a la sociedad se llama *dividendo pasivo* y, por las razones expuestas, sólo se admite en el seno de la sociedad anónima, no de la limitada. Por ello, la exposición que sigue sólo es de aplicación a aquel tipo social.

Los dividendos pasivos, que jurídicamente son créditos que tiene la sociedad frente a sus socios, deben desembolsarse en el plazo y forma que se prevean en los estatutos (art. 81.1. LSC). En la escritura de constitución o de aumento debe precisarse si esos desembolsos se harán en metálico o mediante nuevas aportaciones no dinerarias. En este último caso, la escritura deberá fijar su naturaleza, valor, contenido y el plazo de la aportación, que en ningún caso podrá exceder de cinco años. Si la aportación no dineraria deviene imposible, se hará en dinero (arts. 80 y 81 LSC y art. 134 RRM).

Una vez vencido el plazo para el pago fijado en los estatutos, el accionista que no ha pagado incurre *en mora* (art. 82 LSC). Los efectos de la mora sobre el accionista vienen determinados en el artículo 83 LSC: mientras esté en mora, no podrá ejercitar el derecho de voto de sus acciones, ni cobrar dividendos, ni ejercitar el derecho de suscripción preferente de nuevas acciones o de obligaciones convertibles. Ahora bien, si finalmente paga los dividendos pasivos junto con los intereses de demora, podrá reclamar el pago de los dividendos no prescritos (prescriben a los 5 años desde el día señalado para su cobro, art. 947, párr. 3 C. de c.), pero no podrá reclamar la suscripción preferente si ya ha transcurrido el plazo para su ejercicio (el plazo de ejercicio mínimo es de catorce días para las sociedades cotizadas y de un mes para las no cotizadas, conforme a los arts. 305 y 503 LSC, respectivamente).

Además de estos efectos, cuando el accionista se encuentre en mora, la sociedad, para obtener la reintegración de los dividendos pasivos, puede optar entre dos soluciones, una judicial y otra extrajudicial: (i) reclamar judicialmente el cumplimiento de la obligación del pago de los dividendos pasivos, con el abono del interés legal y de los daños y perjuicios causados por la morosidad, o (ii) enajenar las acciones por cuenta del socio incumplidor, bien en Bolsa, si cotizan en Bolsa, o por medio de fedatario público (Notario), en caso contrario. Si la venta no pudiese efectuarse, se amortizará (se extinguirá) la acción, con la consiguiente reducción del capital, quedando en beneficio de la sociedad las cantidades ya percibidas por cuenta de la acción, esto es, las aportaciones ya hechas por el socio (art. 84 LSC).

En fin, si se transmite una acción no liberada, entendiéndose por tal la acción desembolsada sólo en parte, su adquirente responde solidariamente con todos los transmitentes que le precedan del pago de los dividendos pasivos, con arreglo a lo dispuesto en el artículo 85 LSC.

5. La inscripción registral

Además de lo dicho hasta ahora, es preciso recordar que una de las obligaciones fundamentales de los fundadores y de los administradores, establecida en el artículo 32 LSC, es presentar a inscripción en el RM del domicilio social la escritura de la sociedad en el plazo de dos meses a contar desde la fecha de su otorgamiento. El transcurso de ese plazo sin que se inscriba la sociedad entraña la responsabilidad solidaria de tales sujetos por los daños y perjuicios que de su incumplimiento se deriven. Pero téngase presente que tal incumplimiento no trae consigo la conversión de la sociedad en formación en sociedad irregular, que sólo se producirá, *ex* artículo 39 LSC, si se ha verificado la voluntad de no inscribir la sociedad o si ya ha pasado el plazo de un año desde el otorgamiento de la escritura fijado por este mismo precepto.

En fin, con la inscripción registral adquiere la sociedad "*la personalidad jurídica que corresponda al tipo social elegido*", o si se quiere, adquiere la personalidad jurídica junto con el tipo social (art. 33 LSC). Por otro lado, la inscripción podrá practicarse previa justificación de que se ha realizado, o al menos se ha solicitado, la liquidación de los impuestos correspondientes al acto inscribible (art. 32.2 LSC), que también es función de los fundadores o administradores. La inscripción se publicará en el BORME (art. 35 LSC). Hasta la inscripción de la sociedad no pueden entregarse ni transmitirse las acciones ni entregarse las participaciones sociales (art. 34 LSC).

6. Nulidad de la fundación

La Ley regula en el Capítulo V de su Título II (arts. 56 y 57) la nulidad de la sociedad, siguiendo las orientaciones de la primera Directiva del Consejo CE en materia de Derecho de sociedades (Directiva 68/151/CEE, de 9 de marzo), cuyo espíritu es limitar al máximo las causas de nulidad por el clásico principio de conservación del negocio jurídico, aplicado aquí al ámbito societario.

Las causas de nulidad son, pues, tasadas, como se indica en el artículo 56. 1 LSC, al decir que "*sólo*" podrá ejercitarse por las que a continuación se señalan. Y esto se refuerza en el apartado 2º, al negarse que pueda declararse la inexistencia, nulidad o anulación "*fuera de los casos enunciados*". Pero el elenco de causas aquí recogidas se explica precisamente por ser el origen de la norma una Directiva comunitaria, pensada para países en que la constitución de sociedades mercantiles no ha de superar controles tan rigurosos como los que se establecen en España a través del doble filtro del Notario y el Registrador mercantil, pues difícilmente un Notario daría de paso defectos tan evidentes como los ahí recogidos y ni siquiera llegarían al Registrador, por lo que sería realmente extraño que se inscribiera sociedad alguna en tal estado. Basta leerlos para percatarse de ello: la incapacidad de todos los socios fundadores es quizás el ejemplo máximo de causa rayana en el absurdo, en un sistema jurídico como el nuestro.

En fin, en cuanto a los efectos de una hipotética declaración de nulidad, se prevé que la sentencia que declare la nulidad abrirá su liquidación, que se seguirá por el procedimiento legalmente previsto para los casos de disolución (art. 57.1 LSC). Como se trata de proteger al máximo los intereses de los terceros, la Ley establece que la nulidad producirá efectos *ex nunc* no *ex tunc*, esto es, no se retrotraen los efectos de la nulidad, por lo que esta no afectará a la validez de las obligaciones o los créditos de la sociedad frente a los terceros ni a los de éstos frente a la sociedad (art. 57.2 LSC).

Lección 5. Capital social. Acciones y participaciones sociales

1. Patrimonio y capital social

El *capital social* es un elemento jurídico básico en las sociedades anónimas, limitadas y comanditarias por acciones. Tan importante es el papel que cumple el capital social en la sociedad de capital, en particular en la sociedad anónima, que RIPERT la califica como un capital con personalidad jurídica. El capital social está dividido en partes alícuotas (proporcionales) que se denominan acciones en las sociedades anónimas y comanditarias por acciones, y participaciones sociales en las limitadas. Existe una correlación total entre la cifra del capital social y el valor nominal de las acciones o participaciones sociales: la suma de los valores nominales de todas las acciones o participaciones sociales (en función del tipo de sociedad que sea) representa el importe del capital social. En fin, teniendo las acciones o participaciones sociales de una sociedad concreta el mismo valor nominal (lo que es frecuente, aunque no obligatorio), si se divide la cifra del capital social por el número de acciones da como resultado el valor nominal.

El capital social es una cifra que consta en los estatutos de la sociedad. No hay que confundir el capital social con el *patrimonio de la sociedad*. El patrimonio social en la sociedad capitalista no se diferencia del patrimonio de cualquier otra persona física o jurídica. El concepto de patrimonio en Derecho de sociedades es el mismo que el del Derecho civil, esto es, el conjunto de bienes y derechos, en cuanto al activo, y obligaciones y deudas, en cuanto al pasivo, de que sea titular una persona en un momento dado. De estas deudas responde la persona con todos sus bienes, con arreglo al artículo 1911 C. c., y eso se trate de una persona física o jurídica. En la sociedad de capital, el patrimonio es el conjunto de derechos y obligaciones de valor pecuniario de los que es titular la sociedad en un momento determinado. El valor del patrimonio no es el mismo en todos los momentos, en cambio, el capital social es una cifra fija siempre, que no se altera mientras no se cambie formalmente mediante la correspondiente modificación estatutaria. La marcha de los negocios, sea cual sea, no afecta por sí misma al capital social. Normalmente, al nacer la sociedad, la cifra de capital social y patrimonio coinciden (entendiéndose por patrimonio el patrimonio neto contable, esto es, la diferencia entre el activo y el pasivo), pero, en cuanto la sociedad empieza a funcionar, el patrimonio, en función de la marcha de los negocios, podrá subir o bajar.

Jurídicamente, el capital social es una *cifra de responsabilidad*: la sociedad anónima, al igual que la limitada, es una sociedad en la que los socios no responden de las deudas sociales, es la sociedad la que responde y lo hace con todos sus bienes, como todo deudor. Ello, con independencia de que fraudulentamente pueda utilizarse la sociedad para escapar de los acreedores, y así la jurisprudencia estadounidense y la alemana, y también la española desde hace varias décadas, han implantado, como hemos dicho (v. *supra* Lección 1, epígrafe 5), la doctrina del levantamiento del velo de la persona jurídica, condenando a los socios que abusan de la personalidad jurídica de la sociedad para huir de sus acreedores. Pues bien, al no responder, en situación normal, los socios de las deudas sociales, sino la sociedad, ese privilegio suyo constituye un riesgo para los terceros acreedores, que sólo cuentan con los bienes de la sociedad para el cobro de sus créditos. Dada esta situación, los ordenamientos jurídicos tratan de establecer algunas medidas de defensa para esos terceros y la cifra del capital social pretende ser una de ellas. Pero, para que esa cifra tenga alguna utilidad para los terceros, no puede ser un mero número vacío de contenido. La Ley, exigiendo que esa cifra conste en los estatutos, lo que quiere es que esté nutrida de bienes en el activo, que la persona jurídica tenga un patrimonio que responda y, aunque no requiere que haya plena correspondencia, sí que haya una cierta correlación entre capital y patrimonio, como vamos a ver. Por estas razones decimos que la cifra del capital social es una cifra de responsabilidad. Así concebido, se explica que, contablemente, el capital social sea la primera partida del pasivo del balance de la sociedad.

La relación entre el capital y el patrimonio social se explica fácilmente con la siguiente imagen: el capital social es como un vaso vacío con una determinada capacidad. Los 60.000 euros en SA y en comanditarias por acciones (que es el mínimo, pueden ser más) y los 3.000 euros (o un solo euro, si se ha optado por el mínimo legal para el momento de la constitución) en la SL constituyen el recipiente y se requiere que se llene de bienes, que inicialmente son las aportaciones de los socios. La cifra del capital social coincide con lo que los socios están dispuestos a arriesgar, esto es, con lo que aportan a la sociedad (o, al menos, se han comprometido a aportar). Así, en un primer momento, capital y patrimonio neto coinciden. Si luego la sociedad, en el ejercicio de su actividad, va aumentando su patrimonio, el vaso se desborda, si lo va perdiendo, se vacía de contenido, pero el capital social, el vaso, permanece inalterado.

El capital social, en cuanto no varía, puede en determinados casos producir una imagen falsa frente a terceros. Para evitarlo, la Ley somete a las sociedades anónimas (y a las comanditarias por acciones), pero no en cambio a las limitadas, a la siguiente medida: si hubo determinadas pérdidas que han dejado el patrimonio neto por debajo de las dos terceras partes del capital social, la sociedad está obligada a reducir el capital social para que no aparente tener una solvencia de la que carece (art. 327 LSC). Las sociedades limitadas, en cambio, no están sometidas a esta exigencia. Ahora bien, si las pérdidas son muy elevadas y el patrimonio neto está por debajo de la mitad del capital social, la Ley exige, y esta norma sí rige para toda sociedad de capital (incluidas, pues, las SL), que se disuelva la sociedad, a no ser que se restablezca el equilibrio entre el patrimonio y el capital social (art. 363.1.*e)* LSC). En fin, también como garantía de los terceros acreedores de la sociedad, la Ley prohíbe que se repartan beneficios entre los socios cuando el patrimonio neto contable sea inferior al capital social, debiendo dedicar la junta general los beneficios que haya obtenido la sociedad a compensar las pérdidas (art. 273.2 LSC).

Resulta llamativo que, si la razón de ser de la exigencia del capital social es la protección de los acreedores ante el beneficio de responsabilidad limitada de los socios en las sociedades anónimas y limitadas, se prevea con el mismo rigor para la comanditaria por acciones que para la sociedad anónima, pese a que en la primera los administradores responden ilimitadamente de las deudas sociales. En cambio, se ha establecido de forma menos exigente para la sociedad limitada (no sólo ya por la cuantía de su importe, sino por la ausencia de obligación de reducción de capital en caso de pérdidas o la falta de exigencia del informe de experto independiente para las aportaciones no dinerarias, aunque se compensa esta última con un régimen de responsabilidad de los intervinientes), pese a que en ella los socios gozan del mismo beneficio de responsabilidad limitada que en la anónima.

Pero, junto a esta función económica, el capital social cumple otro papel fundamental en toda la vida de la sociedad, pues de la participación que tenga cada socio en el capital social dependerá su peso político en la sociedad (a mayor participación, más derechos de voto y posibilidad de controlar la junta general y de nombrar administradores) y la extensión de sus derechos de contenido económico frente a la misma (dividendos, preferencia en aumentos de capital, participación en la cuota de liquidación). En función de la participación en el capital social se determina también la legitimación para el ejercicio de los derechos que se han introducido en nuestra legislación para proteger a las minorías (caso de los recogidos en los arts. 168, 172, 203, 206.1, 239, 243, 495.2 *a)* y *b)*, y 519, en sus apdos. 1, 2 y 3). En fin, como vamos a ver, la cifra del capital social es un elemento básico en la regulación de la constitución y funcionamiento de las juntas generales de socios.

La regulación del capital social descansa sobre unos principios:

1. *Principio del capital mínimo* (art. 4 LSC): asciende a 60.000 euros para las sociedades anónimas (y por extensión para las comanditarias por acciones), aunque hay determinadas actividades, como las de banca y seguro, que requieren un capital mucho más elevado. En cambio, desde la reforma de la LSC operada por Ley 18/2022, se reduce a 1 euro para las limitadas (aunque, hasta que llegue a 3.000 euros, quedan sometidas a un régimen especial). Con la exigencia de un capital mínimo elevado para las anónimas se pretende que no se use esa forma social para crear pequeñas empresas. Por otra parte, no hay que interpretar el artículo 4 LSC en el sentido de que el capital sea una cifra que deba existir sólo en el momento en que se constituye la sociedad, sino que tiene que mantenerse durante toda su vida, siendo causa de disolución la disminución del mismo por debajo del mínimo legal (art. 363. 1.*f)* LSC), salvo que simultáneamente se acuerde su aumento hasta alcanzar de nuevo el mínimo legal o la transformación en otro tipo social (art. 343 LSC).

2. *Principio de determinación* (art. 23 *d)* LSC): el capital tiene que estar determinado en los estatutos, en los que se ha de expresar su importe y, si es una sociedad anónima (o comanditaria por acciones), el número de acciones en que esté dividido, el valor nominal de las mismas y su numeración correlativa, su clase o serie, de existir varias, y si están representadas por títulos, nominativos o al portador, o por anotaciones en cuenta o mediante sistemas basados en tecnología de registros distribuidos. Siendo una sociedad limitada, ha de expresarse el número de participaciones en que se divida el capital, su valor nominal, su numeración correlativa y, si fueran desiguales, los derechos que cada una atribuya a los socios y la cuantía y extensión de los mismos.

3. *Principio de integridad* (arts. 78 y 79 LSC): el capital tiene que estar totalmente suscrito en el momento de constituirse la sociedad, lo que supone que todas las acciones y participaciones sociales están asumidas por personas con capacidad para obligarse.

Así, no caben las llamadas "acciones en cartera", que constituían antes una práctica muy frecuente (y que pasó a ser ilegal ya con la LSA 51), por la que se dejaban sin suscribir acciones emitidas, ya fuera en el momento de la fundación o en un aumento de capital, quedando a decisión de los administradores el momento en que debían entregarse a suscripción, bien por los socios ya existentes, bien por terceros.

4. *Principio del desembolso mínimo para las acciones y del desembolso íntegro para las participaciones sociales* (arts. 78 y 79 LSC): en la sociedad anónima, aparte de la suscripción íntegra del capital, se exige que en el momento de otorgar la escritura de constitución o de ejecución del aumento esté desembolsado en un mínimo que asciende a la cuarta parte del valor nominal de cada una de las acciones (art. 79). No basta, pues, que esté desembolsado en una cuarta parte el capital social en su conjunto, sino que ese desembolso ascienda al menos a la cuarta parte del valor nominal de cada acción. En la sociedad limitada, cuyo capital mínimo es más bajo, la obligación de desembolso en el momento de otorgar la escritura de constitución o de ejecución de un aumento es mayor, pues se exige que todas las participaciones estén plenamente desembolsadas (art. 78 LSC), pero al reducirse actualmente el capital mínomo a un euro, la exigencia del desembolso íntegro tiene un valor casi simbólico.

5. *Principio de estabilidad*: supone que la cifra del capital social no puede ser alterada sino cumpliendo unos determinados requisitos legales, mediante la correspondiente modificación estatutaria, realizada con arreglo a lo dispuesto en los artículos 285 y siguientes de la Ley.

6. *Principio de realidad*: la cifra del capital social no cumpliría su función de servir de garantía para los acreedores si no tuviera respaldo patrimonial. Por eso en la Ley se establece que el capital "*se integrará por las aportaciones de los socios*" (art. 1.3) y declara "*nula la creación de participaciones sociales y la emisión de acciones que no respondan a una efectiva aportación patrimonial a la sociedad*" (art. 59.1).

El valor nominal de cada acción y participación social tiene que cubrirse con las aportaciones de los socios, sean dinerarias o no, de forma que se prohíben, como ya lo hacía la LSA de 1951, las mal llamadas "acciones liberadas", esto es, las entregadas a su titular sin requerir de él aportación patrimonial alguna.

2. Medidas de defensa del capital social

Aparte de los principios ordenadores referidos, la Ley establece una serie de medidas para proteger el capital social.

1. Cautelas en la valoración de las aportaciones no dinerarias (arts. 67 y ss., para la SA, y 73 y ss., para la SL, todos de la LSC).

2. La prohibición de emitir acciones o crear participaciones por debajo de su valor nominal (o, en otros términos, "por debajo de la par"), prevista en el artículo 59.2 LSC. Esto supone que, si se emiten acciones o se crean

participaciones con un valor nominal de 6 euros, por ejemplo, no pueden suscribirse ni asumirse, respectivamente, a un precio inferior a esa cifra.

3. La prohibición de pagar dividendos como no sea con beneficios realmente obtenidos (art. 273.2 LSC).

4. La obligación de crear reservas especiales con cargo a beneficios (art. 274 LSC).

5. Medidas de tutela de los acreedores en casos de reducción del capital que comporten reducción del patrimonio social (arts. 334 y ss., para la SA, y 331 y ss., para la SL, todos de la LSC).

6. La prohibición a la sociedad de suscribir sus propias acciones o asumir sus propias participaciones y las limitaciones a adquirir acciones o participaciones propias ya emitidas (art. 134 y ss. LSC).

Naturalmente, estas medidas y otras que se deducen de la Ley, que iremos viendo, no sirven más que para defender el capital social en la medida de lo posible, pero si la actividad empresarial de la sociedad va mal no van a lograr que varíe el resultado y comience a ir bien.

3. La acción y la participación social como parte del capital

La acción puede ser estudiada desde una triple perspectiva: 1. Como parte del capital, pues cada acción es una parte alícuota del mismo. 2. Como conjunto de derechos, los que se atribuyen a su titular por el hecho de serlo. 3. Como título-valor en unos casos y en otros como valor negociable sin título (sea representado por una anotación en cuenta o mediante sistemas basados en tecnología de registros distribuidos). Por su parte, la participación social puede ser contemplada desde las dos primeras perspectivas, pero no desde la tercera, en cuanto no es un valor negociable y tiene legalmente vedado asumir cualquiera de los modos de representación de las acciones. Para empezar, nos vamos a detener en la primera perspectiva, la de la acción y la participación como parte del capital. A ella se refiere el artículo 90 LSC.

El artículo 90 LSC dice que las acciones y las participaciones representan "*partes alícuotas del capital social*". Eso supone que cada acción y cada participación tiene un importe, denominado *valor nominal* (por ej., de 6 euros), y que, si se suma el valor nominal de todas las acciones o participaciones de una determinada sociedad, ha de dar la cifra del capital social (si todas tienen el mismo valor nominal, que no tiene por qué ser así, entonces el valor nominal = capital social/número de acciones). La entrega de las acciones y de las participaciones a los socios tiene que responder a un efectivo desembolso patrimonial por parte de ellos, y así se establece (art. 59.1 LSC) que "*será nula la creación de participaciones sociales y la emisión de acciones que no respondan a una efectiva aportación patrimonial a la sociedad*". Esto significa que cada socio debe aportar a la sociedad como mínimo el valor nominal de sus acciones o participaciones. Velando por esa efectividad patrimonial, la Ley establece a continuación (art. 59.2 LSC) la prohibición de que sean emitidas acciones o creadas participaciones por una cifra inferior a su valor nominal, o –lo que es lo mismo- "por debajo de la par", precisamente para que haya perfecta correspondencia entre la parte del capital que representa cada acción o participación y el patrimonio aportado para recibirla, pues si se admitiese la aportación a la sociedad de un valor patrimonial inferior al valor nominal, eso dejaría parte del capital al descubierto.

La fijación del valor nominal es *libre*. No se fija en la Ley española ni un mínimo ni un máximo, a diferencia de otros ordenamientos, lo único que se requiere es que figure en los estatutos (art. 23, párr. 1º, *d)* LSC). El valor nominal es *fijo*, igual que es fija la cifra del capital social, pero, como sabemos, una cosa es el capital social y otra el patrimonio de la sociedad, que fluctúa en función de la marcha de los negocios de la misma. Pues bien, atendiendo al patrimonio de la sociedad y otros factores, como los rendimientos esperados de la actividad social, se determina otro valor de las acciones, el valor real o *valor razonable*. Este valor razonable que, a diferencia del valor nominal, se calcula atendiendo al valor económico real de la sociedad, se utiliza como parámetro por la propia Ley para determinar la cuota que ha de devolverse al socio que se separa o resulta excluido de la misma. Cuando la sociedad cotiza en Bolsa, la Ley presume que el valor razonable es el que la acción alcance en el mercado bursátil (art. 504.2 LSC). Si es una sociedad no cotizada, su determinación es más compleja. Así, para la hipótesis de separación o exclusión del socio, la Ley prevé que, a falta de acuerdo entre la sociedad y el socio, sea fijado por un experto independiente nombrado por el RM (art. 353.1 LSC), mientras, si es cotizada, será el precio medio de cotización del último trimestre (art. 353.2 LSC).

No todas las acciones ni participaciones de una sociedad tienen que tener el mismo valor nominal (aunque sea lo habitual). La Ley (art. 94) admite específicamente para las sociedades anónimas que emitan series de acciones de distinto valor nominal, aunque exige que dentro de una misma serie todas las acciones tengan el mismo valor nominal. Así, puede emitirse una serie A de acciones con un valor nominal de 2 euros; una serie B de acciones con un valor nominal de 3 euros; otra C de acciones con valor nominal de 1 euro, etc. Es decir, que dentro de la misma serie todas las acciones tienen que tener el mismo valor nominal, pero también puede haber series distintas con el mismo valor nominal.

Las acciones y participaciones no pueden emitirse por una cifra inferior a su valor nominal, pero en los aumentos de capital sí cabe requerir un valor superior, que es lícito (art. 298 LSC) y habitual, y a ese sobreprecio se le denomina *prima*. La prima sólo se da en sociedades que vayan bien y se justifica por que si la sociedad va bien tiene un patrimonio muy superior al capital social y habrá acumulado reservas con beneficios no repartidos entre los socios en ejercicios anteriores. En tales circunstancias, si al entrar un nuevo socio sólo se le exigiese el valor nominal de la acción, aquél estaría disfrutando de la reserva creada por anteriores accionistas. Por eso la prima viene a equilibrar esa situación y supone que el nuevo socio, además del valor nominal, pague un suplemento que equivalga a la parte de reservas que proporcionalmente corresponde a cada acción o participación social. Ahora bien, en la práctica, en particular en las sociedades anónimas cotizadas, la prima no se calcula teniendo presente sólo ese factor, sino que influyen muchos otros, como la propia situación del mercado de valores, la cotización de las acciones anteriores, etc. En todo caso, y como muestra de la preocupación legal por la defensa del capital, se exige que la prima se satisfaga en el momento de la suscripción (art. 298.2 LSC).

En fin, el citado artículo 90 LSC dice que las acciones y las participaciones son "*indivisibles y acumulables*". Que sean "*indivisibles*" supone que su titular por su sola voluntad no puede fraccionar su valor nominal ni los derechos que cada acción o participación le atribuye. Que sean "*acumulables*" significa que una sola persona puede ser titular de varias acciones o participaciones de una sociedad e incluso de todas ellas, como ocurre en una sociedad unipersonal.

4. Representación de las acciones y de las participaciones sociales

4.1. Preliminar

Precisamente el poder incorporar la condición de socio a un documento transmisible fue, junto con el beneficio de la no responsabilidad personal de los socios, la causa principal de la expansión histórica de la sociedad anónima. Tradicionalmente, pues, la acción era una cosa corporal: bajo la LSA de 1951 las acciones sólo podían estar representadas por documentos. Pero en las últimas décadas hemos asistido a un proceso de desmaterialización propiciado por el desarrollo de la informática. En efecto, los inconvenientes que presentaba el tener que manejar las acciones representadas por títulos eran graves, pues en una compraventa en Bolsa entre la perfección y la ejecución de la misma podían pasar meses, rompiendo con la necesidad de rapidez de la circulación. La desmaterialización de la acción ha sido gradual: así, el sistema implantado por el Decreto de 25 de abril de 1974 sobre liquidación y compensación de operaciones bursátiles hacía innecesaria la entrega material del título en las transmisiones de acciones y hacía fungibles las acciones nominativas, de forma que la incorporación de la acción al título quedaba seriamente desvirtuada, pero el paso fundamental se dio con la hoy derogada Ley de Mercado de Valores de 1988, que introdujo la posibilidad de que las acciones se representasen por títulos o por anotaciones en cuenta. Poco después, la LSA de 1989 previó en la misma línea, en su artículo 51, la doble posibilidad, que después pasó a la LSC (art. 92.1). Por último, la LMVSI de 2023 ha introducido una tercera forma de reprentación de los valores, mediante sistemas basados en tecnología de registros distribuidos, también conocidos por las siglas de su denominación en inglés, "DLT" (de *Distributed Ledger Technology*), o TRD, en español, siendo uno de estos sistemas el *blockchain*.

Bajo el régimen vigente no puede, por tanto, decirse que las acciones sean siempre una cosa mueble, pues las que están representadas por anotaciones contables o por sistemas basados en tecnología de registros distribuidos son incorporales. Sea en título, sea en anotación contable, el artículo 92.1 LCS, igual que hacía el artículo 51 LSA, dice que "*en uno y otro caso tendrán la consideración de valores mobiliarios*", expresión que no tiene trascendencia sustantiva, no significa "cosa mueble". Ahora bien, aunque la acción ya se represente de una forma o de otra es un valor -"*mobiliario*" para la LSC, "*negociable*" para la LMV-, y la propia LSC equipare ambas formas, tiene un régimen jurídico diferenciado, pues mientras el título-acción está regulado por la LSC (arts. 113-117), la anotación contable se rige por lo dispuesto en la normativa reguladora del mercado de valores, a la que se remite la LSC en su artículo 118.1. No hay referencia en el artículo 92 LSC a las acciones representadas mediante sistemas basados en tecnología de registros distribuidos, pero, en la medida en que la LMVSI equipara esta forma de representación a las anotaciones en cuenta, hay que entender que lo dicho aquí para estas últimas es aplicable también a las primeras.

A diferencia de las acciones, que jurídicamente son valores, y pueden representarse de las tres formas vistas, las participaciones sociales no son valores, ni pueden representarse mediante títulos o anotaciones en cuenta, ni denominarse acciones (art. 92.2 LSC). El trato diferenciado que les otorga la Ley se debe a que se concibe la sociedad anónima como tendencialmente abierta, y el tener divididas sus cuotas en acciones, que son valores negociables, favorece su transmisibilidad. En cambio, el negar la posibilidad de que las participaciones sociales sean valores negociables y prohibir que asuman formas de representación que las asemeje a las acciones es coherente con su consideración de la sociedad limitada como cerrada.

4.2. Formas de representación de las acciones. Títulos, anotaciones en cuenta y sistemas basados en tecnología de registros distribuidos

4.2.1. El título-acción

La acción puede representarse por medio de títulos, que se incluyen dentro de la categoría de los títulos-valores, caracterizados por que en ellos se da una especial vinculación entre los derechos que se atribuyen a su titular y el documento, de forma que se entiende que tales derechos están incorporados al título y que con la transmisión del título se transmiten aquéllos, siendo la posesión del documento indispensable para el ejercicio de los derechos en él incorporados. Al incorporarse los derechos del socio al título-acción, se facilita enormemente la transmisión de tales derechos y por ello este sistema es especialmente adecuado para las sociedades anónimas, en las que no importa en principio quién sea el socio (sin perjuicio de la posibilidad de configurar la sociedad como cerrada, estableciendo en sus estatutos restricciones a la libre transmisibilidad de las acciones). Dentro de los títulos-valores, se considera que la acción es un título de participación, porque no incorpora un derecho de crédito, sino un conjunto de derechos de carácter corporativo o social.

El accionista tiene derecho a recibir, libres de gastos, los títulos que le correspondan, y éstos tienen que estar numerados correlativamente, deben extenderse en libros talonarios y pueden ser títulos múltiples, incorporando varias acciones de la misma serie (arts. 113 y 114 LSC). Mientras no se emitan los títulos (que pueden no llegar a emitirse), se podrán entregar a los accionistas unos resguardos provisionales que necesariamente habrán de revestir forma nominativa. El contenido del título-acción está determinado por la Ley, que establece una serie de menciones mínimas en su artículo 114:

a) Datos identificadores de la sociedad.
b) El valor nominal de la acción, su número, serie y, de ser privilegiada, los derechos especiales que otorgue.
c) Su condición de nominativa o al portador.
d) Las restricciones a su libre transmisibilidad, cuando se hayan establecido.
e) La suma desembolsada o la indicación de estar la acción completamente liberada.
f) Las prestaciones accesorias, en el caso de llevarlas aparejadas.
g) La suscripción de uno o varios administradores.
h) Si es sin voto, esta circunstancia ha de constar de forma destacada en el título.

Cuando las acciones están representadas por medio de títulos éstos pueden ser nominativos o al portador, pero hay determinadas ocasiones en que es obligatorio por Ley que revistan la forma nominativa. Concretamente (art. 113.1 LSC) en los supuestos siguientes: (i) mientras no estén totalmente desembolsadas; (ii) cuando su transmisibilidad esté sujeta a restricciones; (iii) cuando lleven aparejadas prestaciones accesorias, y (iv) cuando así lo exijan disposiciones especiales.

Es el caso de las sociedades bancarias, de seguros o farmacéuticas, entre otras. No obstante, como veremos, en estos supuestos en que es obligatorio que sean nominativas, pueden representarse mediante anotaciones en cuenta (art. 118.2 LSC).

Las acciones nominativas deben figurar en un *libro-registro* (art. 116 LSC) llevado por la sociedad en el que se inscribirán las sucesivas transferencias y la constitución de los derechos reales u otros gravámenes sobre ellas. La sociedad sólo reputará socio a quien se halle inscrito en ese libro-registro (art. 116.2 LSC), pues la inscripción crea una apariencia de titularidad de la acción vinculante para la sociedad (la inscripción en el libro-registro tiene eficacia legitimadora, no constitutiva). Cualquier accionista podrá examinar el libro-registro, según el artículo 116.3, pero esa facultad ha de entenderse limitada a las anotaciones que afecten a sus propias acciones. Por otro lado, se prevé la posibilidad de que la sociedad rectifique las inscripciones que repute falsas o inexactas (art. 116.4). Aunque el accionista tiene derecho, como dijimos, a que se le entregue el título, esto puede sustituirse por una certificación en la que consten las acciones nominativas que figuran inscritas en el libro-registro a su nombre (art. 116.5), y que se denominan en la práctica "extractos de inscripción".

En principio, ya sea título al portador, ya nominativo, el accionista debería tener que exhibirlo para el ejercicio de sus derechos, pero, tratándose de acciones al portador, podrá sustituirlo por un certificado de la entidad en que se hallen depositados los títulos, normalmente un banco. Y siendo acciones nominativas, en cuanto la sociedad tiene que considerar accionista a quien se halle inscrito como tal en el libro-registro, tampoco será necesaria la exhibición, más que para obtener la inscripción en dicho libro-registro (art. 122 LSC).

La Ley también prevé la posibilidad de sustituir, por *canje*, los títulos-acciones emitidos por la sociedad (por ejemplo, en caso de que en una reducción de capital se sustituyan acciones antiguas por nuevas de valor nominal más bajo, o en caso de que se sustituyan varias acciones antiguas por un título múltiple). Y establece (art. 117 LSC) que podrán ser anulados los que no hayan acudido al canje dentro del plazo publicado en el BORME, que no podrá ser inferior a un mes. Los títulos anulados se sustituirán por otros que serán remitidos por la sociedad a sus titulares, si son nominativos (y por tanto se conoce quiénes son sus titulares), mientras, si son al portador (o nominativos, pero no pueden ser hallados sus titulares), quedarán en depósito de ésta por un plazo de tres años, a cuyo transcurso los nuevos títulos podrán ser vendidos por cuenta y riesgo de los interesados, siendo el importe de la venta depositado a disposición de los interesados en el Banco de España o en la Caja General de Depósitos.

4.2.2. Las acciones anotadas en cuenta y las representadas mediante sistemas basados en tecnología de registros distribuidos

Las acciones (conforme al art. 92 LSC), ya desde la derogada LMV de 1988, también pueden representarse por *anotaciones en cuenta*, pero su régimen legal no se encuentra propiamente en la LSC, sino en la legislación del mercado de valores, a la que se remite el artículo 118.1 LSC. Esta remisión hay que entenderla hoy hecha a la LMVSI de 2023 y al RD 814/2023, de 8 de noviembre, sobre instrumentos financieros, admisión a negociación, registro de valores negociables e infraestructuras de mercado.

En la redacción originaria de la derogada LMV de 1988 (art. 5) se previó la doble posibilidad de representación, mediante títulos y anotaciones en cuenta, pero favoreciendo esta última, pues, mientras se establecía que la representación por medio de anotaciones en cuenta era irreversible, se declaraba reversible la representación por medio de títulos (art. 5). Luego, la LSA de 1989 no sólo adoptó el nuevo sistema de representación de la LMV, sino que fue más allá, previendo la obligación de que las acciones que pretendieran acceder o permanecer admitidas a cotización en Bolsa tienen que representarse necesariamente por medio de anotaciones en cuenta (así se estableció en la D. A. 1ª 5 LSA y en luego en reglamentos de desarrollo de la LMV hoy derogados, como el art. 29 RD 116/1992, de 14 de febrero, que desarrollaba el régimen jurídico de los arts. 5 a 12 LMV, así como por el RD 1310/2005, de 4 de noviembre, art. 9.3). En todo caso, la posibilidad de acudir a esta forma de representación no se limitaba a las bursátiles, pudiendo utilizarla cualquier anónima (y, por extensión, comanditaria por acciones).

Ahora bien, este régimen se vio alterado por la reforma de la LMV 1988 operada por la D. F. 1ª de la Ley 11/2015, de 18 de junio (después, sería aprobado el citado TRLMV por Dec. Leg. 4/2015, que derogaría la LMV 1988 y al que pasaría, claro está, este régimen), que, entre otros aspectos, eliminó el carácter irreversible de las anotaciones en cuenta. Desde entonces, ambas formas de representación son reversibles (v. actual art. 6.3 LMVSI), aunque el cambio a título supone que ese valor deja de ser negociable en el mercado bursátil (ver art. 6.2 LMVSI y art. 32 RD 814/2023).

La nueva LMVSI, de 2023, admite y regula, como hemos adelantado, una tercera forma de representación de los valores, mediante sistemas basados en tecnología de registros distribuidos, para permitir la aplicación en España del Reglamento (UE) n.º 2022/858 del Parlamento Europeo y del Consejo, de 30 de mayo de 2022, sobre un régimen piloto de infraestructuras del mercado basadas en la tecnología de registro descentralizado. A los valores negociables que asuman esta forma de representación se les atribuye en la LMVSI, en general, el mismo régimen que a las anotaciones en cuenta (ver art. 5.1 LMVSI), por lo que trataremos ambas formas de representación de forma conjunta, sin perjuicio de efectuar matizaciones cuando proceda. Ahora bien, hay que tener presente ya una diferencia fundamental: si las acciones quieren ser admitidas a cotización en un mercado regulado de valores tienen que representarse mediante anotaciones en cuenta, pues así lo exige taxativamente el artículo 496 LSC.

Los caracteres fundamentales de estas dos formas de representación, que se deducen de su regulación en la LMVSI y el RD 814/2023 (aunque este reglamento se refiere fundamentalmente a anotaciones en cuenta), son los siguientes:

La anotación en cuenta – y lo mismo si la acción se representa por TRD- supone la desvinculación de la condición de socio de cualquier documento. El papel queda sustituido por la anotación en un registro informático, facilitándose tanto la legitimación del titular como la transmisión de los valores. Así, se presume titular legítimo de las acciones, a efectos de poder ejercitar frente a la sociedad los derechos derivados de ella, a quien figure como tal en el registro (de modo similar al libro-registro de acciones nominativas, art. 13 LMVSI). La transmisión de las acciones se hace a través de la compraventa (u otro negocio jurídico traslativo del dominio) más la transferencia contable, que cumple aquí la función de la entrega de los títulos (esto es, se equipara jurídicamente a la *traditio*, art. 11.1 LMVSI). La transmisión es oponible a terceros desde el momento en que se haya practicado la inscripción (art. 11.2 LMVSI). Para la legitimación del accionista a efectos del ejercicio de sus derechos frente a la sociedad y la transmisión de las acciones, la encargada del registro está obligada a expedir un certificado (art. 14 LMVSI) en el que consten los datos identificadores del titular y de los valores.

La llevanza del registro contable de las anotaciones en cuenta (art. 8 LMVSI) está a cargo de una empresa de servicios de inversión o entidad de crédito autorizada elegida por la entidad emisora, salvo cuando se trate de valores admitidos a cotización en Bolsa, en cuyo caso se encomienda a un depositario central de valores (el depositario central de valores español es la llamada "*Sociedad de Sistemas*", cuyo nombre comercial es *Iberclear*, que es la entidad encargada del registro central, v. www.iberclear.es). En cuanto a la llevanza del registro de los valores representados mediante un sistema de TRD, el emisor deberá designar a una o varias entidades que serán responsables de la administración de la inscripción y registro de los valores en el sistema, que podrán ser el propio emisor o una o varias entidades designadas por este. Entre otras funciones, estas entidades llevarán la gestión de la identificación de los titulares de los derechos derivados de los valores negociables, así como de los distintos eventos corporativos, inscripciones o gravámenes que afecten a la emisión (art. 8.4 LMVSI).

Ya sea representado por anotación en cuenta o TRD, el contenido de los derechos del valor depende de un documento (regulado en el art. 7) que tiene que redactar la entidad emisora, haciendo constar la información necesaria para la identificación de los valores integrados en la emisión y del que debe depositar una copia ante la entidad encargada del registro contable y ante la propia CNMV. Tanto la entidad encargada del registro como la emisora deberán tener a disposición del público una copia de tal documento.

Si los valores corresponden a una misma emisión y reúnen las mismas características, tienen carácter fungible (así, art. 20 RD 814/2023, aplicable también a los valores representados por TRD por disponerlo así el art. 6.4 LMVSI), por lo que son especialmente aptos para ser transmitidos de forma impersonal (atendiendo sólo al precio y a la cantidad) en el mercado bursátil.

El régimen jurídico de las anotaciones en cuenta es el establecido, como dijimos, en la normativa reguladora del mercado de valores, por remisión del artículo 118.1 LSC, pero, además, en este precepto se establecen unas disposiciones específicas. Concretamente, el apdo. 2º admite (como quedó dicho) que, en los casos en que la Ley exija que las acciones sean nominativas, se podrá acudir también a la anotación en cuenta. Esto se explica porque, aunque si la acción se representa por anotación contable desaparece la distinción entre acciones nominativas y al portador, que es propia de los títulos, materialmente la acción anotada en cuenta funciona como nominativa, pues el nombre del accionista figura necesariamente en el registro contable, estableciendo la Ley (art. 13.1 LMVSI), según vimos, que la persona que aparezca legitimada en los asientos del registro contable se presumirá titular legítimo y que para la transmisión y el ejercicio de los derechos correspondientes al mismo será necesaria la previa inscripción a su favor (art. 13.3 LMVSI). Además, el artículo 118.3 LSC establece la obligación a cargo de la entidad que lleve ese registro de comunicar a la sociedad emisora los datos necesarios para la identificación de sus accionistas, de modo que, al igual que en el caso de las acciones nominativas, la sociedad y la Administración tributaria sabrán en todo momento quiénes son los titulares. Aunque el artículo

118 LSC no haga referencia expresa a los valores representados por TRD, hay que entender que también valdría a esos mismos efectos esta forma de representación, al permitir la identificación del titular en todo momento, como si fuera una acción nominativa.

5. Transmisión de las acciones y participaciones sociales. Usufructo y prenda

5.1. Transmisión de las acciones. Cláusulas restrictivas de la libre transmisibilidad

Las acciones pueden transmitirse con arreglo a los principios generales de nuestro ordenamiento, mediante un negocio traslativo del dominio, generalmente la compraventa, y la entrega de la cosa (art. 609 C. c.). Si están representadas por títulos es, pues, necesario que éstos se entreguen al nuevo propietario, y si mediante anotaciones en cuenta o mediante TRD, como no hay cosa física que entregar, la transmisión se produce mediante transferencia contable (para las anotaciones) o registrada (para los representados mediante TRD), pues esa transferencia, como quedó dicho, se equipara a la tradición de los títulos (art. 11.1 LMVSI). Tratándose, pues, de títulos al portador se requiere negocio traslativo más entrega del título (art. 120.2 LSC y 545 C. de c.), pero es necesario, por razones de seguridad jurídica y control fiscal, que intervenga un fedatario público (Notario) si no interviene un intermediario bursátil (sociedad o agencia de valores o entidad de crédito, conforme al art. 11.5 LMVSI). Si es título nominativo, aparte de lo dicho para los al portador, hay que tener presente que la transmisión debe inscribirse en el libro-registro de acciones nominativas, ya que la sociedad sólo considerará accionista al que figure como tal en el libro (art. 116.2 LSC).

Las acciones en principio son libremente transmisibles, pues precisamente una de las características de la sociedad anónima es la libre transmisibilidad de las acciones, dada la fungibilidad del socio, y de hecho la LSC no pone en principio otra limitación que la del artículo 34, que prohíbe que se pongan en circulación las acciones emitidas antes de la inscripción de la sociedad (o, en su caso, del acuerdo del aumento del capital) en el Registro Mercantil. Ahora bien, permite que se introduzcan en los estatutos cláusulas que limiten la libre transmisibilidad y, de hecho, son muy frecuentes, pues es el vehículo jurídico fundamental para configurar una sociedad anónima como cerrada, y muchas de las sociedades anónimas españolas son sociedades en las que se quiere controlar la “entrada y salida” de socios.

No obstante, para que estas cláusulas sean válidas frente a la sociedad, tienen que estar expresamente previstas en los estatutos, recaer sobre acciones nominativas e indicar el contenido de la restricción (arts. 123. 1 LSC y 123.1 RRM). Estas cláusulas no necesariamente tienen que estar incluidas en la redacción originaria de los estatutos, sino que pueden introducirse después mediante una modificación, pero en este caso se prevé una norma de tutela especial (art. 123.1, 2º párr. LSC) para los accionistas que no hayan votado a favor del acuerdo, en cuya virtud no quedan sometidos a él durante el plazo de tres meses contados desde su publicación en el BORME. Esto supone que durante ese tiempo podrán enajenar libremente sus acciones, pero, si dejan pasar el tiempo o simplemente no encuentran comprador en tal plazo, sus acciones ya quedarán afectadas. En cualquier caso, para que estas cláusulas sean oponibles a la sociedad tienen que estar en los estatutos, lo que no impide que sean frecuentes los pactos parasociales (con eficacia, por tanto, limitada a los socios que los hayan suscrito) restrictivos de la transmisibilidad de las acciones. Aunque la eficacia de tales pactos sea limitada, influye tanto en el funcionamiento de la sociedad, que la Ley obliga actualmente a las sociedades cotizadas en las que existan pactos parasociales de este tipo a que los hagan públicos (arts. 530 y ss. LSC). Claro está, los estatutos de tales sociedades no pueden incluir cláusulas que restrinjan la libre transmisibilidad de sus acciones ya cotizadas o para las que se solicite la admisión a negociación en Bolsa, pues están llamadas a ser negociadas de forma impersonal en ese mercado (v. art. 2 LMVSI).

En cuanto al contenido de la restricción, no es válida la cláusula que haga prácticamente intransmisible la acción (123.2 LSC). Esto es, cabe limitar la transmisibilidad, pero no imposibilitarla. En este sentido, el RRM (art. 123.4) se ha excedido respecto a la Ley, porque admite las cláusulas que prohíban la transmisión, aunque limitando el plazo a dos años, para favorecer a las sociedades que quieran mantenerse de forma totalmente cerrada durante su primer período de vida.

Estas cláusulas pueden ser fundamentalmente de dos tipos: las más corrientes son las de tanteo, por las que se otorga a los accionistas, a la sociedad o a un tercero el derecho de adquirir con preferencia las acciones que pretende vender el socio. Las de consentimiento o *placet* suponen que la sociedad tiene que autorizar previamente la transmisión de las acciones. Es a estas últimas a las que la Ley ha dedicado mayor atención: como pueden obstaculizar en gran medida la circulación de las acciones, la Ley declara (art. 123.3 LSC) que sólo son admisibles las cláusulas de autorización cuando los estatutos mencionen las causas que permitan denegarla, para evitar arbitrariedades de la sociedad. Además, establece que a falta de previsión expresa en los estatutos son los administradores los encargados de autorizar (en la práctica normalmente son los administradores, aunque puede preverse en los estatutos que lo sea la Junta general) y que, pasados dos meses de silencio, se entenderá que la autorización ha sido concedida. El mismo régimen se aplica a las acciones que llevan aparejadas prestaciones accesorias (art. 88 LSC).

El problema fundamental que se plantea con este tipo de cláusulas es el del precio de venta de las acciones, pues el accionista quiere vender las acciones, pero al precio que él habría obtenido de la venta al tercero de sus acciones. En este sentido, en las cláusulas se puede prever un modo de calcular su precio, para evitar diferencias, pero, en todo caso, cualquiera que sea el procedimiento para fijarlo, en el RRM (art. 123.6) se prohíben las que impidan al accionista obtener el valor real (o valor razonable). Por último, tampoco son válidas (art. 123.5 RRM), por el evidente perjuicio que para el socio podrían suponer, las que le obliguen a vender un número de acciones distinto a aquel para el que solicitó la autorización.

El ALCM de 2014 contemplaba otros tipos de cláusulas restrictivas muy conocidas en la práctica, las de arrastre ("*drag-along*"), acompañamiento ("*tag-along*") y rescate, que podían establecerse tanto en los estatutos de SSAA no cotizadas (art. 233-20.4) como de SSLL (art. 232-11). Como es sabido, este texto nunca llegó a aprobarse como ley, por lo que no han recibido refrendo legal expreso, pero hay que entender que son admisibles cláusulas restrictivas distintas de las clases expresamente reguladas, siempre que se ajusten a los límites actualmente previstos en la ley y el RRM.

El régimen legal se cierra con la regulación de dos supuestos concretos en los artículos 124 y 125 LSC, las adquisiciones por causa de muerte y las realizadas como consecuencia de un procedimiento judicial o administrativo de ejecución, atribuyéndoles la misma solución. En este sentido, se prevé que para rechazar la sociedad la inscripción en el libro-registro tiene que presentarle al heredero, o al que las haya adquirido en virtud del procedimiento, un adquirente u ofrecerse a adquirirlas ella misma por el valor razonable, y sólo si está previsto en los estatutos que para estos supuestos concretos se aplican también las restricciones a la libre transmisibilidad.

En fin, una cuestión de evidente trascendencia reside en determinar qué eficacia pueden tener las transmisiones realizadas con incumplimiento de las cláusulas restrictivas. Parece claro que esa transmisión es ineficaz frente a la sociedad (al haberse hecho incumpliendo la cláusula estatutaria) y que los administradores no deben inscribir al adquirente de las acciones en el libro-registro. La eficacia de la transmisión es muy limitada, pues al no inscribirse en el libro-registro la sociedad no lo va a considerar como socio, sólo reputará como tal al antiguo. No pudiendo ejercer directamente los derechos asociados a su condición de accionista, que permanece en el anterior, lo más que podrá es –como apunta SÁNCHEZ CALERO- exigir a éste (es decir, eficacia *inter partes*), la entrega de los dividendos o que ejercite los derechos políticos de acuerdo con sus instrucciones.

En cambio, las transmisiones hechas incumpliendo un pacto parasocial, pero que son conformes con la Ley y los estatutos, sí son oponibles a la sociedad. Otra cosa es que el socio incumplidor pueda verse obligado a responder frente a los demás socios que son partes del pacto.

5.2. Transmisión de las participaciones sociales

5.2.1 Consideraciones generales

Como las participaciones sociales no son títulos, la Ley (art. 106 LSC) exige que su transmisión se haga constar en documento público, forma en que debe documentarse también la eventual prenda que se constituya sobre ellas. El resto de derechos reales se exige específicamente que consten en escritura pública.

Además, toda sociedad limitada debe llevar un *libro-registro de socios* en el que se harán constar la titularidad originaria además de las sucesivas transmisiones de las participaciones. El libro es de llevanza obligatoria para la sociedad, pero para el socio no es indispensable figurar en él a efectos de ejercitar los derechos frente a la sociedad, pues (art. 106.2 LSC) podrá ejercitarlos frente a ella desde que la sociedad tenga noticia de la transmisión.

Al regular la *transmisibilidad* de las participaciones sociales, la Ley parte de una perspectiva distinta a la de las acciones. Así como considera éstas en principio libremente transmisibles y limita la posibilidad de restringir por vía estatutaria su circulación, declarando nula la cláusula estatutaria que haga prácticamente intransmisible la acción (art. 123.2 LSC), ocurre algo diverso con las participaciones sociales. En efecto, por razones tipológicas, en particular, el carácter cerrado de la sociedad limitada frente al tendencialmente abierto de la anónima, la Ley declara nulas las cláusulas que hagan prácticamente libre la transmisión voluntaria de las participaciones sociales por actos *inter vivos* (art. 108.1 LSC).

Este punto de partida en la regulación, prácticamente opuesto, tiene otras manifestaciones. Así, si en el seno de la sociedad anónima cabe una cláusula estatutaria que prohíba las transmisiones voluntarias los dos primeros años de vida de la sociedad (art. 123.4 RRM), el plazo se amplía a cinco años en la sociedad limitada, e incluso puede ser indefinido, siempre que, en este caso, preceda el consentimiento unánime de los socios y se le reconozca al socio derecho a separarse de la sociedad (art. 108.3 en relación con el 108.4 LSC). También se manifiesta la concepción cerrada de esta sociedad en las normas que prevé la Ley que entren a regir para las transmisiones voluntarias *inter vivos* de las participaciones, que veremos a continuación, así como en la regulación de la transmisión forzosa y la *mortis causa*, de las que nos ocuparemos seguidamente.

5.2.2. Régimen de las transmisiones voluntarias inter vivos *en caso de silencio en los estatutos*

La Ley establece un régimen supletorio para la transmisión voluntaria de participaciones *inter vivos*, en caso de que los estatutos no prevean un régimen de transmisión específico, que trata de conciliar dos intereses que pueden ser contrapuestos, el de la sociedad en evitar ingresos de socios indeseados y el de los socios en liberarse de sus participaciones.

El régimen legal supletorio es, en sustancia, el siguiente:

1º. Es libre la transmisión voluntaria de participaciones por actos *inter vivos* (i) entre socios; (ii) en favor del cónyuge, ascendiente o descendiente del socio, o (iii) en favor de sociedades pertenecientes al mismo grupo.

2º. En los demás casos, la transmisión voluntaria *inter vivos* no es libre, sino que requiere consentimiento de la sociedad (art. 107.2 LSC). A estos efectos, el socio debe comunicar a la sociedad su intención de transmitir, la identidad del tercero y el precio convenido. La junta de socios debe decidir sobre la transmisión y sólo puede denegar el consentimiento comunicando al transmitente la identidad de uno o varios socios o de terceros que adquieran la totalidad de las participaciones. Los socios concurrentes a la junta tienen derecho a adquirir con preferencia. Si su oferta excede la del socio, se hará una división a prorrata. Si, por el contrario, no hay ningún interesado en adquirirlas, puede hacerlo la propia sociedad, quedando sometidas al régimen de la autocartera (arts. 140 y ss. LSC). El precio de compra de las participaciones debe ser el pactado por el socio con el tercero. La compraventa debe formalizarse en documento público en el plazo de un mes desde la comunicación por la sociedad de la identidad del adquirente. En fin, si pasan tres meses desde que el socio comunicó a la sociedad su intención de transmitir y ésta no le ha comunicado la identidad del adquirente, ya puede aquél transmitir libremente.

Cuando lo pretendido por el socio no era una compraventa, sino otro negocio jurídico (donación, aportación a una sociedad, etc.), y la sociedad no lo consiente, puede sustituirlo por una compraventa, debiendo fijarse el precio atendiendo al valor razonable de las participaciones, que habrá de ser determinado por un experto independiente distinto al auditor de la sociedad nombrado por los administradores (según redacción dada al art. 107.2.*d)* LSC por Ley 22/2015, de 20 de julio, de Auditoría de Cuentas) y si es aportación a una sociedad anónima o comanditaria por acciones, por un experto independiente nombrado por el RM.

5.2.3. Transmisión forzosa

Se regula en el artículo 109 LSC, estableciéndose un régimen que apenas deja autonomía a los estatutos y que se sustancia en la interrupción del procedimiento de transmisión forzosa para permitir a la sociedad que intervenga a efectos de evitar que se adjudiquen las participaciones afectadas a quien no sea de su agrado. Así, se prescribe lo siguiente: (i) El juez comunicará a la sociedad la identidad del embargante y las participaciones embargadas. (ii) Celebrada la subasta y antes de la adjudicación quedará en suspenso durante un mes la aprobación del remate, y (iii) Durante ese tiempo los socios tienen derecho a adquirir con preferencia al tercero (e incluso la sociedad, si lo prevén expresamente los estatutos).

5.2.4. Transmisión mortis causa

En principio, la adquisición de alguna participación social por sucesión hereditaria confiere al heredero o legatario la condición de socio, pero la Ley (art. 109 LSC) admite la validez de la cláusula estatutaria que establezca un derecho de adquisición preferente a favor de los socios sobrevivientes y, en su defecto, de la sociedad. En tal caso, el derecho de adquisición deberá ejercitarse en el plazo máximo de tres meses a contar desde la comunicación a la sociedad de la adquisición hereditaria y el precio será el valor razonable de las participaciones, debiendo pagarse al contado.

5.2.5. Eficacia de las transmisiones realizadas contra precepto legal o estatutario

El régimen legal se cierra con la previsión de que no producirán efecto alguno frente a la sociedad las transmisiones realizadas contraviniendo algún precepto legal o cláusula estatutaria (art. 112 LSC). Téngase presente que, aunque no sean oponibles a la sociedad, eso no impide en todo caso que surtan efectos entre las partes, cuestión en la que la Ley no entra por ser una relación jurídica extrasocietaria.

5.3. Copropiedad, usufructo y prenda de acciones y participaciones

5.3.1. Preliminar

La acción y la participación pueden pertenecer a varios titulares y también ser objeto de derechos reales limitados. Así lo admite la Ley en los artículos 121 y 126, estableciendo el régimen de tales derechos.

En el caso de las acciones, hay que distinguir según su forma de representación. Si están representadas mediante títulos nominativos, la existencia de la copropiedad o de la constitución de los derechos reales habrá de inscribirse en el libro-registro de acciones nominativas (art. 121.2 LSC) y si son al portador esto supone que la posesión del título se da al usufructuario o al acreedor pignoraticio. Tratándose de acciones representadas por medio de anotaciones en cuenta o de sistemas basados en TRD, la constitución de tales derechos sobre las acciones deberá figurar en la cuenta o inscribirse en el registro correspondiente y tal inscripción equivale al desplazamiento posesorio del título (art. 12 LMVSI). Por lo que se refiere a las participaciones sociales, la constitución de derechos reales sobre ellas deberá hacerse constar (art. 104 LSC) en el Libro registro de socios, donde debe figurar también quiénes son sus titulares en todo momento y, por tanto, también la existencia de cotitularidad.

La copropiedad de acciones o participaciones no presenta ninguna particularidad respecto a cualquier comunidad de bienes, pero, para el ejercicio de los derechos inherentes a la condición de socio, el artículo 90 LSC establece que las acciones y participaciones son indivisibles, lo que supone –como ha quedado dicho- que no cabe dividir los derechos que se derivan de la condición de socio y que los copropietarios no pueden actuar conjuntamente, sino que tienen que designar a uno solo de ellos o a un tercero para el ejercicio de los derechos. En cuanto a las obligaciones, los copropietarios responden solidariamente frente a la sociedad (art. 126 LSC). La misma regla se aplica a los supuestos de cotitularidad de derechos sobre las acciones o participaciones (de cotitularidad del usufructo o de la prenda).

5.3.2. Usufructo

El usufructo de acciones y participaciones se regula desde la perspectiva de determinar los derechos del nudo propietario y del usufructuario tanto durante la vigencia del usufructo como en la hipótesis de la extinción de la sociedad y del propio usufructo permaneciendo subsistente la sociedad.

Ya estaba regulado por la LSA de 1951 (art. 41), que fijaba unos principios fundamentales que luego se reafirmaron en la derogada LSA de 1989 (art. 67), además de colmar lagunas de aquella Ley, como es el régimen de liquidación del usufructo por extinción del propio usufructo o de la sociedad y también la posible colisión de intereses entre el nudo propietario y el usufructuario con relación al ejercicio del derecho de suscripción preferente, mediante la introducción de los hoy derogados artículos 68 y 70. Ahora se regula en los artículos 127-130 LSC.

La primera cuestión que plantea la existencia de un usufructo de acciones o participaciones es quién tiene la condición de socio, si el nudo propietario o el usufructuario, y, en segundo lugar, cuáles son los derechos del usufructuario. La Ley (art. 127) parte de que la cualidad de socio reside en el nudo propietario, pero el usufructuario tiene derecho a los dividendos cuyo reparto *se acordó* durante el usufructo, no a los efectivamente repartidos durante ese tiempo. Eso supone que, si se pagan una vez extinguido el usufructo, el antiguo usufructuario tiene derecho a ellos. El ejercicio de los demás derechos corresponde al nudo propietario, salvo disposición en contra de los estatutos, y como puede darse el caso de que las acciones estén en poder del usufructuario, éste tiene que facilitárselo (art. 127.1 LSC).

La Ley, como dijimos, establece unas reglas de liquidación del usufructo, y aquí hay que distinguir dos casos, el de extinción de la sociedad y el de extinción del propio usufructo.

Como idea preliminar hay que tener presente que estamos hablando de usufructo de acciones, que producen beneficios. Que un usufructo es tanto más rentable cuanto mayores sean los beneficios que la sociedad reparta y que, por consiguiente, el usufructuario está interesado en que la sociedad reparta cuantos más beneficios mejor. Pero, una sociedad debe ahorrar y debe cubrir la reserva legal y la estatutaria e incluso puede no repartir beneficios y llevarlo todo a reservas, siendo éstas voluntarias. Por ello en la práctica es habitual que los accionistas o los usufructuarios se encuentren con el no reparto de todos los beneficios o incluso de ninguno, pero esas reservas acumuladas no es algo que pierdan los socios o los usufructuarios, puesto que, en caso de disolución y liquidación de la sociedad, van a formar parte de las cuotas de liquidación. Ahora bien, si tales reservas se forman durante el usufructo, el usufructuario tiene derecho a una parte de esa cuota de liquidación en potencia, pues como consecuencia de la constitución de reservas esas acciones o participaciones valen más.

Así, finalizado el usufructo, el artículo 128.1 LSC prevé que el incremento de valor que experimenten las acciones por las reservas acumuladas durante el usufructo puede exigirlo el usufructuario al nudo propietario, pues en caso contrario éste se enriquecería injustamente a su costa.

En caso de extinción de la sociedad, desaparece el objeto del usufructo, las acciones o participaciones. Al liquidarse la sociedad, se forman las cuotas de liquidación y el usufructuario podrá exigirle al nudo propietario una parte de la cuota de liquidación equivalente al incremento de valor de las acciones o participaciones que haya tenido lugar como consecuencia de las reservas acumuladas, además de extenderse el usufructo al resto de la cuota de liquidación

> Por ejemplo, de la cuota de liquidación se entrega el 25% al usufructuario y sobre el 75% restante, que pertenece al nudo propietario, se extiende el usufructo.

A falta de acuerdo, el importe lo fija un experto independiente, distinto del auditor de la sociedad, nombrado a tal efecto por el Registrador Mercantil, a costa de ambas partes (art. 128.3 LSC).

En fin, hay que tener presente que estas reglas de liquidación no rigen si en el título constitutivo del usufructo se han dispuesto otras diferentes (art. 128.4 LSC).

En caso de aumento del capital, la Ley reconoce a los socios el derecho a suscribir las nuevas acciones o asumir las nuevas participaciones con preferencia sobre los terceros, para que puedan mantener la misma participación porcentual en el capital de la sociedad tras el aumento. Este derecho lo tiene el nudo propietario en cuanto socio, pero al usufructuario le interesa la postura que aquél adopte respecto a tal derecho y la Ley (art. 129) le confiere unos ciertos derechos sobre él, que rigen salvo que el título constitutivo del usufructo haya establecido unas reglas distintas:

Así, en caso de aumento del capital social, si el nudo propietario no hubiese ejercido su derecho de preferencia, ni lo hubiese enajenado diez días antes de la extinción del plazo fijado para su ejercicio, el usufructuario está legitimado para proceder a la venta de los derechos o a la suscripción o asunción de las acciones o participaciones (art. 129.1).

En caso de venta de los derechos de preferencia por el nudo propietario o por el usufructuario, el usufructo se extiende a ese importe (por ej., 6000 euros), conforme al artículo 129.2 LSC.

Si se suscriben las nuevas acciones por el nudo propietario o por el usufructuario, el usufructo, respecto a tales acciones, se extiende no a todas las acciones nuevas, sino a las que se podrían comprar con el valor de los derechos de suscripción preferente en ese momento. Así, si el valor de tales derechos es, por ejemplo, de 6.000 euros, el usufructo se extiende a esos 6.000 euros en acciones o participaciones, no a aquellas excedentes de tal cantidad, que son de plena propiedad del que las pagó (art. 129.3 LSC).

Los mismos derechos tendrá el usufructuario en caso de emisión de obligaciones convertibles en acciones de la sociedad (art. 129.6 LSC).

A veces se aumenta el capital con cargo a reservas, lo que supone que se les entregan a los socios sin requerir un desembolso, aunque no significa que se les den las acciones o participaciones gratuitamente, pues aquéllos tienen un derecho potencial sobre las reservas. También cabe aumentar el capital con cargo a beneficios, que supone acordar no pagar dividendos, sino remunerar a los socios con acciones o participaciones. En tales casos, las acciones o participaciones pertenecen al nudo propietario, pero el usufructo se extiende a ellas (art. 129.4 LSC).

La Ley (art. 130) también resuelve el problema de quién ha de desembolsar los dividendos pasivos si el usufructo recae sobre acciones no liberadas (recordemos que en las participaciones sociales no cabe la existencia de dividendos pasivos): corresponde al nudo propietario, pero como el desembolso también beneficia al usufructuario, éste debe pagar al nudo propietario el interés legal de la cantidad invertida con el límite de los frutos que realmente produzcan las acciones (art. 130.1) y si el nudo propietario no ha pagado los dividendos pasivos cinco días antes de que venza el plazo para hacerlo, podrá pagar el usufructuario, repitiendo el importe pagado al término del usufructo (art. 130.2 LSC).

5.3.3. Prenda

La prenda es una garantía del cumplimiento de las obligaciones y el socio que quiere obtener un préstamo bancario puede pignorar acciones o participaciones en favor del banco y entregárselas así en garantía (o bien se inscribe la prenda en el registro correspondiente, cuando se trata de acciones representadas mediantes anotaciones en cuenta y no se desplaza título alguno). Al constituirse la prenda, en caso de impago del crédito se ejecuta aquélla, lo que supone la venta de las acciones o participaciones para satisfacer al acreedor.

La Ley (art. 132.1) determina, para facilitar el funcionamiento de la sociedad, como en el caso del usufructo, los derechos derivados de la condición de socio entre los dos sujetos afectados, y así establece que el ejercicio de los derechos del socio corresponde al propietario, salvo que en los estatutos se disponga otra cosa, quedando el acreedor pignoraticio obligado a facilitarle su ejercicio. Si la prenda es sobre acciones y éstas no están totalmente desembolsadas, la obligación de pago corresponde al propietario y si no la cumple, como el Banco acreedor puede resultar perjudicado (por entrar en juego las consecuencias previstas por el art. 84 LSC, que implica la venta o amortización de las acciones), puede o bien desembolsar los dividendos pasivos y repercutirlos sobre el deudor o bien ejecutar la garantía, lo que más le convenga (art. 132.3 LSC). Estas mismas reglas sobre prenda se aplican también al embargo de acciones o participaciones (art. 133 LSC).

6. Negocios sobre las propias acciones o participaciones

6.1. Consideraciones generales

Es posible que la sociedad sea ella misma propietaria de sus acciones o participaciones y a este fenómeno se le llama "autocartera" (que significa ser socio de uno mismo). Es un supuesto, de entrada, anómalo, porque va en contra de una norma de principio: que los socios sean sujetos distintos de la sociedad.

Esta hipótesis ha sido siempre tratada con cautela por los legisladores por el riesgo que podría suponer, por un lado, para el patrimonio de la sociedad y, por otro, para los socios y los acreedores de la misma, por el uso que los administradores de la sociedad pudieran hacer de esas acciones o participaciones en contra de sus intereses. Hay, no obstante, supuestos de adquisición de acciones o participaciones propias que no son sospechosos: por ejemplo, que la sociedad las reciba por vía de donación o que resulte adjudicataria de acciones propias en una subasta. Por eso las leyes se fueron flexibilizando: así, se parte de la prohibición de esta práctica, pero se establecen supuestos excepcionales, exigiendo, en primer lugar, el cumplimiento de ciertos requisitos, para delimitar, en segundo término, en qué supuestos no se exigen tales requisitos y finalmente fijando un régimen especial para tales acciones o participaciones.

A esta idea, de permitir por un lado y restringir por otro, respondía el texto de la LSA de 51, de donde pasó a la LSA de 1989 y ahora a la LSC, aunque con el paso del tiempo las hipótesis prácticas se han complicado y del solo precepto que se dedicaba en la LSA de 1951 a este problema se ha pasado en el texto actual a 25, del 134 al 158 (bajo la LSA 1989 eran 16 preceptos, aunque el aumento se debe también a que ahora se regula también ahí la autocartera de las SSLL).

En esta materia de adquisición de acciones o participaciones propias hay que diferenciar entre adquisición *originaria* y *derivativa*, que se regula de forma diversa para cada tipo social, aunque las diferencias son más acusadas en la derivativa que en la originaria, por lo que en aquélla nos referiremos por separado a cada forma social.

6.2. Adquisición originaria de acciones o participaciones de la propia sociedad

Se habla de adquisición originaria cuando se constituye una sociedad y sus acciones o participaciones, ya desde el primer momento, no son suscritas o asumidas no por terceros, sino por la propia sociedad. Es un supuesto tan anómalo que la Ley lo prohíbe de forma absoluta (art. 134. 1: "*en ningún caso*"). La Ley atribuye los mismos efectos al supuesto de adquisición no de acciones o participaciones propias, sino de la sociedad dominante, y ello porque ya adquiera la sociedad sus propias acciones o participaciones por sí misma, ya mediante una filial a la que ella domina (porque, p. ej., disponga de la mayoría de los derechos de voto de la misma), se llega al mismo resultado.

El incumplimiento de este precepto debería suponer que la adquisición realizada fuese nula de pleno derecho, pero la Ley no ha querido establecer tal régimen para las sociedades anónimas, no se conforma con eso, y en vez de declarar la nulidad, que sería en principio lo procedente por el incumplimiento de una norma imperativa (art. 6.3 C. c.), declara la validez del negocio jurídico (art. 136 LSC), queriendo de esta forma perseguir al culpable. La explicación es sencilla: la nulidad supone que no se producen efectos y eso libera a quien ha incumplido. Para evitar tal consecuencia, aquí se otorga validez al contrato, la sociedad se convierte en propietaria de las acciones, pero se obliga (solidariamente) a desembolsarlas a los fundadores o promotores, y en caso de que la adquisición se haga, no en el momento fundacional, sino en un aumento de capital, la responsabilidad recae sobre los administradores. Y cuando se trata de las acciones o participaciones sociales de la sociedad dominante, quienes responden son los administradores de ambas sociedades, también de forma solidaria. De esta forma no se perjudica el patrimonio de la sociedad, no hay aguamiento del capital social, porque las acciones (o participaciones de la dominante) son pagadas, y las pagan los responsables de su adquisición.

Como estas operaciones generalmente no se hacen a cara descubierta, sino por personas interpuestas, la Ley, consciente de esta realidad, establece (art. 137 LSC) que en tal caso responden solidariamente los fundadores, promotores o administradores y los testaferros. Esto es, responde solidariamente tanto el que actuó directamente como el que se ocultó tras él.

Ahora bien, en todo caso, de entre los fundadores, promotores o administradores de la sociedad, puede haber inocentes y de ser así quien lo demuestre quedará exento de culpa (art. 138 LSC).

En cambio, para la sociedad limitada no se ha asumido el criterio de otorgar validez a la adquisición originaria de participaciones propias (o de participaciones o acciones de la sociedad dominante), sino que se establece la nulidad de pleno derecho (art. 135 LSC).

6.3. Adquisición derivativa de acciones o participaciones de la propia sociedad

6.3.1. En la sociedad anónima

Frente a la hipótesis de la adquisición originaria, que, como acabamos de ver, está totalmente prohibida, la Ley admite la adquisición derivativa de acciones propias o de la sociedad dominante, pero sometida a ciertos requisitos y con límites (establecidos por el art. 146 LSC), que tienden a evitar cualquier actuación de los administradores que trate de ocultar la operación al accionariado. Son los siguientes:

1º. Que la adquisición se autorice por la junta general y tal acuerdo debe establecer las modalidades de adquisición, el número máximo de acciones (o participaciones, si la sociedad dominante es una SL) a adquirir, el contravalor ("precio") máximo y mínimo de adquisición y la duración de la autorización, que nunca podrá exceder de cinco años. Si la adquisición es de acciones o participaciones de la sociedad dominante, no basta con la autorización de la junta general de la filial adquirente, sino que es necesario que la junta general de la sociedad dominante la autorice también. Además, si se trata de acciones que vayan a ser entregadas directamente a personal de la empresa o a administradores, o como consecuencia del ejercicio de derechos de opción de los que éstos sean titulares, el acuerdo de la junta general tendrá que expresar que la autorización se hace con tal finalidad.

2º. Que la adquisición, comprendidas las acciones propias ya en cartera, no produzca el efecto de que el patrimonio neto quede por debajo del capital social más las reservas legal o estatutariamente indisponibles (esto es, que se haga con bienes libres).

3º. Que el valor nominal de las acciones adquiridas, sumadas a las que ya se tengan en cartera, no exceda del veinte por ciento del capital social para las no cotizadas y del diez por ciento para las cotizadas (arts. 146.2 y 509 LSC, respectivamente).

4º. Que las acciones estén totalmente desembolsadas, puesto que el artículo 146.4 LSC determina que es nula la adquisición por la sociedad de acciones parcialmente desembolsadas, salvo que las adquiera a título gratuito.

Si se adquieren acciones propias de forma derivativa incumpliendo cualquiera de estos requisitos, o si se compran acciones propias de forma originaria (hipótesis a la que la Ley anuda la misma consecuencia, art. 147 en relación con 139 LSC), la sociedad está obligada a enajenar las acciones en el plazo máximo de un año a contar desde la fecha de adquisición. Si no lo hace, deberá procederse de inmediato a la amortización de esas acciones, reduciendo el capital social en esa proporción, mediante acuerdo de la junta general, que es el órgano competente. Si aun esto se incumple, cualquier interesado puede solicitar al Letrado de la Administración de Justicia (antiguo Secretario Judicial; en adel., LAJ) o al Registrador mercantil del domicilio social que adopte tales medidas y los propios administradores están obligados a solicitar judicial o registralmente la amortización cuando no se alcanzó acuerdo de la junta general en ese sentido. Para la hipótesis de adquisición de acciones o participaciones sociales de la sociedad dominante, se prevé que serán vendidas por el LAJ o por el RM a instancia de parte interesada.

La Ley ante estas operaciones es desconfiada, pero no duda de todo, y de ahí que establezca supuestos de libre adquisición (art. 144):

1º. Cuando se adquieren acciones propias para ser amortizadas en la ejecución de un acuerdo de reducción de capital social.

2º. Cuando las acciones formen parte de un patrimonio adquirido a título universal.

3º. Cuando las acciones se adquieran a título gratuito (por ej., por donación).

4º. Cuando se adquieran como consecuencia de una adjudicación judicial en pago de un crédito que la sociedad tenga frente al anterior propietario de esas acciones.

Pero, aun en estos casos de libre adquisición, la Ley no ve con simpatía estas operaciones y no quiere que la sociedad tenga indefinidamente estas acciones en su poder. Por ello establece (art. 145 LSC) que las acciones adquiridas en estos supuestos (concretamente, los incluidos en los casos 2º y 3º) que no hayan sido amortizadas deberán ser enajenadas en el plazo de 3 años, salvo que, sumadas a las que ya poseía la sociedad o sus filiales, no superen el límite del veinte por ciento del capital social, o del diez por ciento si se trata de acciones cotizadas en Bolsa (art. 509 LSC). De no procederse en ese sentido, rige lo dispuesto en el artículo 139 (apdos. 2 y 3) LSC, al que se remite el artículo 145.2 LSC, y, en consecuencia, los administradores deben convocar la junta general para que acuerde la amortización y, en defecto de tal convocatoria o si no se alcanza el acuerdo, cualquier interesado podrá solicitar la adopción "judicial" o registral de tales medidas.

Mientras no se enajenen tales acciones, la sociedad las tiene en autocartera y la Ley, para evitar que la sociedad pretenda mantenerlas así, establece (art. 148) un régimen diferenciado para esas acciones dirigido a que la sociedad no las disfrute durante ese tiempo que las tenga en su poder. Con arreglo a este régimen, que es aplicable también al supuesto de adquisición de acciones o participaciones de la sociedad dominante por la filial:

1º. Queda en suspenso el ejercicio del derecho de voto y demás derechos políticos correspondientes a las acciones.

2º. También los derechos económicos -con excepción del de asignación gratuita de nuevas acciones (que se da cuando se aumenta el capital con cargo a reservas o beneficios y no se exige su desembolso a los antiguos accionistas)-, que se atribuyen proporcionalmente al resto de las acciones.

3º. En cambio, se computarán a efectos de quórum de constitución y de adopción de acuerdos en la junta general.

4º. Se debe establecer una reserva indisponible en el patrimonio de la sociedad adquirente equivalente al importe de las acciones propias -o acciones o participaciones de la sociedad dominante- computado en el activo. Esta reserva debe mantenerse mientras no se enajenen o se amorticen las acciones.

5º. El informe de gestión de los administradores de la sociedad adquirente -y también en caso de acciones de la dominante, el informe de gestión de esta última- deberá contener unas menciones mínimas relativas a las acciones en autocartera:

a) Las causas de adquisición y enajenación de las acciones realizadas durante el ejercicio.

b) El número y valor nominal de las acciones adquiridas y enajenadas durante el ejercicio y la fracción del capital social que representan.

c) Si se adquirieron a título oneroso, la contraprestación realizada por ellas.

d) El número y valor nominal de las que conserva y la cifra de capital social que representan.

Existen otros supuestos a los que la Ley presta atención en la siguiente Sección (la 3ª) que no son propiamente de adquisición de acciones propias, pero, como vamos a ver, guardan gran similitud con esta hipótesis:

1°. *Aceptación en garantía de acciones propias*: en principio, no es un supuesto de adquisición, pero, como si ejecuta la garantía (por ej., prenda), la sociedad se vería como adjudicataria de sus propias acciones, estaríamos en un supuesto al final idéntico en sus efectos al de adquisición de acciones propias, y por ello la Ley le otorga el mismo tratamiento (art. 149 LSC). De este régimen se exceptúan las operaciones ordinarias de los bancos u otras entidades de crédito.

2°. *Asistencia financiera para la adquisición de acciones propias*: la Ley prohíbe que la sociedad anticipe fondos, conceda préstamos, preste garantías o facilite cualquier tipo de asistencia financiera a terceros para la adquisición de acciones propias o de su sociedad dominante (art. 150 LSC), porque puede plantearse una situación similar a la relativa a la adquisición por la propia sociedad de sus acciones. A modo de excepción se autoriza que se haga esa asistencia financiera cuando con ello se facilite a los trabajadores de la sociedad la participación en el capital de la misma y también en el caso de que se trate de operaciones ordinarias realizadas por las entidades de crédito y siempre que se esas operaciones se sufraguen con cargo a los bienes libres de la sociedad.

Además, en el artículo 156 LSC se prevé que serán nulos los acuerdos que celebre una persona interpuesta con la sociedad, esto es, que la sociedad le facilite fondos para que compre acciones de la misma en su nombre, pero por cuenta de ella, cuando se trate de operaciones prohibidas en esta sección. El acuerdo entre la persona interpuesta y la sociedad es nulo y los negocios con los terceros se entenderán realizados por cuenta propia de la persona interpuesta, no de la sociedad, sobre la que no producirán efectos.

Finalmente, la LSC prevé en su artículo 157 un régimen sancionador de orden administrativo para la hipótesis de infracción de las disposiciones de la Ley en materia de autocartera. Sin perjuicio de la responsabilidad de los administradores en el orden civil, se establece en dicho precepto que tal infracción podrá conllevar una multa a cargo de los mismos, cuyo importe será como máximo del valor nominal de las acciones afectadas, siendo competente para la instrucción y resolución del expediente sancionador la CNMV.

6.3.2. En la sociedad limitada

Mientras en la sociedad anónima la adquisición derivativa con carácter general se permite, aun con restricciones y cumpliendo ciertos requisitos, en la sociedad limitada el régimen legal es mucho más restrictivo, pues en principio tal adquisición se prohíbe y "*sólo*" podrá adquirir sus propias participaciones, o participaciones o acciones de su sociedad dominante en ciertos casos, los recogidos bajo el artículo 140.1 LSC, que son los siguientes:

1º Cuando formen parte de un patrimonio adquirido a título universal, o sean adquiridas a título gratuito o como consecuencia de una adjudicación judicial para satisfacer un crédito de la sociedad contra el titular de las mismas.

2º. Cuando se adquieran en ejecución de un acuerdo de reducción de capital adoptado por la junta general.

3º. Cuando la sociedad las adquiera en el caso previsto en el artículo 109.3 LSC, esto es, cuando la sociedad, habilitada por sus estatutos, adquiera sus propias participaciones en lugar del acreedor o del rematante, en caso de subasta de las participaciones.

4º. Cuando la adquisición haya sido autorizada por la junta general, se efectúe con cargo a beneficios o reservas de libre disposición y tenga por objeto: *a)* participaciones de un socio separado o excluido de la sociedad; *b)* participaciones que se adquieran como consecuencia de la aplicación de una cláusula restrictiva de la transmisión de las mismas, o *c)* participaciones transmitidas *mortis causa*.

El régimen es mucho más restrictivo, pues estos supuestos, únicos admitidos para la sociedad limitada (las adquisiciones realizadas fuera de estos casos son nulas de pleno derecho, *ex* art. 140.2), coinciden en gran medida con los supuestos de libre adquisición de la sociedad anónima (del art. 144 LSC), que no son –para esta sociedad- en modo alguno excluyentes, pues fuera de ellos la sociedad podrá realizar adquisiciones en otros supuestos, siempre que se cumplan las condiciones del artículo 146 LSC, cosa que no ocurre con la sociedad limitada, que carece de tal posibilidad.

Pero, incluso en los casos excepcionales en que la sociedad puede adquirir válidamente sus propias participaciones, la Ley no le permite mantenerlas indefinidamente en autocartera, obligándola, por el contrario, a amortizarlas o enajenarlas en el plazo de tres años, que se reduce a un año para las acciones o participaciones de la sociedad dominante (art. 141 LSC). Además, durante el tiempo que las tenga en su poder, no podrá disfrutar (en virtud del art. 142 LSC) de los derechos de ellas derivados, de forma análoga a lo previsto para la sociedad anónima.

El carácter más restrictivo del régimen de la sociedad limitada en este punto se manifiesta también en la regulación de negocios relacionados con la adquisición de las participaciones propias, pues la Ley (art. 143 LSC) prohíbe, sin más, a la sociedad que acepte en garantía sus propias participaciones (a diferencia de la sociedad anónima) y además también le prohíbe facilitar asistencia financiera para la adquisición por terceros de sus participaciones (sin que se establezca, frente al caso de la anónima, excepción alguna).

En fin, el incumplimiento de este régimen puede suponer, al igual que para el caso de la sociedad anónima, la imposición de sanciones a los responsables, conforme a lo dispuesto en el artículo 157 LSC.

6.4. Participaciones recíprocas

Un fenómeno similar al de adquisición de acciones o participaciones propias es el de las participaciones recíprocas entre dos sociedades, que supone que una sociedad participa en el capital de otra que a su vez es socia de la primera. A esta realidad la Ley le presta atención en cuanto puede ocasionar un peligro para la integridad del capital social y también una forma de hacerse con el control de una sociedad. Como la problemática afecta de igual forma a cualquier sociedad de capital, el régimen que la Ley ofrece es común a todas ellas y se sustancia en lo siguiente:

1º. Se prohíben (art. 151 LSC) las participaciones recíprocas que excedan del 10% del capital de las sociedades participadas, esto es, están prohibidas las participaciones recíprocas cuando cada sociedad ostente una participación superior al 10% en el capital de la otra. Las inferiores a este porcentaje se consideran poco significativas. La misma prohibición se aplica a las participaciones circulares, que consisten en que la participación en una sociedad no se hace directamente por una determinada sociedad, sino por una filial de la misma. Ahora bien, esta prohibición no rige (cfr. art. 154 LSC) cuando la participación se produce dentro de un mismo grupo societario, esto es, entre una sociedad dominante y su filial.

2º. Puesto que el hacerse con un porcentaje significativo del capital de otra sociedad puede suponer ganar el control de la misma, el régimen legal comienza por establecer (art. 155 LSC) la obligación de notificar inmediatamente a la otra sociedad toda participación significativa que se tenga de su capital. Y se entiende por significativa toda participación inicial que exceda del 10% del capital social o las sucesivas que superen el 5% del mismo (15%, 20%, 25%, etc.). Mientras no se lleve a cabo la notificación, quedan en suspenso los derechos correspondientes a esa participación.

3º. Como la obligación de notificar participaciones significativas supone que las dos sociedades afectadas conozcan que mantienen participaciones recíprocas, cuando tales participaciones superen el 10%, *la primera* de las dos sociedades *que reciba* la notificación está obligada a reducir su participación en el capital de la otra a ese porcentaje (art. 152 LSC). Si ambas sociedades reciben simultáneamente la notificación, la obligación de reducir correrá a cargo de las dos, salvo que lleguen al acuerdo de que reduzca sólo una de ellas. En uno y otro caso, esa reducción debe efectuarse en el plazo de un año a contar desde la notificación, quedando entretanto en suspenso el derecho de voto correspondiente a las acciones que excedan de dicho límite. Si se trata de acciones adquiridas en cualquiera de los supuestos del artículo 144 LSC, esto es, en los supuestos de libre adquisición de acciones propias, el plazo se amplía a 3 años (aunque no lo diga el precepto, procede entender que es norma especial sólo en cuanto al plazo y que también quedarían ínterin en suspenso los derechos de voto). Si la sociedad que está obligada a reducir su participación en la otra no cumple en los plazos señalados, quedan en suspenso los derechos (no sólo, pues, el de voto) correspondientes a las acciones que detente en la otra sociedad (todas ellas, no sólo, por tanto, las que excedan del límite legal) estando legitimada cualquier parte interesada para solicitar la venta judicial de las acciones que excedan del límite legal (10%).

4º. En caso de incumplimiento de tales obligaciones, también es aplicable el régimen administrativo sancionador previsto en el artículo 157 LSC.

7. La acción y la participación social como conjunto de derechos

Hasta ahora hemos estudiado la acción y la participación social como parte del capital, pero dado que la titularidad de una y otra confieren a quien la ostente la condición de socio, la acción (y lo mismo la participación) también puede ser entendida como conjunto de derechos, los que le atribuye al socio ser su titular. A esto se refiere la Ley en el artículo 91. A continuación, en el artículo 93, se establece un elenco de derechos mínimos, que podrá ser ampliado en los estatutos, nunca reducido, salvo en los casos en que la propia Ley lo permita. Son los siguientes:

a) Derecho a participar en los beneficios.

b) Derecho a participar en el patrimonio resultante de la liquidación.

c) Derecho de suscripción preferente en la emisión de nuevas acciones o de obligaciones convertibles y de asunción preferente en la emisión de nuevas participaciones.

Estos tres derechos son de carácter económico, pero al lado de ellos hay otros derechos de carácter político:

d) El de asistir y votar en juntas generales, que, en realidad, son dos derechos distintos. En la sociedad anónima, en principio, todo accionista tiene derecho a asistir y votar -y tiene que haber proporción entre el valor nominal de la acción y el voto-, pero puede limitarse el derecho de asistencia a la posesión de un mínimo de acciones. También puede fijarse en los estatutos el número máximo de votos que puede emitir un solo accionista. Como veremos, la regulación es en este punto distinta para la sociedad limitada, por su carácter cerrado y la presencia habitual en ella de un número reducido de socios.

e) El de impugnar acuerdos sociales, pero sólo si hay infracción del orden público, pues, en caso contrario, que es el supuesto general, la legitimación activa de los socios se condiciona a que tengan una participación mínima en el capital de la sociedad (v. art. 206 LSC, en sus dos primeros apartados, y 495.2 *b)* LSC, salidos de la reforma de la LSC operada por Ley 31/2014), y

f) El de información (p. ej., de los asuntos que figuran en el orden del día de una junta o derecho a recibir información complementaria de tales asuntos, etc.).

Además de estos derechos, la Ley concede a lo largo de su articulado otros, como el de separarse de la sociedad en determinados supuestos, concretamente los recogidos bajo los artículos 346 y 348 *bis* LSC, el de obtener certificaciones de los acuerdos sociales (art. 26 C. de c.), entre otros, y además hay que sumar los que puedan reconocerse en los estatutos. En fin, no pueden confundirse estos derechos, que se confieren a todo socio, con los que la Ley a lo largo de su articulado atribuye a los socios que alcancen un determinado porcentaje del capital social, aisladamente o agrupándose con otros socios, y que se denominan doctrinalmente “derechos de minoría” (como, por ejemplo, en la sociedad anónima, el de incluir uno o más puntos en el orden del día de una junta general, previsto en el art. 172 LSC, o el de nombrar un representante en el consejo de administración al amparo del sistema de representación proporcional, art. 243 LSC, o, en fin, el de impugnar la generalidad de los acuerdos sociales (los que no contraríen el orden público), conforme al artículo 206.1 LSC.

8. El principio de igualdad y las categorías de acciones y participaciones

La Ley (art. 94) parte de la base de la igualdad de trato, al decir que "[*l*]*as participaciones sociales y las acciones atribuyen a los socios los mismos derechos*", pero esto es una norma de principio, pues a continuación añade: "*con las excepciones establecidas al amparo de la Ley*", lo que significa que los estatutos, en el marco de la Ley, pueden prever la existencia, dentro de una sociedad, de acciones o participaciones que otorguen derechos diferentes.

En el ámbito de las acciones, las que confieren los mismos derechos constituyen una misma *clase* y, dentro de cada clase, puede haber varias *series* (A, B, C), exigiéndose que las acciones de cada serie tengan el mismo valor nominal. Luego la "clase" hace referencia al contenido de derechos y la "serie" al valor nominal. En definitiva, el principio de igualdad de derechos hay que entenderlo limitado al ámbito de cada clase de acciones: las acciones pertenecientes a una clase tienen que conferir necesariamente los mismos derechos, pero puede haber varias clases, otorgando cada clase de acciones derechos diferentes (téngase presente que para la sociedad limitada la Ley no utiliza la expresión "clase" ni la de "serie", pero pueden trasladarse a ella). En esta línea se dice para las dos sociedades en el actual artículo 97 LSC que "*la sociedad deberá dar un* trato igual *a los socios que se encuentren en* situaciones idénticas".

En función del contenido de sus derechos, se distingue entre acciones y participaciones *ordinarias* y *privilegiadas*: ordinarias son las que otorgan a su titular el régimen normal de derechos, mientras que las privilegiadas otorgan ventajas o privilegios respecto a aquéllas. Los privilegios pueden crearse en cualquier momento de la vida de la sociedad y tienen que constar necesariamente en los estatutos, de forma que la creación de acciones o participaciones privilegiadas obliga a modificar los estatutos, con arreglo a las formalidades previstas en los artículos 285 y siguientes de la Ley. Por otro lado, en la sociedad anónima, si ya hay acciones privilegiadas y esa modificación estatutaria creando nuevas acciones privilegiadas lesiona directa o indirectamente a los anteriores accionistas privilegiados, aparte del acuerdo de la junta general adoptado con los requisitos previstos por el artículo 288 LSC, se precisará el acuerdo -en junta especial o en votación separada en la propia junta general- de los titulares de la clase de acciones privilegiadas ya existente, con arreglo a lo dispuesto en el artículo 293. En cambio, en la sociedad limitada, no basta el acuerdo mayoritario de los socios afectados, requiriéndose, por el contrario, el consentimiento individual de cada uno de ellos (art. 292 LSC), menos para las participaciones sin voto, en que -como veremos- es suficiente el acuerdo mayoritario.

El privilegio no puede tener cualquier contenido. Para la sociedad anónima se prohíbe la emisión de acciones que alteren la proporcionalidad entre el valor nominal y el derecho de voto o el derecho de preferencia (arts. 96.2 y 188.2 LSC) y para la sociedad limitada (art. 96.3 LSC) se prohíbe la creación de participaciones que alteren la proporcionalidad entre el valor nominal y el derecho de preferencia. Luego en ambas se prohíbe que se altere la proporción entre el valor nominal y el derecho de preferencia, pues este derecho sirve precisamente para que los socios puedan mantener en un aumento su participación en la sociedad y ésta se determina en función del valor nominal. Pero, puede haber participaciones (no acciones) en las que se altere la proporción entre el valor nominal y el derecho de voto (por ej., pueden convivir en una SL participaciones con un mismo valor nominal de 3 € y que una confiera un voto y otra, tres).

En la SL, en principio, cada participación comporta un voto, pero puede alterarse esta regla en los estatutos (art. 188.1 LSC). El privilegio en materia de voto en la SL puede limitarse a alguna clase de acuerdos (art. 184.2 RRM), debiendo en tal caso especificarse en los estatutos.

En cambio, como quedó dicho, en la sociedad anónima se prohíben los privilegios que alteren la proporcionalidad entre el valor nominal y el derecho de voto (art. 96.2 y 188.2 LSC), pero este es un principio que no es absoluto, pues se admite: (i) la creación de acciones sin voto (art. 98 LSC); (ii) que los estatutos limiten el número máximo de votos que puede emitir un accionista (art. 188.3; limitaciones que no siempre rigen en sociedades cotizadas, al amparo de lo dispuesto en el art. 527 LSC), y (iii) las acciones con voto doble por lealtad en sociedades cotizadas y sólo si hay cláusula estatutaria introduciendo esta posibilidad (art. 527 *ter* y ss. LSC introducidos por Ley 5/2021, de 12 de abril); la acción con voto doble por lealtad no supone que la acción en sí atribuya el doble de votos que otra con el mismo valor nominal, sino que su titular, por el hecho de permanecer dos años sin enajenarla, puede comenzar a disfrutar de voto doble respecto de esa acción. Pero la acción en sí no confiere el voto doble, sólo lo hace la permanencia en su titularidad. De manera que, si la acción se enajenara a un tercero (salvo ciertas excepciones legales), el tercero la adquiriría con el derecho de voto correspondiente a su valor nominal, no más. No es, por tanto, una clase distinta de acción (v. más ampliamente Lección 6, epígrafe 2.6).

Los privilegios consisten, con frecuencia (en particular, en las SA, en las que –sin perjuicio de las excepciones vistas- sólo pueden recaer sobre derechos de carácter económico y no político), en derechos de preferencia para el cobro de los dividendos o de la cuota de liquidación, bien sea, por ejemplo, reservando parte de los beneficios para las acciones o participaciones privilegiadas o cobrando un dividendo mayor que las ordinarias. Este supuesto está regulado en los artículos 95 y 498 LSC, en cuyos preceptos se establece un régimen que distingue según se trate de acciones privilegiadas emitidas por sociedades cotizadas o por sociedades anónimas no cotizadas o limitadas. Siendo cotizadas, se establece que la junta general, habiendo beneficios distribuibles, está obligada a acordar ese reparto, mientras que para las no cotizadas (incluyéndose aquí las SL) se permite que los estatutos supriman esta obligación. En todo caso, sean cotizadas o no, rigen las siguientes reglas:

1. Cuando el privilegio consista en el derecho a obtener un dividendo preferente, las demás acciones o participaciones no podrán recibir dividendos con cargo a los beneficios mientras no haya sido pagado el dividendo preferente (art. 95.1 LSC).

2. Los estatutos habrán de establecer las consecuencias de la falta de pago total o parcial del dividendo preferente, si éste tiene o no carácter acumulativo en relación con los dividendos no satisfechos, entre otros aspectos (art. 95.3 LSC). No obstante, para las cotizadas, no hay libertad estatutaria, debiendo ser acumulativo (art. 499.1 en relación con el 99.3 LSC).

3. En todo caso, lo que no cabe (al prohibirlo el art. 96.1 LSC) es un privilegio que atribuya al socio el derecho a percibir un interés (por ej., del 5%), pues el rendimiento de las acciones y de las participaciones está vinculado a la marcha de la sociedad y tal medida podría ser perjudicial para la integridad del capital social.

Una sociedad anónima (y ahora, desde la reforma de la LSC operada por la Ley 5/2015, de 27 de abril, también una sociedad limitada), puede crear obligaciones, que, a diferencia de las acciones, que son valores de renta variable, son de renta fija. Sin embargo, no integran el capital social, no atribuyendo a sus titulares la condición de socios (sin perjuicio de las obligaciones convertibles en acciones, a que nos referimos luego; téngase presente que las sociedades limitadas no pueden emitir obligaciones convertibles en participaciones sociales).

9. Las acciones y participaciones sin voto

Estas acciones y participaciones se caracterizan por no conferir a sus titulares un derecho que, en principio, es consustancial al socio, el de votar en las juntas generales, y, en compensación, al no ostentar los titulares el derecho de voto, se les da el privilegio económico de tener una mayor participación en los beneficios de la sociedad en los distintos ejercicios sociales.

La razón de ser de esta categoría de acciones -que es conocida en todo el mundo, pero fue introducida por vez primera en España en 1989- es hacer frente al fenómeno sociológico del abstencionismo o absentismo de los accionistas. Los accionistas medios en las grandes sociedades anónimas de nuestro tiempo invierten sus ahorros en acciones para darles más rentabilidad, son accionistas-inversores, no accionistas-empresarios, y, no estando interesados en la marcha de la sociedad, suelen delegar sus derechos de voto, por ejemplo, en otros accionistas o en los propios administradores, pero esta situación no deja de ser una alteración de las reglas del juego porque lo normal sería que los accionistas fueran quienes participaran directamente en las juntas. En nuestro ordenamiento, como en otros, se han buscado fórmulas para evitar tal distorsión y una de ellas es la creación de esta categoría de acciones, las sin voto, que soluciona la cuestión del desinterés por el derecho de voto y da a los accionistas-inversores lo que les interesa: una mayor participación en los dividendos. Por otra parte, también es una salida que puede interesar a la sociedad, pues la emisión de este tipo de acciones le permite obtener financiación sin alterar el equilibrio de poderes dentro de la junta, en definitiva, sin afectar al control político de la sociedad. Ahora bien, en la práctica española, frente a la de otros países, no han tenido gran éxito, porque la regulación de la LSA imponía unos deberes muy gravosos para la sociedad, aunque fueron flexibilizados por la reforma de los preceptos relativos operada por las Leyes 37/1998, de 16 de noviembre y 50/1998, de 30 de diciembre, con el fin de favorecer la emisión de este tipo de acciones por las sociedades cotizadas. Además, es cuestionable que al accionista-inversor no le interese el derecho de voto, pues la sola existencia de este derecho da a sus acciones un singular valor en el marco de una OPA. Por su parte, para las sociedades limitadas, las participaciones sin voto se admitieron posteriormente, en concreto, a través de la reforma operada en la derogada LSRL de 1995 por la Ley 7/2003, de 1 de abril, que introdujo el antiguo artículo 42 *bis*, que ahora está refundido con la antigua regulación de las acciones sin voto en la vigente LSC (arts. 98 a 103).

La emisión de acciones sin voto puede hacerla toda sociedad anónima, no sólo las cotizadas, pero con un límite cuantitativo (art. 98 LSC): que el importe nominal no supere la mitad del capital social *desembolsado*. Tratándose de una sociedad limitada, como en ella el capital social ha de estar desembolsado desde el principio (rige en ella el principio del desembolso íntegro), el límite es la mitad del capital social, sin más.

Las acciones y participaciones sin voto no confieren a sus titulares, por esencia, el derecho de voto, y sí los restantes, incluido el de asistencia a las juntas generales, pero a cambio tienen otros derechos económicos preferentes (establecidos por el art. 99 LSC), que se concretan en la potenciación de los dividendos que establezcan los estatutos y cuyo incumplimiento por parte de la sociedad dará lugar a que renazca en favor del accionista sin voto el derecho de voto:

En primer lugar, se establece (art. 99.1, inciso inicial LSC) que los titulares de acciones o participaciones sin voto tienen derecho a percibir un dividendo mínimo, sea fijo o variable, que establezcan los estatutos y que tiene que ser acordado por la junta general siempre que existan beneficios distribuibles (art. 99.2 LSC). Además del dividendo mínimo se les reconoce (art. 99.1, inciso final LSC) el derecho a cobrar el dividendo que corresponda a las acciones o participaciones ordinarias (se suman los dos dividendos, no se subsume uno en otro). En fin, si no hay beneficios distribuibles, los socios que no han podido percibir en un ejercicio el dividendo mínimo previsto en los estatutos, o parte de él, conservan el derecho a percibirlo dentro de los cinco ejercicios siguientes y, mientras no se les satisfagan, tendrán los mismos derechos que las acciones o participaciones ordinarias, luego recuperan el derecho de voto (art. 99.3 LSC).

En segundo lugar, las acciones o participaciones sin voto, en caso de ser necesaria la reducción del capital social por pérdidas, no se verán afectadas en principio por la reducción, cualquiera que sea la forma en que ésta se realice, mientras la reducción no supere el valor nominal de las restantes acciones o participaciones (art. 100 LSC).

Dado que el importe nominal de las participaciones y de las acciones sin voto no puede superar el 50% del capital social en la SL y desembolsado en la SA, si como consecuencia de la reducción se sobrepasara ese límite, tiene que restablecerse en el plazo de dos años y, en caso de que no se haga, es causa de disolución de la sociedad (art. 363.1 *g)* LSC).

En tercer lugar, en caso de disolución y liquidación de la sociedad, los socios sin voto tienen derecho a cobrar la cuota de liquidación con preferencia, antes de que se distribuya nada al resto de los socios (art. 101 LSC).

Por lo demás, los socios sin voto tendrán los mismos derechos que los ordinarios (art. 102.1 LSC), incluido el derecho de preferencia en la emisión de nuevas acciones o participaciones.

No obstante, se establece a continuación (art. 102.2 LSC) que los titulares de acciones sin voto no podrán agruparse para designar vocales del Consejo de administración por el sistema de representación proporcional previsto en el artículo 243 LSC (que es un sistema, ya citado, por el que se posibilita que las minorías designen miembros del Consejo y que no sean nombrados siempre por la mayoría). Sólo, pues, las minorías de accionistas con derecho de voto tienen derecho a agruparse para nombrar un vocal en el Consejo.

Finalmente se prevé que, como sucede en general con las acciones privilegiadas, cualquier modificación estatutaria que lesione directa o indirectamente los derechos de los accionistas sin voto exigirá el acuerdo de la mayoría de las acciones pertenecientes a la clase afectada (art. 103 LSC). Y el mismo régimen se extiende a las participaciones sociales, por lo que no rige aquí lo previsto en el artículo 292 LSC, que establece la exigencia de consentimiento individual de cada socio cuando la modificación estatutaria "*afecte a los derechos individuales de cualquier socio*", bastando en este supuesto con el acuerdo mayoritario de la "clase" de participaciones afectadas, las sin voto.

Lo dicho vale para las sociedades no cotizadas, puesto que a las cotizadas se les otorga un régimen más favorable, y, así, pueden fijar otras consecuencias en los estatutos distintas a las previstas en la Ley por lo que se refiere al derecho de suscripción preferente, así como respecto de la recuperación del derecho de voto en caso de no satisfacción del dividendo mínimo y respecto del carácter no acumulativo del mismo (art. 499.2 LSC).

10. Acciones rescatables

Mediante la reforma llevada a cabo por la Ley 37/98, se introdujeron los artículos 92 *bis* y *ter* en la derogada LSA, para regular las acciones rescatables, que son un tipo de acciones que sirven fundamentalmente como un sistema de obtener financiación la sociedad, alternativo a la emisión de obligaciones. Su característica fundamental es que pueden "rescatarse", en el sentido de que se emiten para ser amortizadas en algún momento y que su titular recupere la inversión hecha. Claro está que cualquier acción puede ser amortizada, mediante una operación de reducción de capital de la sociedad, pero en el caso de las rescatables es que nacen con esa finalidad.

Estas acciones sólo pueden emitirlas las sociedades cotizadas (por eso se regulan en los arts. 500 y 501 LSC, dentro del régimen especial de este tipo de anónimas), con el límite de la cuarta parte del capital social, y tienen que estar íntegramente desembolsadas, puesto que se ignora cuándo se hará uso del derecho de rescate. El ejercicio del derecho de rescate se hará conforme a lo previsto en el acuerdo de emisión, en el que tienen que determinarse tanto el plazo de ejercicio como el precio de rescate que puede percibir el socio, que puede ser el valor nominal u otro superior (por eso, cuando el valor de rescate es elevado, puede suponer un sacrificio patrimonial para la sociedad), y puede atribuirse el ejercicio de tal derecho tanto a la sociedad emisora como a los titulares de las acciones o incluso a ambos. Si se atribuye en exclusiva a la sociedad emisora se prevé (art. 500.3) que ésta no podrá ejercitarlo antes de que transcurran 3 años desde su emisión.

La amortización de estas acciones se tiene que realizar con cargo a una nueva emisión de acciones acordada al efecto por la junta general para financiarla, o con cargo a beneficios o reservas libres, y si se amortizan con cargo a beneficios o a reservas libres, la sociedad debe constituir una reserva por el importe del valor nominal de las acciones amortizadas. Si no se puede seguir ninguna de estas vías de financiación de la operación, la amortización sólo puede realizarse con los requisitos establecidos para la reducción de capital social mediante devolución de aportaciones (art. 501.3 LSC).

11. Las obligaciones y su distinción de las acciones

Todas las sociedades de capital (art. 401.1 LSC) cuando necesitan financiación pueden recurrir a la emisión de obligaciones como alternativa a la financiación bancaria (igual que pueden acordar un aumento de capital social, o las cotizadas emitir acciones rescatables, entre otras posibilidades). Esta posibilidad, que hasta la reforma operada en la LSC por la Ley 5/2015, de 27 de abril, sólo se ofrecía, dentro de las sociedades de capital, a las anónimas (cotizadas –con régimen especial en arts. 510 y 511 LSC- y no cotizadas) y comanditarias por acciones, se extendió por esta Ley a las sociedades limitadas, aunque con unos límites que no rigen para aquéllas (fijados por el art. 401.2 LSC).

La posibilidad de que las sociedades limitadas emitan obligaciones se ha introducido en los mismos términos en que se contemplaba en el ALCM (art. 235-1, apdos. 1 y 2). De ahí proceden los límites y prohibiciones que ahora se recogen en el citado art. 401.2 LSC, en cuya virtud: (i) El importe total de las emisiones de la sociedad limitada no podrá ser superior al doble de sus recursos propios, salvo que la emisión esté garantizada con hipoteca, con prenda de valores, con garantía pública o con aval solidario de entidad de crédito. (ii) En ningún caso podrá la sociedad limitada emitir obligaciones convertibles en participaciones sociales.

En todo caso, atendiendo a los datos publicados por el Colegio de Registradores, ninguna sociedad limitada ha emitido obligaciones aún desde que se ha ampliado a ellas tal posibilidad (v., para el período 2015-16, *Estadística Mercantil* 2016, p. 53, para el 2016-18, *Estadística Mercantil* 2018, p. 54, para el 2019-20, *Estadística Mercantil* 2020, p. 54, para el 2020-22, *Estadística Mercantil* 2022, p. 54, y para el 2022-24, *Estadística Mercantil* 2024, p. 52).

En fin, la prohibición de emitir obligaciones subsiste para otros sujetos mencionados bajo la D.A. 1ª de la LSC: las personas físicas, las sociedades civiles, las colectivas y las comanditarias simples.

Las obligaciones comparten con las acciones su naturaleza de valor negociable y su forma de representación (que puede ser mediante títulos o anotaciones en cuenta, arts. 412 y 413 LSC, y ahora también mediante TRD, art. 407.1.*c)* LSC, aunque para acceder a cotización en un mercado regulado de valores necesariamente han de ser anotaciones en cuenta, como las acciones, art. 496 LSC), entre otros aspectos, pero se alejan de ellas en una cuestión fundamental: no forman parte del capital social. En efecto, cuando se emiten y son suscritas, sus titulares no se convierten en socios, sino en titulares de un derecho de crédito (de un derecho a cobrar una cierta cantidad) frente a la sociedad, que asume la posición de deudora en esa relación jurídica (art. 401.1 LSC). Los derechos del obligacionista frente a la sociedad se concretan en el cobro de los intereses en las condiciones previstas en la emisión (que tiene que figurar en escritura pública con el contenido del art. 407 LSC) y en la amortización de las obligaciones en el tiempo y forma previstos en las condiciones de la emisión, lo que supone el reembolso del importe de sus obligaciones, junto con las primas, lotes y ventajas fijados en la escritura de emisión (art. 432.2 LSC).

Los obligacionistas, no siendo socios, no forman parte de la junta general, pero para la defensa de sus intereses colectivos se constituye un sindicato que los agrupa a todos ellos. La constitución del sindicato es obligatoria para las sociedades anónimas (art. 419 LSC) y sus gastos corren a cargo de la propia sociedad (art. 420 LSC). También está obligada la sociedad al nombramiento de una persona denominada "*comisario*" que actuará como representante de los intereses de los obligacionistas frente a la sociedad, o, como dice la Ley (art. 421.4 LSC), hará de "*órgano de relación*" o enlace entre unos y otra. Los obligacionistas se reúnen en asambleas generales de forma análoga a como lo hacen los socios en la junta general y es competencia del comisario convocar tales asambleas en los casos legalmente previstos (v. arts. 421 y 422 LSC).

En principio, el órgano competente para decidir su emisión (v. art. 406.1 LSC, introducido por la Ley 5/2015) es el de administración, que es también competente para acordar la admisión a negociación de obligaciones, así como para acordar el otorgamiento de garantías de la emisión. No obstante, los estatutos pueden atribuir tales competencias a la Junta general. En fin, hay un tipo de obligaciones cuya emisión debe ser acordada por la Junta general (v. art. 406.2 LSC, también procedente de esa reforma legal), las obligaciones convertibles en acciones, de las que nos ocupamos a continuación.

Las obligaciones llamadas "*convertibles*" (reguladas en los arts. 414-418 LSC) se caracterizan frente a las no convertibles por que mientras éstas están destinadas a ser amortizadas, las convertibles, pueden, en lugar de ser amortizadas, convertirse en acciones (por ello, pueden ser sólo emitidas por sociedades anónimas y comanditarias por acciones). La decisión sobre su destino corresponde a sus titulares, que pueden preferir, o bien que sean amortizadas y recuperar así su inversión, o bien pasar de ser acreedores a ser accionistas, pudiendo, en principio, pedir la conversión "*en cualquier momento*" (art. 418.1 LSC). Dado que pueden convertirse en algún momento en accionistas, la LSC en algunos supuestos protege a los titulares de obligaciones convertibles como socios en potencia (v. arts. 418.2 y 3 LSC).

La sociedad puede emitir obligaciones convertibles "*siempre que la junta general determine las bases y modalidades de la conversión y acuerde aumentar el capital en la cuantía necesaria*" (art. 414 LSC), aunque puede delegar en los administradores tanto la facultad de decidir la emisión como la de concretar los extremos de un acuerdo previo de emisión tomado por la junta. Los socios tienen derecho de suscripción preferente en caso de emisión de obligaciones de este tipo (puesto que son acciones en potencia), pero este derecho puede suprimirse con los requisitos previstos en el artículo 417 LSC y, en caso de sociedades cotizadas, cuando se delegue en los administradores la facultad de acordar la emisión de obligaciones convertibles, la junta podrá delegar en ellos también la decisión de suprimir el derecho de suscripción preferente (art. 511 LSC).

Lección 6. Órganos sociales

1. Diversidad de órganos y de competencias

La sociedad de capital, sea cual sea su forma, tiene una estructura orgánica, lo que significa que actúa por medio de órganos: el órgano supremo es la junta general (o junta de socios), por el que se dice tradicionalmente que la sociedad expresa su voluntad, en cuanto agrupa a todos los socios y toma sus decisiones por mayoría de votos obligándoles a todos ellos, aunque hayan votado en contra o no hayan asistido. Pero la voluntad social no es ejecutada directamente por la propia Junta, sino por otro órgano, los administradores, que además toman decisiones en el ámbito de sus propias competencias y de las que en ellos delegue la junta. Aparte de ocuparse de la gestión en el plano interno, son los que tienen el poder de representar a la sociedad en juicio y fuera de juicio. Concebidos ambos órganos de este modo, puede decirse que la junta general es un órgano deliberante, mientras los administradores son un órgano ejecutivo.

La junta es el órgano soberano de la sociedad, el que tiene más poderes en la misma. Ahora bien, en la práctica, en todos los países, en el ámbito de las sociedades abiertas, en particular las bursátiles, existe la tendencia de un desplazamiento de poderes de la junta general a los administradores, porque las juntas están dominadas por los grandes accionistas, y al tener el mayor número de votos y ser elegidos los administradores por la junta general, logran dominar también el consejo de administración (que es el modo normal de organizarse el órgano de administración en grandes sociedades), llevando así el control de la sociedad. Esa tendencia natural encuentra su contrapeso en la legislación, mediante la introducción paulatina en la regulación de las sociedades de capital de normas protectoras de los intereses de las minorías.

Yéndonos al otro extremo, el de las sociedades cerradas, en particular las limitadas, la separación entre junta y administradores es menos tajante pero, por otro hecho distinto, el personalismo propio de estas sociedades, que se manifiesta en la facultad legalmente admitida (art. 161 LSC) de que la junta se inmiscuya en la gestión, impartiendo instrucciones a los administradores o sometiendo a autorización de la propia junta la adopción por el órgano de administración de decisiones o acuerdos sobre determinados asuntos de gestión, aunque esta facultad, antes propia de las sociedades limitadas, se extendió a todas las sociedades de capital y, por tanto, también a las sociedades anónimas, por la Ley 31/2014, de 3 de diciembre.

2. La junta general

2.1. Preliminar

La LSC dedica el Título V (arts. 159-208) a la regulación de la junta general, que constituye un régimen común para todas las sociedades de capital, aunque hay algunos preceptos que son de aplicación exclusiva para alguno de los tipos, por ejemplo, en materia de mayorías, o en el ámbito de la representación, donde existe una regulación diferente para anónimas y limitadas. En fin, las sociedades cotizadas, aunque están sometidas al mismo régimen legal que las no cotizadas, cuentan con unas disposiciones especiales en los artículos 511 *bis*-527 *undecies* LSC, de las que resulta, entre otras: la obligación a su cargo de aprobar un reglamento de funcionamiento de la Junta, que habrá de ser comunicado a la CNMV e inscrito en el RM (arts. 512 y 513); la previsión de un plazo reducido a quince días para la convocatoria de las juntas extraordinarias con voto electrónico (art. 515); la exigencia de adoptar medidas especiales de publicidad sobre las juntas en la *web* de la sociedad (art. 518), o el derecho de los accionistas a presentar propuestas de acuerdo (además del común derecho a incluir asuntos en el orden del día) del artículo 519.

La junta general puede definirse, atendiendo al artículo 159.1 LSC, como la reunión de socios debidamente convocada para decidir por mayoría los asuntos propios de su competencia. Aunque se trate del órgano soberano, eso no significa que tenga poderes ilimitados, puesto que tiene que respetar las competencias de los administradores (aunque puede inmiscuirse en su gestión *ex* art. 161 LSC, salvo disposición estatutaria en contra) y los derechos que la Ley reconoce a los socios, además, claro está, de los intereses de la propia sociedad, que prevalecen sobre los particulares de aquéllos.

En cuanto al ámbito de sus *competencias*, existe un precepto, que rige para toda sociedad de capital, el artículo 160, que recoge un listado de asuntos sobre los que la junta tiene competencia para deliberar y acordar y que son, en sustancia: la aprobación de cuentas, el nombramiento y separación de administradores, la supresión o limitación del derecho de preferencia, la modificación de estatutos, las modificaciones estructurales, la disolución de la propia sociedad y la aprobación del balance final de liquidación, a los que la Ley 31/2014 añadió en su momento, para reforzar la participación de los socios en decisiones económicamente muy trascendentales para la sociedad, la adquisición, la enajenación o la aportación a otra sociedad de "*activos esenciales*". Eso sin perjuicio de otras que le atribuye la Ley a lo largo de su articulado (como la ya expuesta de acordar la emisión de obligaciones convertibles) o las que puedan conferirle los estatutos. Además, las juntas de las cotizadas tienen otras competencias adicionales a éstas (art. 511 *bis*, introducido también por la Ley 31/2014): la transferencia a entidades dependientes de "*actividades esenciales*" desarrolladas hasta ese momento por la propia sociedad, aunque ésta mantenga el pleno dominio de aquéllas; las operaciones cuyo efecto sea equivalente al de la liquidación de la sociedad y la política de la remuneración de los consejeros.

Se presume el carácter esencial de las actividades y de los activos operativos cuando el volumen de la operación supere el veinticinco por ciento del total de activos del balance (arts. 160 *f)* y 511 *bis*. 2 LSC).

Aunque el artículo 159 LSC, al referirse a la junta, parta de una pluralidad de personas, es posible la celebración de una junta por un solo socio si éste es titular de una parte del capital con derecho a voto suficiente para que se entienda la junta válidamente constituida y además, como hemos visto, están legalmente admitidas las sociedades unipersonales, en cuyo caso no se celebran juntas generales (sería una ficción sin sentido alguno), sino que se sustituyen los acuerdos de la junta por las decisiones del socio único (art. 15 LSC).

La junta general la componen todos los socios, asistan o no, y ya voten a favor o en contra, quedando sometidos -sin perjuicio de impugnaciones- a los acuerdos de la misma (art. 159. 2 LSC).

Es órgano *necesario* (tiene que existir en toda sociedad de capital durante toda su vida) y *no permanente* (los socios se reúnen en junta general de forma esporádica). Es, además, un órgano colegiado, tomando sus decisiones por mayoría de votos.

2.2. Clases de juntas generales

La Ley (art. 163) distingue entre juntas *ordinarias* y *extraordinarias*, pero eso no significa que las ordinarias traten sobre asuntos comunes y las extraordinarias sobre asuntos de especial trascendencia. Ambas pueden adoptar las más graves decisiones.

Conforme a la regulación vigente (arts. 164-165 LSC), que procede de la reforma del artículo 95 de la derogada LSA llevada a cabo por Ley 24/2005, de 18 noviembre (la derogada LSRL no distinguía entre juntas ordinarias y extraordinarias), es junta ordinaria la que tiene que reunirse en los seis primeros meses de cada ejercicio para censurar la gestión social, aprobar en su caso las cuentas del ejercicio anterior y resolver sobre la aplicación del resultado (v. art. 164.1 LSC). Para añadirse a continuación, en el artículo 164.2, que "*la junta general ordinaria será válida aunque haya sido convocada o se celebre fuera de plazo*". Esta precisión fue la que introdujo en el antiguo artículo 95 LSA la Ley 24/2005 y que puso fin a un problema que se planteaba en la jurisprudencia sobre la validez de la junta celebrada fuera del plazo legal de seis meses para aprobar las cuentas del ejercicio anterior. En fin, son extraordinarias las restantes, conforme al artículo 165 LSC.

Ambas, la ordinaria y la extraordinaria, pueden tomar decisiones sobre cualquier asunto incluido en el orden del día dentro de las competencias de este órgano social (por ej., la modificación de estatutos). Así, la ordinaria no sólo es competente para aprobar cuentas.

Antes de esa reforma legal de 2005 se planteaba la validez de la junta reunida fuera del plazo legal de 6 meses para aprobar cuentas.

En un primer momento, el TS no admitía que esa junta se celebrara como ordinaria por reunirse fuera del plazo legal, ni tampoco como extraordinaria, por estimar que la aprobación de las cuentas era competencia de la junta ordinaria.

En un segundo momento, el TS admitió la validez de la junta convocada y celebrada fuera del plazo de 6 meses para aprobar las cuentas sociales, pero la calificaba como extraordinaria, siendo la única consecuencia la eventual responsabilidad de los administradores.

Luego, alguna sentencia exigía que esta junta fuera convocada judicialmente.

Tras la reforma de 2005 y hasta hoy:

(i) Ya no es dudosa la validez de esa junta.

(ii) Sigue siendo ordinaria.

(iii) Al mantenerse la exigencia legal de que se reúna en los 6 primeros meses de cada ejercicio, si los administradores convocan fuera de ese plazo, aunque la junta sea válida (art. 164.2), pueden verse obligados a responder de los perjuicios causados.

Aparte de esta periodicidad, la junta ordinaria puede tener señalados en los estatutos otros períodos de tiempo en los que tiene que reunirse.

2.3. Convocatoria y junta universal

La convocatoria de la junta es competencia de los administradores (arts. 166 y 167 LSC) y deben convocarla públicamente (art. 173, en redacción dada por Ley 1/2012, de 22 de junio), mediante un anuncio con los requisitos que veremos.

La ordinaria deben convocarla dentro de los seis primeros meses de cada ejercicio y la extraordinaria siempre que lo estimen conveniente para los intereses sociales (art. 167). Pero, como en este último caso su convocatoria es facultativa, cabe que no la convoquen, y para tutelar los intereses de los socios, y en concreto de las minorías, la Ley (art. 168) limita la facultad de los administradores, reconociendo a los socios que representen al menos el 5% del capital social el derecho a exigir la convocatoria de junta general extraordinaria (porcentaje que se reduce al 3% en las cotizadas, *ex* art. 495.2. *a)*, introducido por la Ley 31/2014). La solicitud tiene que hacerse por requerimiento notarial, expresando los asuntos a tratar en la junta, y los administradores están obligados a convocarla en el plazo de dos meses contados desde la fecha del requerimiento. Y en el orden del día de esa junta confeccionado por los administradores, éstos deben incluir los asuntos pedidos, sin perjuicio de incluir otros ajenos a la petición.

Ahora bien, puede que los administradores no convoquen la junta en los supuestos en que están obligados: dentro de los 6 primeros meses para la ordinaria (o en las épocas previstas en los estatutos para otras juntas de convocatoria forzosa) y la extraordinaria en los dos meses siguientes a recibir el requerimiento notarial. En tales hipótesis de incumplimiento de los administradores, los socios pueden solicitar la convocatoria al LAJ o al Registrador mercantil del domicilio social (art. 169 LSC): si es ordinaria, basta con que lo pida un socio con cualquier participación en el capital (la Ley ahora dice "*a solicitud de cualquier socio*", por lo que no hay duda alguna, pero ya se interpretaba así cuando simplemente decía "*a petición de los socios*") y, si es extraordinaria, es necesario que lo pida el 5% del capital social o el 3% si es una cotizada (art. 495.2 *a)* LSC), que es el porcentaje de socios que lo habrían solicitado infructuosamente por requerimiento notarial.

Antes de la reforma operada en la LSC por la Ley 15/2015, de 2 de julio, de la Jurisdicción Voluntaria (en adel., LJV), la convocatoria en estos casos se atribuía al Juez de lo Mercantil del domicilio social (y se denominaba legalmente "*convocatoria judicial*"). Ahora esta materia se ha desjudicializado y los socios pueden elegir entre acudir al LAJ del Juzgado de lo Mercantil o al Registrador mercantil, quienes decidirán si convocar o no, una vez oídos los administradores, conforme a lo previsto en los artículos 170 LSC y 117-119 LJV, y su resolución es irrecurrible.

Hay que tener presente que el hecho de que los administradores hayan incumplido la obligación legal de convocar la junta (y ya sea ordinaria o extraordinaria) no supone sin más que el LAJ o el Registrador mercantil requeridos por los socios para convocar estén obligados a hacerlo. Para ellos, la convocatoria es una decisión discrecional, atendiendo a las circunstancias del caso y, en particular, a las razones que puedan alegar los administradores en el trámite de audiencia. Así resulta claramente de la redacción vigente del artículo 169 en sus dos apartados. Por otro lado, si deciden (uno u otro) convocar, deben hacerlo en el plazo de un mes desde que recibieron la solicitud y con designación de lugar, día y hora de celebración, orden del día, y, en su caso, de las personas que habrán de actuar como presidente y secretario, que pueden ser otras distintas de las que figuren en los estatutos. Esto último se justifica fácilmente, pues si, conforme a los estatutos, quien preside las Juntas generales es el presidente del consejo de administración y quien actúa como secretario de las Juntas es el secretario del Consejo, es conveniente nombrar a otras personas (que pueden ser socios o no) para celebrar una junta que sean distintas de las que se habían negado a convocarla.

A la convocatoria por LAJ o por Registrador mercantil también puede acudirse en los casos de inoperancia del órgano de administración recogidos en el artículo 171 LSC, que engloba casos en que por cese o fallecimiento de alguno de sus miembros el órgano no está capacitado para convocar una junta general y no hay nombrados administradores suplentes. La facultad de instar la convocatoria, que se otorga por la Ley a cualquier socio, sea cual sea su participación en la sociedad (además de a cualquiera de los administradores que sigan en el cargo), se justifica sólo por evitar la paralización de los órganos sociales, por lo que si se convoca la Junta por esta vía es precisamente con el único objeto de que aquélla nombre nuevos administradores que cubran las vacantes producidas.

Posibilidad que estaba antes prevista en el derogado art. 45.4 LSRL y se extendió también a la SA cuando se aprobó el texto refundido de la LSC en 2010, aunque su necesidad fuera menos clara en este tipo social por la posibilidad de acudir a la cooptación en esta última sociedad para cubrir las vacantes del consejo de administración.

En cuanto a la forma de la convocatoria, debe anunciarse públicamente (art. 173 LSC) por lo menos un mes antes de la fecha fijada para su celebración si es una sociedad anónima y de quince días si es una sociedad limitada. Siendo una sociedad cotizada, el plazo puede reducirse a quince días cuando la sociedad ofrezca a los accionistas la posibilidad de votar por medios electrónicos accesibles a todos ellos. Pero esta posibilidad de reducción del plazo sólo está legalmente prevista para las juntas extraordinarias, no para las ordinarias, y con los límites y requisitos fijados por el artículo 515.2 LSC.

Dada la diferente composición de socios entre una cotizada y una sociedad de pocos socios, hay un régimen de publicidad del anuncio de la convocatoria diferenciado:

a) Para sociedades anónimas no cotizadas y sociedades limitadas (art. 173 LSC):

Salvo disposición contraria de los estatutos, el anuncio ha de ser publicado:

•En la *web* de la sociedad.

•Si no tiene *web*, en el BORME y en uno de los diarios de mayor circulación en la provincia ("en", no "de": el diario puede ser de difusión nacional, bastando con que tenga circulación en la provincia).

–Los estatutos pueden establecer, en sustitución del sistema anterior, que la convocatoria se haga a través de una comunicación individual y escrita dirigida a cada socio (posibilidad que estaba en la LSRL y no en LSA, extendida a la SA por la Ley 25/2011, de reforma de la LSC), que en pequeñas sociedades puede ser un medio más efectivo, sean limitadas o anónimas.

La finalidad de estas normas es que se garantice al máximo el conocimiento de la convocatoria por todos los socios, siendo contrario a derecho que se cambie sorpresivamente de sistema de convocatoria, aunque sea a otro de los previstos en la Ley, para evitar que los socios se enteren de la convocatoria. Así ocurrió en el caso que dio lugar a la STS núm. 510/2017, de 20 de septiembre (RJ 2017/4634), en que uno de los dos administradores solidarios de una SA, que convocaba sus juntas siempre por comunicación individual a cada socio, convocó una junta a través del BORME y de uno de los diarios de mayor circulación en la provincia, logrando asistir él solo a la reunión para cesar a la otra administradora y nombrarse a sí mismo como administrador único.

–Además, los estatutos pueden establecer un sistema de alertas.

b) Para sociedades cotizadas (art. 516, procedente de la Ley 25/2011):

Como mínimo en los siguientes medios:

•Mediante anuncio en el BORME o en uno de los diarios de mayor circulación en España.

•En la página *web* de la CNMV.

•En la página *web* de la sociedad.

Y este anuncio debe expresar los extremos que determina el artículo 174 LSC, a saber: el nombre de la sociedad, la fecha y hora de la reunión y el orden del día (los asuntos que han de tratarse; téngase presente que, salvo contadas excepciones, no pueden adoptarse acuerdos válidos sobre asuntos que no estén en el orden del día). Respecto al lugar de celebración, salvo que en los estatutos se disponga otra cosa, ha de ser en el término municipal donde la sociedad esté domiciliada y si en la convocatoria no se dijera nada, se entiende convocada para su celebración en el propio domicilio social (art. 175 LSC). Las menciones se amplían para la convocatoria de las juntas de las sociedades cotizadas (v. art. 517 LSC).

Los socios tienen que conocer anticipadamente los asuntos sobre los que se va a votar y, si desean mayores precisiones, el artículo 197 LSC para sociedades anónimas y el artículo 196 LSC para sociedades limitadas les confieren derecho a pedir los informes o aclaraciones que estimen precisos sobre aquéllos. Además, tras la Ley 24/2005, que modificó en su momento la derogada LSA, los accionistas (no así los socios de las SL) que representen el 5% del capital social tienen derecho a introducir otros asuntos en el orden del día (art. 172.1), porcentaje que se reduce al 3% en las cotizadas (art. 519.1, modificado por la Ley 31/2014). Si los accionistas hacen uso de este derecho, los administradores están obligados a publicar un *complemento de convocatoria* antes de celebrarse la Junta (con 15 días de antelación como mínimo) y si no lo hacen es causa de nulidad de la misma (art. 172.2 LSC).

Aparte del derecho a incluir otros asuntos en el orden del día, los accionistas de cotizadas que representen el 3% del capital social tienen derecho (art. 519.3 LSC) a presentar *propuestas de acuerdo* sobre asuntos ya incluidos o que deban incluirse en el orden del día de la junta convocada, debiendo publicarlas la sociedad en su *web* (art. 518 *d)* en relación con el 519.3 LSC)

Estos requisitos son de obligado cumplimiento, rigen para todo tipo de junta, sea ordinaria o extraordinaria, y deben observarse con rigor, porque en su defecto puede producirse la nulidad de la convocatoria, arrastrando consigo todos los acuerdos tomados.

No obstante, para evitar impugnaciones de acuerdos sociales basadas en vicios formales que no han provocado indefensión, y, en general, para poner freno a impugnaciones abusivas, la Ley 31/2014, en la línea del ALCM (art. 214-11.3), estableció (mediante la reforma del art. 204.3 LSC) un elenco de incumplimientos de este orden que no sirven de fundamento para la impugnación del acuerdo afectado, como veremos en su momento.

Junta universal (art. 178 LSC): los requisitos de publicidad no tienen mayor razón de ser en las sociedades de pocos socios, porque, conociéndose todos, se pueden convocar personalmente de manera informal y eso es lo que da lugar a la junta universal, que es totalmente habitual en la mayoría de las pymes que actúan bajo la forma de una sociedad de capital. En ella decaen los requisitos de convocatoria pública, pero para que se entienda válidamente constituida se requiere:

1º Que esté presente *todo* el capital social; pero no tienen que estar presentes todos los socios, que podrán estar representados.

2º. Que los asistentes acepten *por unanimidad* la celebración de la junta.

También tienen que estar todos de acuerdo sobre los asuntos a tratar y si alguno se opone a que se trate cierto asunto, debe excluirse del orden del día, no cabe adoptar ese acuerdo y si lo toman es nulo.

Finalmente, si un socio consiente en que la junta se reúna y luego, una vez que se entra en el orden del día, se marcha, la Junta es válida, pues la asistencia de todos no se requiere durante toda la junta, que además no tiene que adoptar acuerdos por unanimidad, sino por mayoría (la unanimidad se requiere para adoptar el acuerdo de celebrar la junta y para determinar el orden del día, pero, una vez constituida, ya pasa a estar sometida al régimen normal). Lo contrario sería permitir a un socio boicotear la junta (GIRÓN TENA, RUBIO, MUÑOZ PLANAS).

2.4. El quórum de constitución en la sociedad anónima y el sentido de su ausencia en la limitada

En el ámbito de la sociedad anónima, el segundo requisito formal, tras la convocatoria, para que la junta general pueda tomar decisiones es que quede válidamente constituida: una junta general sólo puede celebrarse si está presente una determinada cuantía del capital social, el llamado "*quórum de constitución*" ("*quórum*" significa: de los que forman parte de la asamblea, cuáles de ellos tienen que estar presentes). En las grandes sociedades anónimas, las juntas se celebran con un porcentaje de accionistas muy reducido por el fenómeno del abstencionismo, por lo que las leyes cada vez son menos exigentes en la cuantía del quórum: así, la derogada LSA 1989 (art. 102) -y ahora la LSC, art. 193- era más flexible que la LSA de 1951, pues mientras ésta exigía quórum de cabezas y de capital, el artículo 102 LSA 1989 sólo exigía el de capital y que representase el 25% del mismo con derecho a voto (sólo, pues, el 25% del capital suscrito, una vez deducidas las acciones sin voto y las correspondientes a los accionistas morosos por dividendos pasivos, pues no tienen derecho de voto, art. 83) y eso cualquiera que fuera el número de accionistas (sin quórum de cabezas). Éste es el régimen que ha pasado a la LSC, y aunque en los estatutos se pueda exigir un quórum superior (no del 100%, pues los acuerdos han de adoptarse por mayoría, no por unanimidad) en la práctica no suele hacerse.

En segunda convocatoria se reduce aún más, como es lógico, para facilitar que la junta se reúna (art. 193.2 LSC, antiguo art. 102.2 LSA de 1989): cualquiera que sea el capital concurrente (basta así con que concurra una acción de 10 euros), salvo que los estatutos fijen uno superior, pero que nunca puede alcanzar el 25% legal o el superior estatutario de la primera convocatoria.

Este quórum de constitución rige para los asuntos ordinarios, no para los de especial importancia, porque para éstos (por ej., aumento o reducción del capital, transformación, fusión, escisión, emisión de obligaciones, y, en general, cualquier modificación de los estatutos) la Ley establece un quórum superior, reforzado (art. 194 LSC, antiguo 103 LSA de 1989): se duplica al 50% del capital suscrito con derecho a voto en la primera convocatoria y en segunda convocatoria, al menos el 25%. Los estatutos sociales podrán elevar los quórum previstos (art. 194.3 LSC, antiguo 103.3), pero, aunque la Ley no lo diga expresamente, se entiende que no será válido un quórum para la segunda convocatoria que se equipare al de la primera.

Es muy frecuente que, por no existir quórum, se produzca una *segunda convocatoria*. En el primer anuncio puede ya decirse (art. 177.1 LSC) cuándo se reunirá en segunda convocatoria, exigiendo la Ley que entre la primera y la segunda convocatoria medie un plazo de 24 horas. Normalmente se prevé ya en el primer anuncio la reunión en primera y en segunda convocatoria, pues si no se hace así y no se celebra la junta en primera convocatoria por falta de quórum, es obligatorio volver a anunciar la celebración de la junta con los mismos requisitos que la primera y respetando los plazos previstos en el artículo 177.3 LSC.

Para la sociedad limitada, en cambio, no se prevé un quórum de constitución, sólo de decisión, pero, como para adoptar válidamente decisiones se requiere una mayoría mínima, indirectamente sólo se entenderá válidamente constituida la junta cuando asistan los socios que tengan votos suficientes para alcanzar esa mayoría requerida para la adopción de acuerdos.

2.5. Asistencia y representación en las juntas generales

2.5.1. Asistencia

Un aspecto muy relevante es el modo de organizar la asistencia a las juntas. Todos los socios, también los sin voto (art. 102.1 LSC) y, en el seno de las sociedades anónimas, incluso los accionistas incursos en mora por impago de dividendos pasivos, tienen derecho de asistencia (art. 93 *c)* LSC), pero, en la sociedad anónima (a diferencia de la sociedad limitada) este derecho no se reconoce de forma absoluta, sin límites, por la posibilidad de que las acciones estén tan repartidas que no sea posible celebrar una junta con la presencia de todos sus titulares. Por eso, la Ley (art. 179) admite la licitud de la cláusula estatutaria (muy frecuente en la práctica) que supedite el ejercicio personal de ese derecho a la posesión de un determinado número de acciones, sin que, en ningún caso, el número exigido pueda ser superior (i) al uno por mil del capital social y (ii) a mil acciones, siendo una cotizada (art. 521 *bis*). De forma que los accionistas que no tienen ese mínimo pueden agruparse y nombrar un representante común (eso en las grandes sociedades, porque en las pequeñas no hay problema), tal como permite el artículo 189.1. En cambio, en las sociedades limitadas, como lo normal es que no haya un número de socios que dificulte una reunión con la presencia de todos, pues suelen estar compuestas por un número reducido de ellos, el derecho de asistencia se atribuye al socio sin restricción alguna, sin que los estatutos puedan exigir la titularidad de un número mínimo de participaciones (cfr. art. 179.1 LSC).

Por otro lado, volviendo a la sociedad anónima, el derecho de asistencia no sólo puede limitarse por vía estatutaria a los que sean titulares de una determinada cantidad de acciones, sino que puede exigirse también estatutariamente (al amparo del art. 179.3 LSC) la "*legitimación anticipada*" del accionista que, contando con el mínimo de acciones previsto (si hay tal limitación estatutaria), desee asistir. A través de esta última exigencia formal se busca una organización racional de la junta, que sería incompatible con la presentación sin más de todos los accionistas en el propio acto de la reunión. Los estatutos determinarán cómo habrá de hacerse tal legitimación, pero en la práctica es habitual que las sociedades faciliten a los socios unas "tarjetas de asistencia" nominativas, con antelación a la celebración de la junta, que son el documento al que se refiere el artículo 179.3 LSC en su párrafo final, diciendo que tendrán eficacia legitimadora frente a la sociedad.

Ahora bien, con independencia de lo que establezcan los estatutos en materia de legitimación anticipada, la Ley (art. 179.3, párr. 1º LSC) prevé que en ningún caso se podrá impedir el ejercicio de tal derecho a los titulares de acciones nominativas ni a los de acciones representadas por medio de anotaciones en cuenta que las tengan inscritas en sus respectivos registros con cinco días de antelación a aquel en que haya de celebrarse la Junta, ni a los tenedores de acciones al portador que con la misma antelación hayan depositado sus acciones, normalmente en entidades bancarias, en la forma prevista por los estatutos o por la Ley.

Además, actualmente se permite la asistencia por medios telemáticos de los socios a las juntas presenciales de sociedades de capital, siempre que esté prevista esta posibilidad en los estatutos y que tales medios garanticen debidamente la identidad del sujeto. En tal caso rige lo dispuesto en el artículo 182 LSC. Téngase presente que, inicialmente, el precepto se refería exclusivamente a las sociedades anónimas (lo que se explicaba por proceder de la LSA y por haberse presentado su necesidad en su momento en las juntas de grandes sociedades), pero con la Ley 5/2021 se eliminó esa restricción, por lo que se aplica a cualquier sociedad de capital, siempre que cuente con los medios técnicos correspondientes.

Con independencia de la posibilidad de que los estatutos prevean la posibilidad de que los socios asistan a las juntas presenciales de forma telemática, actualmente está prevista la posibilidad de que la propia junta de cualquier sociedad de capital (no sólo SA) sea exclusivamente telemática, esto es, celebrada "sin asistencia física de los socios o sus representantes", si así lo establecen los estatutos. Así se prevé en el artículo 182 *bis*, introducido por la Ley 5/2021.

Antes de esta reforma, esta posibilidad ya se introdujo en nuestro ordenamiento como una medida excepcional dirigida a facilitar las reuniones de las juntas generales sin presencia física de socios durante el confinamiento domiciliario decretado (por R. D. 463/2020, de 14 de marzo) con motivo de la pandemia del Coronavirus. Así, el R. Dec.-ley 8/2020, de 17 de marzo, introdujo: (i) la posibilidad, para todas las sociedades mercantiles, de que sus órganos de gobierno se reunieran mediante videoconferencia durante la vigencia del estado de alarma (art. 40.1), aunque no hubiera disposición estatutaria que así lo estableciera, y (ii) que las juntas generales de las sociedades cotizadas pudieran reunirse de manera exclusivamente telemática, durante el año 2020, incluso sin previsión estatutaria alguna (art. 41.1). Posteriormente, el R. Dec.-ley 34/2020, de 17 de noviembre, previó (art. 3.1), sólo para 2021, y aunque nada dijeran los estatutos: (i) para las sociedades anónimas (no sólo cotizadas), la medida de admitir la celebración de juntas exclusivamente telemáticas (además de su celebración en cualquier lugar del territorio nacional), y (ii) para las sociedades limitadas y comanditarias por acciones, la posibilidad de celebrarlas por videoconferencia (o conferencia telefónica múltiple. Esta medida sería reiterada por la Ley 2/2021, de 29 de marzo (D. F. 4ª,3), pero también como medida extraordinaria y con vigencia para el año 2021.

Finalmente, como adelantamos, la citada Ley 5/2021 ya regula la posibilidad de celebrar juntas exclusivamente telemáticas de manera completamente normal, sin vincularla a la situación de pandemia; solución lógica teniendo presente que no tiene ningún sentido renunciar a los medios de comunicación que desde 2020 se han hecho cotidianos en la vida económica y social. Ahora bien, para que la junta exclusivamente telemática se entienda válidamente celebrada, se requiere ahora, conforme al mencionado artículo 182 *bis* LSC: (i) que esté prevista la posibilidad de celebrar juntas por esta vía en los estatutos (requiriendo la introducción de una cláusula semejante la aprobación por socios que representen al menos dos tercios del capital presente o representado en la reunión); y (ii) que la identidad y legitimación de los socios y de sus representantes se halle debidamente garantizada y que todos los asistentes puedan participar efectivamente en la reunión mediante medios de comunicación a distancia apropiados, tanto para ejercitar en tiempo real los derechos de palabra, información, propuesta y voto que les correspondan, como para seguir las intervenciones de los demás asistentes. Estos requisitos rigen para las juntas exclusivamente telemáticas de cualquier sociedad de capital, pero se amplían para las de sociedades cotizadas, a las que además se les exige (art. 521.3, introducido por Ley 5/2021): (i) que los accionistas también puedan delegar o ejercitar anticipadamente el voto de las propuestas sobre puntos comprendidos en el orden del día mediante cualquiera de los medios de comunicación a distancia legalmente admitidos (ver art. 521.1 LSC) y (ii) que el acta de la reunión sea levantada por notario.

Volviendo a la asistencia a las juntas en general, hay que aclarar que los administradores, aunque no sean socios (en las sociedades anónimas y limitadas no es necesario ser socio para ser administrador, salvo que lo impongan los estatutos, art. 212.2 LSC), no es que tengan derecho, es que tienen *obligación de asistir* (art. 180 LSC).

Por otro lado, los estatutos podrán autorizar e incluso ordenar la asistencia de directores, gerentes, técnicos, y demás personas que, como dice el artículo 181.1 LSC, "*tengan interés en la buena marcha de los asuntos sociales*". Todos ellos tienen derecho a asistir con voz, pero sin voto (también los administradores tienen voz y no voto).

Por último, conforme al artículo 181.2 LSC, el presidente podrá autorizar la asistencia de "*cualquier otra persona que juzgue conveniente*" (un inversor extranjero, prensa, un Notario, con independencia del acta notarial de la Junta), aunque la Junta podrá oponerse (téngase presente que este precepto es dispositivo para la SL, en virtud del art. 181.3, pero no para la SA).

2.5.2. Representación

Como el derecho de asistencia es potestativo, el socio (incluso el socio sin voto) puede ejercitar ese derecho o no y puede ejercitarlo personalmente o por medio de representante. La asistencia y el ejercicio del derecho de voto (si, como es habitual, se tiene) por medio de representante está admitida para todo tipo de sociedad de capital, pero se prevé de forma mucho más restringida para las sociedades limitadas que para las sociedades anónimas, por lo que trataremos esta cuestión en ambos tipos sociales de forma separada.

a) En la sociedad limitada:

La concepción legal de este tipo social como sociedad "cerrada" explica la forma tan limitada en que se ha previsto legalmente la posibilidad de asistir por medio de un representante. En efecto, la Ley (art. 183) comienza diciendo que el socio "*sólo*" podrá hacerse representar en la junta general por su cónyuge, ascendiente o descendiente, por otro socio o por persona que ostente poder general conferido en documento público con facultades para administrar todo el patrimonio que el representado tuviere en territorio nacional. No obstante, se permite que los estatutos amplíen la autorización a otras personas, pero, en caso de silencio de los estatutos, las posibilidades que ofrece la Ley son las citadas. Por otro lado, se prohíbe que el socio confiera la representación a un tercero para una sola parte de sus participaciones: si se hace representar por otra persona, la delegación afecta a todas sus participaciones (art. 183.3 LSC).

En cuanto a la forma, se exige (art. 183.2 LSC) que la representación se confiera por escrito, por razones evidentes de seguridad jurídica, pero no es necesario que sea documento público, bastando un documento privado, aunque si no consta en documento público habrá de ser especial para cada junta.

b) En la sociedad anónima:

En el ámbito de la sociedad anónima, la facultad de asistir por medio de representante se concibe de forma mucho más amplia, al declararse (art. 184.1 LSC), frente al caso visto de la limitada, que "[*t*]*odo accionista que tenga derecho de asistencia podrá hacerse representar en la junta general por medio de otra persona, aunque ésta no sea accionista*". El representante puede ser, por tanto, persona física o jurídica, accionista o no. Y los estatutos, según se permite a continuación, "*podrán limitar esta facultad*", pero, claro está, no prohibirla. Limitar es, por ejemplo, exigir -cosa que según acabamos de ver no hace la Ley- que el representante sea, a su vez, accionista. En las sociedades cotizadas ni siquiera se admiten las cláusulas estatutarias que limiten tal derecho (art. 522.1 LSC).

La representación en las juntas de sociedades anónimas tiene matices diferentes según se trate de una sociedad cerrada o abierta. En las cerradas, lo normal es que el accionista que asiste por medio de representante lo haga porque no puede asistir personalmente y confiere su representación a alguien de su confianza (por ej., un pariente). A esta representación familiar se refiere el artículo 187 (aunque la LSC haya abandonado la expresión tradicional de "representación familiar" del antiguo art. 108 LSA), mientras el artículo 186 LSC está pensando en las grandes sociedades, sin perjuicio de que en el referido artículo 187 se incluye la respuesta legal a un problema práctico diferente (el que se presenta cuando alguien tiene poder general para administrar todo el patrimonio que tenga un socio en territorio nacional).

El régimen comienza con unas normas generales, que se contienen en los artículos 184 y 185. Con arreglo a estos preceptos, la representación deberá conferirse (i) o bien por escrito o por alguno de los medios de comunicación admitidos expresamente para la emisión del voto a distancia (atendiendo al art. 189 LSC), siempre que "*se garantice debidamente la identidad del sujeto que ejerce su derecho al voto*" y (ii) con carácter especial para cada junta (184.2). Basta, pues, el documento privado o la comunicación por otro medio de los legalmente admitidos, pero no puede ser un poder que se otorgue para todas las juntas del año o para dos juntas, sino que habrá de ser especial para cada junta. El poder es revocable, incluso tácitamente, bastando con que se presente el representado a la junta para entenderlo revocado (art. 185).

La asistencia del socio junto con la de su representante supone revocación del poder, pues no cabe simultanear la presencia personal del socio y la representación por un tercero (v. STS, Sala 1ª, núm. 185/2011, de 28 de marzo, RJ 2011/3020).

Representación en juntas generales de grandes sociedades: en las sociedades abiertas hay un fenómeno real patológico, aunque explicable, y ya referido, el del absentismo de los pequeños accionistas. Ante el desinterés de los propios accionistas en asistir a las juntas generales y votar, es habitual que haya personas interesadas en hacerse con su representación. Así, tradicionalmente, los bancos que eran depositarios de las acciones de sus clientes solían pedirles que delegaran en ellos el voto, de forma que a su propia cartera de acciones unían los derechos de voto de sus clientes. Para frenar esta práctica, la LSA de 1951 (art. 60, párr. 2º) prohibía que la representación se otorgara a personas jurídicas y a personas físicas representantes de personas jurídicas en la junta. Se refería a personas jurídicas en general por no decir "bancos", pero en realidad estaba pensando en evitar ese fenómeno al que hemos aludido. No obstante, esta fórmula fracasó, porque comenzó a difundirse la corruptela de que en la carta que se enviaba al banco comunicando la no asistencia se mandaba un poder en blanco en el que el banco luego escribía el nombre de una persona que, no siendo representante suyo en la junta general, votaba de acuerdo con las instrucciones que le daba. Por eso, cuando se reformó nuestro Derecho de sociedades anónimas en 1989, se mejoró la fórmula, a través del hoy derogado artículo 107 LSA, que asumió la solución que se había consagrado en la legislación alemana, de donde pasaría al Proyecto de 5ª Directiva CE de 1983. Nuestro derogado artículo 107 LSC trataba, en la línea de la legislación alemana, no de prohibir la representación de los bancos, sino de que fuera una auténtica representación, esto es, que el banco siguiera las instrucciones de su representado y no votara en su propio interés. Por eso, en el artículo 107 se admitió la representación a favor de los bancos, pero exigiendo que éstos actuasen como representantes verdaderos y este régimen es el que ha pasado hoy a la LSC y se encuentra en el vigente artículo 186.

Así, en el caso de que se pida la representación por los administradores de la sociedad (hipótesis muy frecuente), por los bancos depositarios o por las entidades encargadas del registro de anotaciones en cuenta, el documento en que conste el poder deberá contener el orden del día, las instrucciones para el ejercicio del derecho de voto y la indicación del sentido en que va a votar el representante, si no se han impartido instrucciones precisas. Estas instrucciones tienen carácter vinculante y deben seguirse salvo en los casos del 186.2, que permite excepcionalmente votar en sentido contrario cuando, de seguirse las instrucciones del representado, los intereses de este último se verían perjudicados. Esta norma se aplica siempre que haya solicitud pública de representación, que no significa que se dé publicidad a la solicitud, sino que se da (apdo. 3º) cuando una persona (aunque no sea alguno de los sujetos citados) ostenta la representación de más de tres accionistas.

Ahora bien, el solo hecho de que una persona ostente la representación de más de tres accionistas no necesariamente comporta el sometimiento a este régimen, si el representante puede probar que el apoderamiento se hizo a instancia de los representados y no por su propia iniciativa [MUÑOZ PLANAS y STS de 5 de mayo de 2016 (RJ 2016/2455); en la menor, v., por ej., SAP Palencia de 6 de junio de 2000, AC 2000/4095)].

Ahora bien, este es el régimen general, pues si la sociedad es cotizada, entran en aplicación normas especiales. Además de no admitirse la validez de las cláusulas estatutarias que limiten el derecho a hacerse representar (art. 522.1 LSC), hay otras previsiones, como son las siguientes: (i) se permite expresamente que si el representante lo es de varios accionistas (no hay límite legal en cuanto al número de representados) pueda votar en sentidos distintos, atendiendo a las instrucciones de voto recibidas (art. 522.4 LSC); (ii) de hallarse el representante en situación de conflicto de interés, como ocurre si el representante es accionista de control o empleado de la sociedad, deberá informar de ello al accionista y, de no haber recibido nuevas instrucciones de voto precisas para cada uno de los asuntos sobre los que el representante tenga que votar en nombre del accionista, deberá abstenerse de emitir el voto (art. 523 LSC); (iii) si el administrador de una sociedad ha formulado solicitud pública de representación y la ha obtenido, además de cumplir las normas relativas al conflicto de intereses del artículo 523 LSC, queda sometido a las del artículo 526 LSC, que le prohíben ejercitar el derecho de voto correspondiente a las acciones representadas en aquellos puntos del orden del día en los que se encuentre en conflicto de intereses (por ejemplo, su propio cese), salvo que hubiese recibido del representado instrucciones de voto.

Volviendo al régimen general, en las *pequeñas sociedades*, no tiene sentido una norma como la del artículo 186 LSC, porque se da por entendido que representante y representado actúan de mutuo acuerdo, de ahí que se diga (art. 187 LSC) que no serán de aplicación las restricciones del 184 ni del 186 a los casos de representación familiar. Precepto que debería interpretarse (aunque puede sostenerse lo contrario, atendiendo a la literalidad de la norma) no en el sentido de que no se requiere la forma escrita del poder o la constancia por otro medio de los admitidos (por ej., correo electrónico), que debe entenderse exigida, por razones de seguridad jurídica, sino que no necesita ser poder especial para cada junta, que es lo que venía reclamando la práctica. En fin, al caso de la representación familiar la Ley asimila el de la representación por parte de quien tiene poder general conferido en documento público con facultades para administrar todos los bienes de una persona en territorio nacional. El precepto trata en este caso de solucionar el problema que se planteó con inversionistas extranjeros en España y españoles residentes en el extranjero, para los que era muy complicado emitir poderes especiales para cada junta y la solución sugerida por los prácticos fue ésta, la consagrada en el antiguo artículo 108, inciso 2º, de la derogada LSA y ahora en el artículo 187 LSC, liberándolo también del cumplimiento de los requisitos de los preceptos anteriores, de forma que procede entender que decae igualmente la exigencia de poder especial.

2.6. Constitución, deliberación y adopción de acuerdos

Las Juntas, ya sean ordinarias o extraordinarias, habrán de celebrarse (art. 175 LSC), salvo disposición en contra de los estatutos, en la *localidad* donde la sociedad tenga su *domicilio* (no necesariamente en el local que figure como domicilio social) y en el *día* señalado en la convocatoria.

En aplicación de este precepto, en caso de silencio de los estatutos, las juntas celebradas fuera de la localidad donde esté el domicilio social no estarán válidamente celebradas, salvo que la celebración en lugar distinto de esa localidad haya obedecido a causa de fuerza mayor (terremoto, inundación, etc., según mantiene la jurisprudencia desde SSTS de 25 de noviembre de 1967, 7 de junio de 1989 (cits. por MUÑOZ PLANAS) y 28 de marzo de 1989 (RJ 1989\2273). En este sentido, más recientemente, v. la S. del Juzgado de lo Mercantil núm. 2 de Madrid de 8 de septiembre de 2014 (JUR 2016/182723). Posición que hace suya la DGRN en varias resoluciones [v. la Res. de 20 de noviembre de 2012 (RJ 2013/1135) y las que ella cita].

Por otro lado, las juntas exclusivamente telemáticas se entenderán celebradas en el domicilio social, con independencia de dónde se halle el presidente de la junta (art. 182 *bis*.6 LSC, introducido por Ley 21/2025).

Esta exigencia de celebrarse en la localidad del domicilio social no tiene sentido en el supuesto de las juntas universales, pues, debiendo estar en ellas presente todo el capital social, decaen las razones de protección a los socios a que obedece la exigencia de convocar las juntas en la localidad en que la sociedad está domiciliada; de ahí la previsión del artículo 178.2 LSC ("[*l*]*a junta general podrá reunirse en cualquier lugar del territorio nacional o del extranjero*").

Por otro lado, ha de celebrarse el día señalado en la convocatoria, pero, si hay demasiados asuntos en el orden del día, la Ley admite expresamente que puede prorrogarse, a propuesta de los administradores o a petición de un número de socios que represente la cuarta parte del capital social presente en la junta, durante uno o más días consecutivos. Ahora bien, se considera (art. 195 LSC) que es una única junta, con independencia del número de las sesiones que se celebren y se emite un acta única para todas las sesiones.

La reunión de la junta general requiere que previamente se constituya la *mesa*, que se encarga, primero, de admitir a los socios a la reunión, examinar los poderes de los representantes, formar la lista de los asistentes y después, de dirigir los debates, conceder la palabra y mantener el orden y, finalmente, de levantar el acta y certificar acerca de los acuerdos tomados en la junta. La Ley exige que esa mesa esté constituida al menos por un presidente y un secretario, pero deja libertad para la elección de las personas que habrán de ocupar esos cargos (v. art. 191 LSC).

Antes de entrar en el orden del día, como ha quedado señalado, debe formarse la *lista de asistente*s (art. 192 LSC), que consiste en una relación nominativa de los asistentes a la junta, presentes o representados, al inicio de la sesión. La confección de la lista de asistentes en ese momento tiene una relevancia fundamental en el seno de la sociedad anónima, pues sirve para determinar si hay quórum, porque, como quedó dicho, para que la junta esté válidamente constituida la Ley requiere una determinada asistencia de socios, presentes o representados, que varía en función de la importancia de los asuntos a tratar en la junta, y que por su relevancia recordamos a continuación: con carácter general se entiende (art. 193) válidamente constituida en primera convocatoria cuando los accionistas presentes o representados posean, al menos, el 25% del capital suscrito con derecho de voto (como quedó dicho, se calcula una vez detraído el capital que corresponde a las acciones sin voto). Los estatutos pueden fijar un quórum mayor, pero que no sea del 100%. En segunda convocatoria, basta cualquier capital, aunque los estatutos podrán fijar un quórum mínimo, que necesariamente habrá de ser inferior al que los mismos o la ley exijan para la primera convocatoria. Para determinados asuntos se requiere un quórum mayor (los del art. 194 LSC). Además de servir para determinar si hay quórum, la lista de asistentes es trascendente para verificar posteriores ausencias o presencias. En la regulación de la sociedad limitada, como también se ha afirmado, no está previsto un quórum de constitución, aunque sí para la válida adopción de acuerdos, por lo que tampoco podrá entenderse válidamente constituida si no hay socios que representen el capital suficiente para aprobar válidamente acuerdos.

En la junta general de las sociedades anónimas, la lista (art. 98 RRM) debe figurar al comienzo del acta de la junta o bien se ha de adjuntar a ella por medio de un documento anejo firmado por el secretario con el visto bueno del presidente. También podrá hacerse mediante un fichero informático, haciéndose constar en acta que se ha utilizado ese medio y se recogerá en una caja o cubierta precintada en la que se extenderá diligencia de identificación firmada por el secretario con el visto bueno del presidente. No así en las sociedades limitadas, para las que se exige que la lista de asistentes se incluya necesariamente en el acta (art. 192.3 LSC).

Una vez que se haya constatado que hay quórum, el presidente declarará bien constituida la junta y entrará en el *orden del día*. A efectos de poder tomar la decisión que proceda con conocimiento de causa, la Ley reconoce a los socios el *derecho a obtener información* o a recibir aclaraciones acerca de los asuntos comprendidos en el orden del día y los administradores están obligados a proporcionárselas, aunque dentro de los parámetros que fija la Ley. El cumplimiento de esta obligación por el órgano de administración adquiere una relevancia práctica fundamental, pues gran parte de las demandas de impugnación de acuerdos sociales se han venido fundamentando (hasta la reforma operada por Ley 31/2014) en la vulneración del derecho de información de los socios. Es un derecho que tienen todos los socios, sean con o sin voto, pero no los que no siendo socios tengan derecho u obligación de asistir a la reunión (administradores, gerentes, técnicos etc., a los que se refieren los arts. 180 y 181).

Aunque el derecho de información del socio es en sustancia el mismo en sociedades anónimas y limitadas, se regula de forma parcialmente distinta para uno y otro tipo social (el régimen se encuentra en los arts. 197 y 182 LSC para la SA y art. 196 y 182 LSC para la SL). En general, es un derecho que puede ejercitarse por escrito antes de la celebración de la junta (en la SA, con 7 días de antelación a la celebración de la junta si no es cotizada, art. 197.1, y con 5 si es cotizada, art. 520.1, modif. por Ley 31/2014) o verbalmente, durante su desarrollo, y los administradores están obligados a proporcionar la información solicitada. Pero podrán denegar la información, en cualquier sociedad de capital, cuando su publicidad sea perjudicial para el interés social y, en la sociedad anónima, también (tras la Ley 31/2014) cuando sea innecesaria para la tutela de los derechos del socio o existan razones objetivas para considerar que podría utilizarse para fines extrasociales. Ahora bien, en todo caso, esa reserva decae, debiendo proporcionarse la información pedida, cuando la soliciten socios que representen el 25% del "capital social".

Sobre la forma de calcular el 25% del capital social, la Ley (art. 196.3 para SL y 197.4 para SA) no dice más, pero se entiende que ese porcentaje puede estar integrado por acciones o participaciones con o sin voto. En cuanto a si ha de ser capital presente o total, si bien es discutido en la doctrina, parece que ha de entenderse que lo relevante es el capital total, pues el derecho de información puede ejercitarse antes de la junta y entonces la referencia no puede ser hecha más que al capital social total, pues es evidente que es imposible predecir cuál va a ser el capital presente (así, MUÑOZ PLANAS). Por otro lado, ese porcentaje, en el ámbito de la SA, puede reducirse en los estatutos, aunque siempre ha de ser superior al 5%.

La información, para ser útil a efectos de formular el juicio para votar, debería ser proporcionada antes de la junta o durante la misma, pero, en el seno de la sociedad anónima, aunque por principio se exige que se proporcione antes de la junta, si se solicitó por escrito antes de su celebración, o durante la misma, para la hipótesis de aclaraciones verbales durante el desarrollo de los debates (v. art. 197.1 y 2 LSC), hay dos casos en que se permite a los administradores que la proporcionen hasta siete días después de celebrarse la junta: (i) cuando el socio pide verbalmente información durante la junta, pero *"no se pudiera satisfacer* [el derecho del accionista] *en ese momento*" (lo que puede servir de excusa a los administradores para no darla en el momento sin que exista un verdadero impedimento) y (ii) cuando los accionistas asisten telemáticamente, pues para ellos la respuesta a las preguntas que hagan durante la junta deberá hacerse durante la propia reunión o por escrito durante los siete días siguientes a la finalización de la junta. Así resulta del artículo 182 en redacción dada por Ley 5/2021, pero, antes de esta reforma, la posición del socio que asistía telemáticamente era aún más débil, pues sólo se preveía la obligación de responder por escrito en los siete días siguientes a la celebración de la junta, no durante la propia junta, por lo que su derecho de información quedaba, en gran medida, privado de contenido. En fin, el mismo régimen se aplica al derecho de información de los socios en las juntas exclusivamente telemáticas, por la remisión que efectúa al artículo 182 el artículo 182 *bis*. 5 LSC.

A la vez, para evitar abusos en el ejercicio del derecho de información, la Ley 31/2014 introdujo cambios muy relevantes, añadiendo los entonces nuevos apartados 5 y 6 al artículo 197, en cuya virtud: (i) se excluye que la vulneración del derecho a pedir aclaraciones o informaciones durante la junta sea causa de impugnación de ésta, quedando sólo facultado el accionista para exigir el cumplimiento de la obligación de información y los daños y perjuicios que se le hubieran podido causar, y (ii) se hace responsable al socio de los daños que puedan derivarse del uso abusivo o perjudicial de la información solicitada.

Además, recuérdese que las sociedades cotizadas tienen un régimen especial en el artículo 518 LSC que les obliga a publicar ininterrumpidamente en su *web* cierta información desde la publicación del anuncio de la convocatoria hasta la celebración de la junta.

En la sociedad limitada, el artículo 196 obliga a los administradores a dar respuesta antes de la junta, si es información pedida por escrito, o durante su desarrollo, si es una aclaración verbal, no estando, pues, legitimados para proporcionar su respuesta una vez celebrada la junta. Ahora bien, si el socio asiste telemáticamente, queda ahora sometido al artículo 182, que es, tras la reforma operada por la Ley 5/2021, de aplicación común a anónima y limitada, por lo que cabrá que para estos socios la respuesta se dé o durante la reunión o en el plazo de siete días tras la celebración de la junta. Y lo mismo ocurre para todos los socios cuando la junta se celebre exclusivamente por vía telemática, por remisión del artículo 182 *bis*. 5 LSC al artículo 182 de la misma Ley.

Los acuerdos se adoptan por mayoría de votos y, una vez adoptados, obligan a todos los socios, incluso a los disidentes y a los que no hayan asistido a la reunión (art. 159.2 LSC), sin perjuicio de eventuales impugnaciones.

La junta general se rige por el principio mayoritario, pero el régimen legal relativo a las mayorías necesarias para decidir válidamente sobre asuntos de su competencia no es el mismo para las sociedades anónimas que para las limitadas.

Así, en la junta general de la sociedad anónima, los acuerdos se adoptan (art. 201.1 LSC) por mayoría *simple*, entendiéndose adoptado un acuerdo cuando obtenga más votos a favor que en contra del capital presente o representado. No se tienen en cuenta las abstenciones, votos en blanco o nulos, ni –obviamente- el capital ausente. Para los asuntos del artículo 194 LSC, se exige mayoría *absoluta* (art. 201.2, primer inciso LSC), es decir, que vote a favor del acuerdo más de la mitad del capital presente o representado. Cuando, tratándose de asuntos del artículo 194 LSC, el capital presente o representado, aunque alcance el 25%, no llegue al 50%, se exige mayoría de dos tercios del capital presente o representado (art. 201.2, inciso 2º LSC). La Ley permite que los estatutos puedan elevar esas mayorías (art. 201.3LSC), aunque se entiende que sin llegar a la unanimidad.

En la junta general de la sociedad limitada, se prevén dos tipos de mayorías: (i) *ordinaria*, que sería la mayoría de votos válidamente emitidos, siempre que los votos a favor representen al menos un tercio de los votos correspondientes a las participaciones sociales en que se divida el capital social, no computándose los votos en blanco (art. 198 LSC). (ii) Para determinados asuntos, se exige una mayoría *reforzada*: *a)* se eleva a la mitad del capital social para aumento y reducción de capital y cualquier otra modificación estatutaria, y *b)* se eleva a dos tercios del capital social para los asuntos del artículo 199. *b)* LSC, que incluye, entre otros, las modificaciones estructurales.

Por otro lado, la Ley obliga ahora (art. 197 *bis*, introducido por Ley 31/2014) a que se voten *separadamente* aquellos asuntos que sean sustancialmente independientes. Y en todo caso, aunque figuren en el mismo punto del orden del día, deben votarse de forma separada (sin perjuicio de otros que añadan los estatutos): (i) el nombramiento, la ratificación, la reelección o la separación de cada administrador, y (ii) en la modificación de estatutos sociales, la de cada artículo o grupo de artículos que tengan autonomía propia.

Respecto al derecho de voto, la Ley no exige en la sociedad anónima que a cada acción le corresponda un voto, sino que haya proporción entre el valor nominal de las acciones y los derechos de voto, no siendo válida la creación de acciones que rompan tal proporción (art. 188.2 LSC). Pero este principio de proporcionalidad en la Ley sufre dos quiebras fundamentales:

(i) Porque se admite (art. 188.3 LSC), para frenar el poder en las Juntas de los grandes accionistas, que los estatutos fijen un número máximo de votos que puede emitir un solo accionista o sociedades pertenecientes al mismo grupo. No obstante, para las sociedades cotizadas estas cláusulas están actualmente muy limitadas (art. 527 LSC).

(ii) Porque ahora se permiten en nuestro ordenamiento (art. 527 *ter* a 527 *undecies* LSC, introducidos por Ley 5/2021, de 12 de abril), aunque sólo para sociedades cotizadas, las "acciones con voto adicional doble por lealtad" (o acciones de lealtad), que consisten en que los accionistas que mantengan la titularidad de sus acciones durante dos años ininterrumpidos podrán tener voto doble, esto es, el doble de votos que les correspondería a sus acciones atendiendo a su valor nominal. Para que surja tal derecho a favor de los accionistas, con el que se quiere premiar su "fidelidad" a la sociedad, se requiere: (i) que haya una previsión estatutaria en este sentido, acordada con la mayoría reforzada prevista en el artículo 527 quáter y que esta previsión se renueve cada cinco años (art. 527 sexies); (ii) que la sociedad cree un libro registro especial de acciones con voto doble por lealtad en el que puedan inscribirse los socios que así lo deseen, determinando el número de acciones para las que quieren obtener el voto doble (que no tienen por qué ser todas de las que sea titular); (iii) que el titular de esas acciones las mantenga bajo su titularidad durante dos años consecutivos e ininterrumpidos contados precisamente desde la inscripción en ese libro.

La acción con voto doble no es una acción privilegiada en el sentido del artículo 94, como indica el artículo 527 *ter*.4, pues el derecho a voto doble no forma parte del contenido de derechos de la acción, sólo surge en la medida en que su titular la conserve durante dos años y no se desprenda de ella. De hecho, la transmisión a un tercero comporta generalmente la pérdida del derecho, esto es, quien la adquiere no tiene derecho a voto plural (v. art. 527 *decies*). No es un privilegio que acompañe a la acción, sino un derecho que puede adquirir su titular cumpliendo los requisitos de permanencia previstos en la Ley y en los estatutos.

En la sociedad limitada, en principio, cada participación incorpora un voto, pero cabe disposición contraria de los estatutos (art. 188.1 LSC) y además no tiene por qué guardarse proporcionalidad entre el valor nominal y el derecho de voto, por contraposición a la acción.

El voto consiste en una declaración de voluntad, que puede ser a favor o en contra de la adopción del acuerdo. Caben también el voto en blanco y la abstención. La emisión del voto puede hacerse de cualquier forma que sirva para expresar con claridad la voluntad del accionista y puede hacerse de forma descubierta o secreta. La Ley 26/2003, de Transparencia, reformó en su día la LSA, facilitando el ejercicio de este derecho por parte de los accionistas admitiendo que no sólo la asistencia a la junta, aspecto ya visto, sino también la emisión del voto, se pueda hacer por cualquier medio de comunicación a distancia siempre que quede constancia de la identidad del socio que vota, así como la delegación del voto en otra persona por esas mismas vías, y considerando a los accionistas que voten a distancia como asistentes. Así se mantiene hoy bajo la LSC para las sociedades anónimas en el artículo 189.2. En fin, en las juntas exclusivamente telemáticas, sea cual sea el tipo de sociedad de capital, los administradores deberán implementar los medios técnicos que permitan a los socios el ejercicio de su derecho de voto, conforme a lo dispuesto en el artículo 182 *bis* LSC.

Por otro lado, aunque el sentido del voto sea una decisión propia de cada uno, en ocasiones los socios no actúan, a la hora de ejercitar este derecho, de forma aislada, sino que se agrupan con otros para votar en un cierto sentido. Son los llamados "pactos de sindicación" de acciones (o de socios, en general), muy frecuentes en la práctica y cuya validez no se cuestiona. Ahora bien, estas obligaciones producen efectos sólo entre las partes, para la sociedad son *res inter alios acta*, de forma que los votos emitidos incumpliendo el compromiso asumido son válidos frente a la sociedad. No obstante, como estos pactos afectan de manera evidente al funcionamiento de la junta, aunque sean pactos parasociales y por tanto ajenos a los estatutos, las sociedades cotizadas están obligadas a darles publicidad en los términos de los artículos 530 y siguientes de la LSC.

En fin, aunque el derecho al voto sea uno de los básicos del socio, hay ciertos casos en los que la Ley le priva de su ejercicio, por encontrarse en una situación de *conflicto de intereses* que amenace el siempre prevalente interés social. Concretamente, esta cuestión se abordó inicialmente en el seno de la sociedad limitada, donde, por su personalismo, es más fácil que se produzcan situaciones de este tipo, pero, con la Ley 31/2014, se extendió su regulación a la sociedad anónima, aunque con menos intensidad que para la primera. La Ley (art. 190) estima que hay conflicto de interés cuando la junta general deba decidir sobre: (i) la transmisión de participaciones o acciones del socio sujetas a restricción legal o estatutaria; (ii) su exclusión de la sociedad; (iii) liberarle de una obligación o concederle un derecho; (iv) facilitarle asistencia financiera o (v) dispensarle del deber de lealtad conforme al artículo 230. En estos supuestos se prohíbe al socio afectado ejercitar su derecho de voto, aunque, si es una sociedad anónima, en los dos primeros casos que citamos sólo rige la prohibición si hay previsión estatutaria expresa. En fin, el listado de casos del artículo 190 es exhaustivo, por lo que si el socio no se encuentra en alguno de ellos podrá votar, sin perjuicio de que pueda luego impugnarse la validez del acuerdo conforme a lo previsto bajo el artículo 190.3 LSC.

2.7. El acta de la junta general

2.7.1. Acta ordinaria

Las decisiones o los acuerdos adoptados en la Junta deben recogerse por escrito en un acta, que luego se transcribirá en el libro de actas a que se refiere el artículo 26.1 del C. de c. El acta (art. 202.2 LSC) "*deberá*" ser aprobada por la junta una vez terminada o, en su defecto, en el plazo de 15 días por el presidente y dos interventores. El artículo 202 LSC es común a toda sociedad de capital y excluye otras formas de aprobación. El precepto procede de la derogada LSRL de 1995 (art. 54.2), que ofrecía en este punto un régimen más adecuado que la entonces vigente LSA de 1989. En efecto, la derogada LSA (art. 113.1) decía "*podrá*" donde la nueva dice "*deberá*", permitiendo el recurso a otros procedimientos de aprobación, como que fuera aprobada como primer punto del orden del día de la junta siguiente, que era una práctica constante en nuestras sociedades anónimas. Esta posibilidad ahora no se admite, sólo puede aprobarse con arreglo a cualquiera de los dos procedimientos que señala la Ley, y esta exigencia de acomodarse a cualquiera de las dos vías previstas, excluyendo otras (que había sido reclamada por la doctrina, *vid.* MUÑOZ PLANAS), es la más adecuada, porque permite que el acta se apruebe rápidamente y con ello que queden fijos los términos de los acuerdos adoptados en la junta. Por otro lado, se supedita ahora (en la redacción que el Dec. Leg. 1/2010 dio al art. 202.3, innovando en este punto lo dispuesto tanto en la derogada LSA como en la LSRL) la ejecución de los acuerdos adoptados a la aprobación del acta, al decirse que los acuerdos "*podrán ejecutarse a partir de la fecha de la aprobación del acta en la que consten*". Esto supone que hasta que se apruebe el acta no pueden ejecutarse, quedando en suspenso. Ahora bien, como a la vez se ha reducido el plazo para la aprobación del acta al máximo de 15 días a contar desde la reunión, el problema que pueda derivarse de que los acuerdos queden en suspenso se mitiga. Además, si los acuerdos requieren, por la razón que sea, una ejecución rápida, siempre puede aprobarse el acta en la propia junta, cuando finalice.

2.7.2. Acta notarial

Por la importancia que tiene el acta y por las situaciones a veces complicadas que pueden plantearse en la práctica (por ejemplo, en las sociedades familiares con socios mal avenidos, antes era frecuente que un socio se presentase a la junta general con un Notario para que levantase acta de sus propias manifestaciones o de las hechas por un tercero, por ej., el presidente y que este último le negase el acceso por no ser accionista), en la reforma de la LSA que se hizo en 1989 se estableció como medida nueva el acta notarial de la junta, tomada del Derecho alemán, y ahora se regula, para toda sociedad de capital, en el artículo 203 LSC.

El acta es normalmente redactada por el secretario, sin embargo, conforme al artículo 203 LSC, los administradores podrán requerir a un Notario para que levante acta y en ocasiones están obligados a hacerlo: cuando lo pidan socios (sean con o sin voto) que representen el 1% del capital social en la sociedad anónima o el 5% en la sociedad limitada, con 5 días de antelación. En tal caso, el acta de la junta no la levanta el secretario, sino el Notario. Mientras el acta ordinaria (redactada por el secretario) requiere ser aprobada, al ser documento privado, el acta notarial no lo necesita, al ser documento público. Y los acuerdos que consten en ella podrán ejecutarse a partir de la fecha de su cierre.

2.8. Impugnación de acuerdos de la junta general

2.8.1. Preliminar

Como ha quedado dicho, la junta general adopta sus acuerdos por mayoría y los válidamente adoptados vinculan a todos los socios, pero esta eficacia *erga omnes* no significa que no sean impugnables, pues los acuerdos son negocios jurídicos unilaterales (son unilaterales en cuanto son expresión de la voluntad de una sola parte, la sociedad), y en cuanto negocios jurídicos pueden ser nulos y anulables, siendo frecuentes los juicios de impugnación de acuerdos.

La distinción entre acuerdos nulos y anulables en nuestro ordenamiento es tan poco clara, que el legislador mercantil (ya la LSA de 1951; luego la LSA de 1989, y después la LSC para toda sociedad de capital, en la redacción originaria de su art. 204) la hizo acudiendo a criterios prácticos, evitando todo dogmatismo, y así decía que eran acuerdos nulos los contrarios a la ley y anulables los acuerdos que no violaran la ley, pero sí los estatutos. También afirmaba que eran anulables los acuerdos que, sin infringir los estatutos, trataran de beneficiar a algún socio o tercero en perjuicio de los intereses de la sociedad. Esta distinción operaba a efectos de determinar la legitimación activa, más amplia en los casos de nulidad que en los de anulabilidad, y la caducidad de la acción, que era de un año en los casos de nulidad, apartándose así del criterio general del Derecho civil de que la acción de nulidad (absoluta) ni prescribe ni caduca, y de cuarenta días en los de anulabilidad. La razón de que se fijara un plazo máximo de impugnación, que se introdujo en la reforma de la LSA de 1989, aun tratándose de acuerdos nulos, se derivaba de la necesidad de que la sociedad no viviera perennemente con la amenaza de que sus acuerdos pudieran ser impugnados, de ahí que pasado el plazo legal se entendía que quedaban sanados, con la excepción de los contrarios al orden público, que podían ser impugnados en cualquier momento.

Esta distinción entre acuerdos nulos y anulables, que era la base del régimen de impugnación de acuerdos de la LSA y que pasaría a la redacción originaria de la LSC, desapareció con la reforma de la LSC operada por la citada Ley 31/2014, que introdujo una nueva regulación sobre nuevas bases (coincidentes con las previstas en el Anteproyecto de Ley de Código mercantil, arts. 214-11 a 214-16), que vamos a exponer a continuación.

2.8.2. Acuerdos impugnables

La Ley 31/2014 ha prescindido de esa distinción entre acuerdos nulos y anulables, sustituyéndola (ver nuevo art. 204 LSC) por una sola categoría de acuerdos "*impugnables*". Tales son (art. 204.1 LSC): (i) los contrarios a la Ley; (ii) los que se opongan a los estatutos; (iii) los que se opongan al reglamento de la Junta de la sociedad (de nuevo cuño), y (iv) los que lesionen el interés social en beneficio de uno o varios socios o de terceros.

Al haber una sola categoría de actos (que llevada al plano sustantivo sería la de "anulables", aunque la Ley, salvo en su Exposición de Motivos, ha querido huir de tal calificación), no hay diferencia de régimen en cuanto a la legitimación activa para la impugnación y la caducidad, que son una sola para todo tipo de acuerdos impugnables, salvo para los contrarios al orden público, que continúan siendo una excepción, pues para su persecución la acción continúa siendo imprescriptible y la legitimación activa es más amplia (por lo que siguen asemejándose a los "nulos").

Ahora bien, hay acuerdos que, aunque en principio serían impugnables, por incurrir en alguno de los defectos señalados por el artículo 204.1, la Ley determina que no procederá su impugnación, bien (i) por haber sido convalidado (art. 204.2 LSC), posibilidad ya prevista en el Derecho vigente hasta la reforma de 2014 y a la que nos referimos a continuación, o bien (ii) por fundarse la impugnación en un motivo que la Ley estima poco relevante, como vicios formales que no han causado indefensión o no han influido en el fondo del asunto. Esta segunda vía, que se abrió por la Ley de reforma 31/2014 para poner freno a impugnaciones abusivas, se recoge bajo el artículo 204.3 LSC y la veremos en segundo término.

2.8.3. Convalidación de los acuerdos impugnables

Aunque en sustancia el régimen vigente procede ya de la LSA de 1951, con el texto refundido de 1989 se introdujo una previsión entonces de nuevo cuño, procedente del Derecho alemán, del que pasó al comunitario, y que hoy se recoge en el artículo 204.2 en relación con el artículo 207.2 LSC: es la convalidación o regularización de los acuerdos sociales, en cuya virtud no procederá la impugnación de un acuerdo social cuando haya sido dejado sin efecto o sustituido válidamente por otro, lo que supone que la junta general haya revocado el acuerdo, dejándolo, pues, sin efecto, o que haya tomado otro acuerdo posterior con el mismo contenido pero sin los vicios del primero. La convalidación procede aun cuando ya se haya entablado la demanda de impugnación: si el defecto es subsanable, el juez tiene que otorgar un plazo razonable a la sociedad para que sea sanado e incluso puede solicitarse esto como medida cautelar (art. 727.11 LEC).

2.8.4. Acuerdos no impugnables por sufrir irregularidad no invalidante

Una de las mayores novedades de la reforma operada en esta materia por la Ley 31/2014 es la ya apuntada de declarar improcedente la impugnación de acuerdos afectados por un defecto que, aunque encaje en alguna causa de las previstas en el artículo 204.1, la Ley considera no "esencial", por estar fundada en un vicio formal que no ha causado indefensión o que no ha podido afectar al resultado de la votación.

Así, declara (art. 204.3 LSC) que no procederá la impugnación de acuerdos basada en los siguientes motivos:

a) La infracción de requisitos meramente procedimentales establecidos por la Ley, los estatutos o los reglamentos de la junta y del consejo, para la convocatoria o la constitución del órgano o para la adopción del acuerdo, salvo que se trate de una infracción relativa a la forma y plazo previo de la convocatoria, a las reglas esenciales de constitución del órgano o a las mayorías necesarias para la adopción de los acuerdos, así como cualquier otra que tenga carácter relevante.

b) La incorrección o insuficiencia de la información facilitada por la sociedad en respuesta al ejercicio del derecho de información *con anterioridad a la junta*, salvo que la información incorrecta o no facilitada hubiera sido esencial para el ejercicio razonable por parte del accionista o socio medio, del derecho de voto o de cualquiera de los demás derechos de participación. Téngase presente que la infracción del derecho de información ejercitado verbalmente durante el curso de la junta no origina en ningún caso derecho de impugnación, facultando al accionista a exigir el cumplimiento de la obligación de información y la indemnización de los daños que se le pudieran derivar del incumplimiento (art. 197.5 LSC).

c) La participación en la reunión de personas no legitimadas, salvo que esa participación hubiera sido determinante para la constitución del órgano.

d) La invalidez de uno o varios votos o el cómputo erróneo de los emitidos, salvo que el voto inválido o el error de cómputo hubieran sido determinantes para la consecución de la mayoría exigible.

Como puede observarse, los motivos recogidos bajo las letras *a)* y *b)* responderían a que se ha producido un vicio formal que no ha causado indefensión (es la conocida como "doctrina de la relevancia", aplicable a requisitos formales de la convocatoria o de la constitución del órgano), mientras que los de las letras *c)* y *d)* a que la irregularidad no ha podido alterar el resultado de la votación (la denominada "prueba de resistencia").

2.8.5. Caducidad de las acciones de impugnación

Al reconducir la Ley las dos categorías de acuerdos nulos y anulables a una sola, la de acuerdos "*impugnables*", hay un único plazo de caducidad de la acción, que es de *un año* contado desde la fecha de adopción del acuerdo o desde la fecha de oponibilidad de la inscripción, si el acuerdo es inscribible (art. 205 LSC). El plazo se reduce (art. 495.2.*c)* LSC) a *tres meses* para las sociedades cotizadas para que (como se reconoce en la E. de M. de la Ley 31/2014) "*la eficacia y agilidad especialmente requeridas en estas sociedades no se vean afectadas*".

De esta regla general quedan exceptuados, como hasta ahora, los acuerdos contrarios al orden público, pues una irregularidad de tal gravedad no puede sanarse por el mero transcurso del tiempo, por lo que respecto a ellos la acción ni prescribe ni caduca (art. 205.1, inciso final LSC).

En cualquier caso, son plazos de caducidad, no de prescripción, por lo que no se excluyen los días inhábiles, y se cuentan de fecha a fecha (art. 5 C. c.).

2.8.6. Legitimación y procedimiento

Activa: ha cambiado sustancialmente en el régimen salido de la reforma operada por la Ley 31/2014, que distingue según se trate *a)* de la generalidad de acuerdos (art. 206.1 LSC) o *b)* de los contrarios al orden público (art. 206.2 LSC).

a) Para impugnar la generalidad de acuerdos están ahora legitimados: (i) cualquiera de los administradores, (ii) los terceros que acrediten un interés legítimo y (iii) los socios que hubieran adquirido tal condición antes de la adopción del acuerdo, siempre que representen, individual o conjuntamente, el uno por ciento del capital social, si la sociedad es no cotizada (art. 206.1 LSC) y el uno por mil si es cotizada (art. 495.2.*b)* LSC).

La reforma más llamativa en este punto reside en que se condiciona la legitimación del socio a la tenencia de una participación mínima en la sociedad, novedad que responde a la necesidad de poner freno a impugnaciones abusivas por minorías poco significativas en contra del interés social. El porcentaje exigido del uno por ciento en una no cotizada puede ser fácil de alcanzar, en cambio, el del uno por mil en una bursátil, con el capital muy repartido, puede, por el contrario, ser demasiado restrictivo. No obstante, se permite expresamente que los estatutos rebajen esos porcentajes. En fin, se prevé que los socios que no alcancen tal porcentaje, debiendo soportar el acuerdo, podrán reclamar el resarcimiento de los daños que les haya causado.

b) Para impugnar los contrarios al orden público, la legitimación se amplía a "*cualquier*" (i) socio (sea, pues, cual sea su participación en la sociedad), incluso aunque hubiera adquirido tal condición después de la adopción del acuerdo, (ii) administrador, o (iii) tercero (art. 206.2 LSC).

Pasiva: la acción de impugnación ha de dirigirse contra la sociedad (art. 206.3 LSC). Cuando el actor tuviese la representación exclusiva de la sociedad (caso del administrador único) y la junta no hubiese designado a nadie a tal efecto, como se da un conflicto de intereses y además incompatibilidad de posiciones (no se puede ser actor y a la vez representante de la demandada), el juez debe nombrar otra persona para que actúe como representante de la sociedad y debe elegirla entre los socios que hubiesen votado a favor del acuerdo impugnado.

Los socios que hubiesen votado a favor del acuerdo pueden actuar en apoyo de las pretensiones de la sociedad demandada (art. 206.4 LSC).

En fin, la buena fe impide que, como se precisa ahora en el artículo 206.5 LSC, pueda alegar defectos de forma en el proceso de adopción del acuerdo quien, habiendo tenido ocasión de denunciarlos en el momento oportuno, no lo hubiera hecho.

En cuanto a la tramitación de estos procedimientos (art. 208 LSC), desde la aprobación de la vigente LEC, que reformó en este punto la derogada LSA, se siguen los trámites del juicio ordinario regulado por aquélla. Es competente el Juzgado de lo Mercantil del domicilio social. Puede pedirse como medida cautelar la suspensión del acuerdo (art. 727.10 LEC), cuando el demandante represente el 1% del capital social si la sociedad es cotizada o el 5% en caso de no cotizada. La sentencia que declare la nulidad de un acuerdo inscribible deberá inscribirse en el RM y publicarse un extracto en el BORME, y, si el acuerdo estuviera inscrito en el RM (art. 208.2 LSC), la sentencia determinará además la cancelación de su inscripción, así como de los asientos posteriores que resulten contradictorios con ella.

3. Los administradores

3.1. Consideraciones generales

La sociedad de capital precisa valerse de un órgano que lleve a cabo su gestión ordinaria y que la represente en sus relaciones con terceros. Esa doble función (doble, porque afecta al plano interno y al externo de la sociedad) la asume el órgano de administración, que es un órgano *necesario*, como la junta general, pero *permanente*, a diferencia de esta última. Es necesario en todo momento, desde la constitución de la sociedad (art. 23 *e)* LSC) y, por lo menos, hasta su disolución (téngase presente que, si la sociedad se disuelve y liquida, el órgano de administración es sustituido durante ese período de liquidación por otro órgano distinto, los liquidadores, si bien las funciones pueden recaer en las mismas personas que hasta ese momento eran administradores, v. arts. 374-376 LSC). Es permanente, porque la función que este órgano desempeña, ejecutando los acuerdos de la junta y tomando decisiones dentro de sus competencias, no puede ser interrumpida.

La Ley, en la regulación de los administradores, establece, en primer lugar, unas normas generales aplicables a todos los tipos de administración que se pueden adoptar en una sociedad de capital (arts. 209-241 *bis*) y, a continuación, unas normas específicas para la administración mediante consejo de administración. Esta distribución de normas, que procede de la derogada LSA, se explica porque en la sociedad anónima (no así en la limitada) el consejo de administración ha sido históricamente la forma más habitual de organizar la administración (y aún hoy lo sigue siendo junto con el administrador único). El Consejo supone que se designan más de dos administradores con facultades conjuntas, esto es, para que adopten acuerdos por mayoría, no para que actúen solidariamente. En tal caso, la Ley, para las sociedades anónimas, establece que constituye un Consejo (art. 210.2). En cambio, si es una sociedad limitada, puede haber un órgano de administración constituido por tres o más administradores con facultades conjuntas sin que sea consejo, dejándose libertad a los estatutos para que dispongan lo que proceda. A este régimen hay que añadir las previsiones relativas al consejo de administración de las sociedades cotizadas contenidas en el Capítulo VII de la Ley (arts. 528 y 529), que han sido ampliadas de manera muy considerable por la Ley 31/2014 (añadiendo los arts. 529 *bis* a 529 *novodecies*), que además ha introducido cambios muy relevantes en la regulación de la administración en general. Este Capítulo VII LSC ha sido reformado, aunque de manera puntual, por la Ley 11/2018, de 28 de diciembre y más ampliamente por la Ley 5/2021, de 12 de abril, que, aparte de modificar numerosos preceptos de ese Capítulo, ha añadido el nuevo Capítulo VII *bis*, sobre operaciones vinculadas (arts. 529 *vicies*- art. 529 *tervicies*).

Estas normas se completan con la normativa del RRM aplicable a todo sistema de administración: el artículo 124 RRM (y ahora el art. 210 LSC) contempla los modos de organizar la administración y en los estatutos se tiene que determinar el elegido, aunque cabe la posibilidad, inicialmente prevista para la sociedad limitada (art. 210.3 LSC) y extendida ahora a la sociedad anónima (por el art. 23 *e)* en su redacción vigente, dada por la Ley 25/2011), de que los estatutos prevean varias alternativas y sea la junta la que elija uno u otro sin necesidad de modificar los estatutos.

Las formas legalmente admitidas son las siguientes:

1. Un administrador único, que es un sistema más adecuado para sociedades de pequeñas dimensiones.

2. Varios administradores que actúen solidariamente, lo que supone que cada administrador puede tomar decisiones a espaldas de los otros, e incluso con su oposición.

3. Dos administradores que actúen conjuntamente, lo que implica la necesidad de tomar de mutuo acuerdo las decisiones propias del cargo (sistema más seguro, pero menos ágil que el anterior).

4. Consejo de administración, con un mínimo de 3 miembros, que tienen que actuar colegiadamente, por mayoría de votos.

5. En la sociedad limitada, puede haber además (no así en la SA, como quedó dicho) un órgano de administración compuesto por tres o más administradores con facultades conjuntas sin ser consejo de administración, que requerirá para la adopción de decisiones el acuerdo de todos ellos (mientras en el consejo las decisiones se adoptan por mayoría de votos).

La elección de una u otra forma de administración ha sido tradicionalmente libre para cada sociedad (con algunas excepciones), pero la Ley 31/2014 limitó la libertad de elección en este punto de las sociedades cotizadas, imponiendo que tengan consejo de administración (v. art. 529 *bis*.1 LSC). En la práctica registral se observan unas tendencias consolidadas por tipos sociales que no se ha visto alterada por la reciente obligatoriedad de elección de consejo de administración impuesta a las cotizadas. Así, según la *Estadística Mercantil* de los años 2024-2014 (p. 7, en todas ellas) del Colegio de Registradores, en las sociedades anónimas, el consejo de administración, con un 39% de los casos en 2024 y 2022, 40% de los casos en 2020-2018, un 41% en 2017, un 43% en 2016-2014 (42% en 2013 y 43% en 2012) y el administrador único, con un 45-46% de los casos en 2024-2018 (44% en 2017, 42% en 2016-2013 y 41% en 2012), son las estructuras de control preferidas. En las sociedades limitadas, es el administrador único el órgano de administración cada vez más habitual, con un 74% de los casos en 2024, 72-73% de los casos en 2022-2017 (71% en 2014, 54% en 2013 y 53% en 2012), seguido por los administradores solidarios, con el 18-19% en 2024-2017, 20% en 2016-2014 (23% en 2013 y 2012).

Debemos, en otro orden de cosas, apuntar que en el ALCM se unificaron para toda sociedad de capital las formas de organizarse la administración. En efecto, el proyectado art. 231-78 admitía las siguientes: un administrador único, varios administradores que actúen solidaria o conjuntamente o un consejo de administración. Añadiéndose que cuando la administración se confiara conjuntamente a más de dos personas, éstas constituirían consejo de administración. No hay norma especial en este punto para la sociedad limitada, por lo que desaparecía en el ALCM la posibilidad legal actual de que la limitada opte por el sistema de más de dos administradores conjuntos sin que sean consejo.

En cuanto a la naturaleza de la relación jurídica que une a los administradores con la sociedad, mientras en las sociedades de personas, regidas por el Código de comercio, son mandatarios, no ocurre lo mismo con los administradores de las sociedades anónimas y limitadas, donde son órganos sociales. Su relación con la sociedad, que no es contractual y nace con la aceptación de su nombramiento, viene determinada por la Ley tanto en el aspecto interno de gestión como en el externo de representación de la sociedad. El que sean propiamente órganos sociales y no mandatarios encuentra su máxima expresión, como veremos, en la determinación de su ámbito de actuación en las relaciones con terceros, que en las sociedades de capital viene fijado por la propia Ley, no pudiendo la propia sociedad delimitarlo.

3.2. Nombramiento

Para ser administrador no se requiere ninguna condición o aptitud especial, ni siquiera ser socio, salvo que expresamente lo exijan los estatutos (art. 212.2 LSC) y pueden serlo tanto personas físicas como jurídicas (situación regulada ahora por el art. 212 *bis*, introducido por la Ley 25/2011), siendo necesario en tal caso que la persona jurídica nombre a una persona física para el ejercicio de las funciones propias del cargo. No exigiéndose ningún requisito subjetivo especial, sí se prevén, en cambio, una serie de prohibiciones en el artículo 213 LSC, que impide a quien incurra en ellas tener la condición de administrador.

Su nombramiento (art. 214.1 LSC) corresponde a la junta general, que los designa y determina su número cuando los estatutos (art. 23 *e)*) señalan un mínimo y un máximo, solución que es muy frecuente en la práctica. También es, en principio, la junta general la que puede fijar las garantías que tiene que prestar el administrador y la que puede relevarle de esta prestación (art. 241.2 LSC). Salvo que los estatutos dispongan lo contrario, para ser administrador no se requiere, como apuntamos, ser socio (art. 212.2 LSC). El nombramiento surte efectos desde la aceptación (art. 214.3 LSC).

Hay *dos excepciones* a este sistema de nombramiento por la junta general, el sistema de representación proporcional y la cooptación, que están previstos sólo para el nombramiento de administradores en el Consejo de administración de la sociedad anónima.

> Ambos sistemas están legalmente previstos sólo para esa forma de administración y únicamente para la sociedad anónima. Se cuestiona si en la sociedad limitada sería válida la previsión estatutaria de un derecho de representación proporcional. Esta posibilidad se niega estimando que en la sociedad limitada la competencia de la junta de socios es exclusiva y excluyente (así, SÁNCHEZ CALERO, con apoyo en la STS de 26 de enero de 2006, RJ 2006/454; en contra, SALELLES entiende que tal posibilidad no ha de descartarse, atendiendo a la configuración legal de la sociedad limitada como una sociedad esencialmente cerrada con un régimen de mayor flexibilidad normativa, y cita en su apoyo la STS de 6 de marzo de 2006 y la Res. DGRN de 15 de septiembre de 2008). El mismo argumento de que la competencia de la Junta en la sociedad limitada para el nombramiento de administradores es absoluta se utiliza para estimar nulas las cláusulas estatutarias que prevean la cobertura de vacantes por acuerdo del propio Consejo (así, ROJO y el propio SÁNCHEZ CALERO).

Sistema de representación proporcional: como los administradores son designados por la junta general y ésta adopta sus decisiones por mayoría de votos, si no se estableciera ningún sistema alternativo, sólo serían administradores los que nombrara la mayoría. Con objeto, pues, de frenar el peso de las oligarquías en el seno de las juntas, la LSA de 1951 introdujo el sistema de representación proporcional, que pasaría al TRLSA de 1989 bajo el artículo 137 (desarrollado por el R. D. 821/1991, de 17 de mayo, y aún en vigor), que se corresponde con el actual artículo 243 LSC. Mediante este sistema (desconocido en otros ordenamientos), el accionista o grupos de accionistas que representen una cifra del capital igual o superior al cociente que resulte de dividir la cifra del capital por el número de vocales del consejo, podrán tener un miembro elegido exclusivamente por ellos. Las acciones que pueden agruparse para el ejercicio de este derecho son sólo las acciones con derecho a voto (art. 102.2 LSC), aunque quedan a salvo (según dispone el R. D. 821/1991, en su art. 2.1) los supuestos de recuperación del derecho de voto legalmente previstos (art. 99.3 LSC). En todo caso, de hacerse uso de esta facultad, las acciones así agrupadas no intervendrán en la elección de los restantes miembros del Consejo.

Pero este sistema, concebido como una medida de tutela de las minorías, aunque puede tener sentido en una sociedad cerrada, con el capital repartido entre pocos socios, lo pierde en las sociedades abiertas, porque en ellas es muy difícil que existan minorías organizadas que alcancen el porcentaje que exige la Ley, que es altísimo, cuando en una gran sociedad una minoría organizada que represente un porcentaje muy inferior puede ser ya mayoría en la junta general (como dice SÁNCHEZ CALERO, tratándose de una sociedad a la que acude a la junta sólo el 30% del capital social, quienes tienen el 16% pueden nombrar a todos los consejeros, luego no les interesa en absoluto acudir al sistema proporcional).

Ello sin perjuicio de que si efectivamente existe una verdadera minoría organizada opuesta al grupo de control, ésta puede ver burlado su propósito de nombrar a un representante suyo por este sistema, pues la mayoría a la que se enfrenta cuenta con recursos formalmente legales para evitar tal nombramiento, como es la adopción de un acuerdo de la junta de reducción del número de administradores en el Consejo, de forma que se aumenta automáticamente el porcentaje necesario para nombrar un consejero, o un acuerdo de modificación de estatutos por el que se cambie la estructura del órgano de administración, sustituyendo, por ejemplo, el Consejo de administración por un administrador único o administradores solidarios, o bien un acuerdo de modificación de estatutos previendo que el nombramiento de los administradores sea por períodos prolongados de tiempo, etc., hipótesis todas ellas que además han sido considerado lícitas en algunos casos por la jurisprudencia, lo que hace aún más inoperante el sistema.

En todo caso, el vocal nombrado por la minoría ha de estimarse que tiene la misma posición jurídica dentro del Consejo que el resto de consejeros, con los mismos derechos y obligaciones. Ahora bien, respecto a su *cese*, aunque es una cuestión discutida, la doctrina más autorizada considera que no puede bastar que la junta lo acuerde libremente por mayoría sin necesidad de justa causa, con apoyo en el artículo 223.1 LSC, puesto que no puede entenderse que el artículo 243 del mismo texto legal otorgue a las minorías la facultad de nombrar consejeros contra la mayoría de la Junta y que luego tenga ésta la facultad de separarlo a su libre arbitrio. Por ello se entiende que sólo podrá acordar su separación la mayoría de la Junta concurriendo justa causa, pues en caso contrario se privaría de eficacia esa medida de tutela de las minorías.

Otra excepción al poder de la Junta general es el sistema de la *cooptación* (art. 244 LSC), también previsto sólo para el nombramiento de miembros del Consejo en la sociedad anónima. Frente al sistema de representación proporcional, desconocido en Derecho comparado hasta que se introdujo por la LSA de 1951, la cooptación es conocida en todo el mundo (habiendo incluso ordenamientos que la prevén como modo normal de nombramiento de administradores en una SA) y trata de cubrir rápidamente las vacantes que se produzcan en el seno del consejo sin necesidad de esperar la celebración de una junta general, mediante la elección por los propios consejeros de un accionista que, de forma provisional, hasta la siguiente reunión de la junta, ocupa el puesto.

Para que el Consejo pueda hacer uso de esta facultad válidamente se requiere legalmente (i) que no haya suplentes nombrados por la Junta (art. 216 LSC), supuesto al que nos referimos a continuación y (ii) que la persona que se nombre sea un accionista.

La Res. DGRN de 20 de diciembre de 1990 (RJ 1990/10492) estimó no inscribible una cláusula que extendía la facultad del Consejo de nombrar administradores a "personas", sin precisar que habían de ser accionistas.

El nombramiento por cooptación se caracteriza, además, como quedó apuntado, por su carácter provisional, surtiendo efectos sólo hasta la siguiente junta general. Entonces, reunida la junta, ésta decide si confirma el nombramiento o nombra a otro, pero, lo normal en la práctica es que lo confirme y por ello éste es uno de los medios para perpetuarse en el cargo las personas de confianza de los consejeros.

Otro sistema que sirve también para nombrar administradores cuando se produce una vacante inesperada es que la junta general nombre por anticipado *administradores suplentes*. Este sistema fue admitido ya por la derogada LSRL de 1995 para la limitada y luego por el RRM 96 (art. 147.2) para la anónima y ahora se prevé para las dos formales sociales en la LSC (art. 216) y su uso hace innecesario acudir a la cooptación. De hecho, la Ley (art. 244) establece que, si hay nombrados suplentes por la junta, no pueden cubrirse las vacantes por cooptación, quedando cubierta la vacante por el suplente que corresponda. Téngase presente que este sistema no se prevé sólo para la sociedad anónima, sino para toda sociedad de capital, y que no se limita su aplicabilidad al consejo de administración, extendiéndose a cualquier estructura del órgano de administración de la sociedad.

Ahora bien, lo dicho vale fundamentalmente para las no cotizadas, porque para las cotizadas la Ley 31/2014 introdujo cambios en su regulación que favorecen que se cubran las vacantes anticipadas por cooptación, pues, por un lado, respecto a ellas se ha eliminado la exigencia de que el vocal designado por esta vía sea accionista (art. 529 *decies*.2.*a)* LSC) y, por otro, se ha suprimido la posibilidad de que la Junta nombre suplentes (art. 529 *decies*.3). Sin embargo, la libertad en la elección de los vocales del Consejo se ha recortado por lo dispuesto ahora en el nuevo art. 529 *bis*.1 (en redacción dada por Ley 5/2021), que exige que todos los miembros del Consejo sean personas físicas y no jurídicas, como excepción a lo dispuesto en el artículo 212 *bis*, y, además, por la exigencia introducida en el apdo. 2º del propio artículo 529 *bis* LSC (añadido por Ley 11/2018, de 28 de diciembre), que impone al Consejo evitar todo tipo de discriminación en la selección de sus miembros y, en particular, facilitar la selección de consejeras en un número que permita alcanzar una presencia equilibrada de mujeres y hombres.

Prohibiciones: como hemos adelantado, hay determinadas personas que no pueden ser designadas administradores, por razones evidentes que determina el artículo 213 LSC (como los menores de edad no emancipados, los judicialmente incapacitados, los inhabilitados conforme a la Ley Concursal mientras no haya concluido el período de inhabilitación fijado en la sentencia de calificación del concurso o, en general, los afectados por alguna incompatibilidad legal). Si se incurre en alguna de estas prohibiciones de forma sobrevenida, el administrador afectado debe ser inmediatamente destituido por la Junta (art. 224 LSC).

Aceptación: el nombramiento tiene que ser aceptado por el administrador, sin que la Ley establezca ni el plazo ni la forma en que ha de hacerse, por lo que se entiende que vale tanto la aceptación verbal como la escrita e incluso la tácita, si el propuesto realiza actos concluyentes que pongan claramente de manifiesto su voluntad de aceptar (por ej., asistiendo a las reuniones del órgano de administración). El nombramiento surte efectos desde su aceptación (art. 214.3 LSC), pero ha de ser luego presentado a inscripción en el RM dentro de los diez días siguientes a la fecha de la aceptación (art. 215.2 LSC), fijando la Ley las menciones que han de constar en la inscripción (art. 215.1 LSC). La inscripción tiene efectos meramente declarativos, por lo que los actos de los administradores realizados entre su aceptación y la inscripción son, en principio, válidos.

3.3. Duración del cargo

En la sociedad anónima, los estatutos tienen que fijar la duración del cargo, no pudiendo exceder, en las no cotizadas, de seis años (art. 221.2 LSC), y de cuatro años en las cotizadas (art. 529 *undecies*.1 LSC, introducido por Ley 31/2014), aunque los administradores podrán ser reelegidos, una o más veces, por períodos de igual duración máxima. En cambio, en la sociedad limitada se permite que los administradores ejerzan su cargo por tiempo indefinido, si bien los estatutos pueden limitar la duración del cargo, en cuyo caso también cabe la reelección una o más veces por períodos de igual duración máxima (v. art. 221.1 LSC).

3.4. Deberes de los administradores

La Ley establece que deberán desempeñar su cargo con la diligencia de un ordenado empresario (art. 225.1) y de un representante leal en defensa del interés social (art. 227), debiendo informarse (art. 225.3 LSC) con esa misma diligencia de la marcha de la sociedad. Son, por tanto, dos deberes generales, el deber de diligencia y el deber de lealtad, cuyo contenido y límites se determinan por la Ley.

En cuanto al *deber de diligencia*, se sustancia en que el administrador actúe como un "*ordenado empresario*", teniendo en cuenta "*la naturaleza del cargo*" y las "*funciones*" a él atribuidas, y debiendo "*subordinar, en todo caso, su interés particular al interés de la empresa*" (art. 225.1, en redacción dada por la Ley 5/2021). No basta, pues, con la diligencia de un buen padre de familia, sino que se trata de una diligencia profesional, de alguien que conoce la labor que va a desempeñar, y cuyo estándar se concreta ahora en el artículo 226 LSC (en la redacción dada por Ley 31/2014). En efecto, en el artículo 226 se regula la "*protección de la discrecionalidad empresarial*", entendiendo que la vida de los negocios implica riesgo y que muchas de las decisiones que deben tomar los administradores no pueden prejuzgarse de antemano como acertadas o erróneas, pues eso con frecuencia sólo se sabe después, atendiendo a sus resultados y que incluso si éstos son desfavorables no puede de ese solo hecho deducirse que haya habido negligencia. Partiendo de que muchas de estas decisiones entran en el ámbito de la discrecionalidad técnica de los administradores, el artículo 226.1 establece cuándo se entenderá cumplido el estándar de diligencia de un ordenado empresario en cada una de ellas y para ello exige: (i) que el administrador "*haya actuado de buena fe*", (ii) "*sin interés personal en el asunto objeto de decisión*", (iii) "*con información suficiente*" y (iv) "*con arreglo a un procedimiento de decisión adecuado*".

El *deber de actuar con lealtad* del administrador supone que deberá "*desempeñar el cargo con la lealtad de un fiel representante, obrando de buena fe y en el mejor interés de la sociedad*" (art. 227.1 LSC) y se concreta en los preceptos siguientes (reformados por la Ley 31/2014), que son imperativos (art. 230.1 LSC). En efecto, de este deber general se derivan las siguientes obligaciones específicas: (i) no ejercitar sus facultades para fines distintos de aquellos para los que le fueron concedidas; (ii) guardar secreto sobre las informaciones de carácter confidencial, aun después de cesar en sus funciones; (iii) abstenerse de participar en la deliberación y votación de acuerdos o decisiones en las que él o una persona vinculada tenga un conflicto de intereses; (iv) desempeñar sus funciones bajo el principio de responsabilidad personal con libertad de criterio o juicio e independencia respecto de instrucciones y vinculaciones de terceros; y (v) evitar situaciones de conflicto de interés con la sociedad (art. 228 LSC), como podría suceder (v. art. 229 LSC) si realizara transacciones con la sociedad o usara su condición de administrador para influir indebidamente en la realización de operaciones privadas, o hiciera competencia a la sociedad, entre otros supuestos. Por ello, el administrador tiene en principio prohibido desarrollar tales prácticas, so pena de incurrir en responsabilidad, lo que originará no sólo la obligación de indemnizar el daño causado al patrimonio social, sino también la de devolver a la sociedad el enriquecimiento injusto obtenido por él (art. 236.2 LSC). No obstante, en ciertos casos la junta general (e incluso el órgano de administración) puede autorizarle a realizar alguna de las prácticas inicialmente prohibidas (como aprovechar para sí mismo una oportunidad de negocio), con los límites y cautelas previstos en el artículo 230 LSC.

En fin, los administradores tienen otras múltiples obligaciones concretas previstas en la propia LSC o en el C. de c., por ejemplo, la de firmar las cuentas anuales (art. 37.3 C. de c.), convocar juntas generales ordinarias y extraordinarias en los casos legalmente previstos, asistir a las juntas y proporcionar información a los socios, entre otras.

3.5. Representación de la sociedad

La sociedad de capital es representada por los administradores, en juicio y fuera de juicio. Los administradores tienen la titularidad de la representación orgánica en exclusiva, pero eso no significa que necesariamente todos ellos sean representantes de la sociedad, depende de lo que se establezca en los estatutos, pero siempre dentro del marco establecido por la Ley.

En efecto, el artículo 233 LSC (como antes el art. 124.2 RRM), dispone que en los estatutos se hará constar a qué administradores se confiere el poder de representación así como su régimen de actuación (esto es, si pueden actuar por sí solos, aisladamente, o deben hacerlo conjuntamente), de acuerdo con unas ciertas reglas que a continuación establece, y así: (i) si es administrador único, no cabe más opción que atribuirle el poder de representación a éste; (ii) si son varios solidarios, el poder de representación corresponde a cada administrador y si los estatutos o la junta establecen algún reparto de facultades entre ellos, tal distribución tendrá un alcance meramente interno, esto es, no afecta a terceros; (iii) si en una sociedad anónima son dos conjuntos, el poder de representación se ejercerá mancomunadamente; (iv) en caso de consejo de administración, el poder corresponde al órgano en su conjunto, que actuará colegiadamente, sin perjuicio de que, para facilitar su actuación, se puede atribuir además el poder de representación a uno o varios miembros del consejo a título individual o conjunto. Si hay consejeros delegados, ha de constar su modo de actuación en los estatutos, si es individual o conjunta, y (v) en una sociedad limitada, si hay más de dos administradores mancomunados sin ser consejo de administración (posibilidad que no existe en una sociedad anónima), el poder se ejercerá mancomunadamente por al menos dos de ellos.

Aparte de la representación de los administradores, que es, como quedó dicho, orgánica, cabe que éstos (no la junta) den apoderamientos individuales a otras personas, que serán representantes voluntarios –no orgánicos-, con un ámbito de representación que depende del poder, no de la Ley.

La LSC regula en el artículo 234 el ámbito del poder de representación de los administradores, aspecto en el que, como quedó dicho, resulta patente el abandono del legislador de la consideración de los administradores como mandatarios de la sociedad. En efecto, nuestro Código en su artículo 283 consagraba el sistema voluntarista, procedente del Código francés de 1807, que atribuye al mandante la facultad de determinar el ámbito de actuación del mandatario. De hecho, es el sistema que aún rige para el empresario individual y para las sociedades personalistas. Aplicado a la sociedad de capital, supondría que ésta tendría libertad para determinar el ámbito de representación de los administradores y que los terceros tendrían que averiguar en cada caso (mediante la consulta de los estatutos o del acuerdo concreto de la junta general) si un administrador está facultado para realizar cierto acto o no en nombre de la sociedad. Pero las exigencias del tráfico chocan con esta solución y de ahí que, en el Derecho alemán, ya desde el Código de 1861, aplicando la doctrina de la estructura orgánica de las personas jurídicas, se superara esta concepción del administrador como mandatario. Por su influencia, la LSA de 1951 y luego la LSRL de 1953 concibieron a los administradores como órganos sociales y ésta es la visión que ha pasado a la regulación vigente de la LSC. En efecto, al no ser mandatarios, su ámbito de representación depende de la propia Ley, no de la voluntad de la sociedad. Así, la junta general sabe que en cuanto designe a un administrador su ámbito de representación no depende de ella. Esta solución es mucho más segura para el tráfico.

La LSC, al determinar (en el art. 234.1) el ámbito de actuación de los administradores, no les confiere poderes omnímodos, sino que los faculta para realizar cualquier acto comprendido en el objeto social delimitado en los estatutos. El ámbito del poder, así configurado, atendiendo al objeto social, es, además, indisponible para la sociedad, en cuanto la Ley añade que cualquier limitación de las facultades representativas de los administradores, aunque esté inscrita en el RM, será ineficaz frente a terceros. Esto supone que cualquier limitación podrá tener efectos puramente internos (pudiendo una extralimitación engendrar responsabilidad del administrador frente a la sociedad), pero no externos.

Es más, como añade SÁNCHEZ CALERO, desde la vigencia del art. 124.4 del RRM de 1996, esta limitación de facultades no tiene acceso al Registro Mercantil.

Aún más: el TRLSA 1989, asumiendo una vieja doctrina de la jurisprudencia británica que fue consagrada por la Primera Directiva CE en materia de sociedades, incrementó el propósito de la LSA de 1951 de proteger a los terceros de buena fe, amparándolos también incluso en caso de que los administradores realicen actos fuera del objeto social (actos *ultra vires*). Esta solución pasaría del derogado artículo 129.2 LSA 1989 al actual 234.2 LSC, que establece -como aquél- que la sociedad quedará obligada por tales actos siempre que el tercero sea de buena fe y haya actuado sin culpa grave.

De esta manera, el objeto social como límite mantiene relevancia a efectos internos (en el marco de las relaciones entre el administrador y la sociedad), pero, al quedar obligada la sociedad frente a terceros de buena fe y sin culpa grave por actos ajenos al objeto social, pierde importancia en el ámbito externo, de las relaciones con los terceros (SÁNCHEZ CALERO).

3.6. Retribución

Si el cargo de administrador es remunerado (que es la hipótesis normal, aunque la Ley parta de su carácter gratuito), los estatutos tienen que preverlo (art. 217.1 LSC). La exigencia de previsión estatutaria se cumple, en principio, con la fijación del sistema de retribución (por ej., participación en beneficios, sueldos, dietas, etc.), no siendo necesario que conste la cuantía concreta.

La junta general debe aprobar el importe máximo de la remuneración anual del conjunto de administradores, pero la distribución entre ellos corresponde al órgano de administración (art. 217.3 LSC en la redacción dada por Ley 31/2014).

Si consiste en (o incluye, puesto que cabe combinar varios sistemas) una participación en los beneficios, supuesto muy frecuente en la práctica, la Ley (art. 218.1) exige ahora que los estatutos determinen la participación o el porcentaje máximo de la misma, en cuyo caso la junta general determinará dentro de ese máximo el porcentaje aplicable. Además, establece a continuación unos límites cuantitativos para evitar que la remuneración de los administradores cercene los derechos económicos de los socios y sea demasiado gravosa para la propia sociedad: así, para la sociedad anónima, se prevé (art. 218.3 LSC) que la retribución sólo podrá ser detraída de los beneficios líquidos y después de estar cubiertas las reservas legal y estatutaria y de haberse reconocido a los accionistas un dividendo del 4% o el tipo más alto que los estatutos hayan establecido. En esta misma línea, para la sociedad limitada se exige (art. 218.2 LSC) que conste en los estatutos el porcentaje máximo de participación, que en ningún caso podrá superar el diez por ciento de los beneficios repartibles entre los socios.

El artículo 219 LSC trata de hacer frente a los problemas derivados de remunerar a los administradores de las sociedades anónimas mediante acciones u opciones sobre acciones, supuestos a los que se asimila el caso de que la remuneración esté referenciada al valor de las acciones: en estos supuestos no basta con que conste en los estatutos que se utilizará este sistema de remuneración, sino que se requiere, además, un acuerdo específico de la junta general en el que se concrete cómo se llevará a la práctica.

Los administradores de sociedades cotizadas cuentan con un régimen especial de remuneración en los artículos 529 *sexdecies* a 529 *novodecies*, introducidos por la Ley 31/2014, pero reformados recientemente por la Ley 5/2021: su cargo será retribuido, salvo disposición estatutaria en contra (art. 529 *sexdecies*) y, aunque la determinación de la remuneración de cada consejero es competencia del consejo (art. 529 *septdecies*), éste tiene que someter cada tres años a la aprobación de la junta general su política de remuneraciones, como punto separado del orden del día (art. 529 *novodecies*). La política de remuneraciones no es elaborada directamente por el Consejo, sino por otro órgano formado por consejeros no ejecutivos (como mínimo, de entre ellos, dos independientes) que debe existir en toda sociedad cotizada, que es la llamada "comisión de nombramientos y retribuciones", órgano que, entre otras funciones, debe elaborar esa política y someterla luego al Consejo de administración (ver art. 529 *quindecies*). En un segundo momento, será cuando el Consejo proponga su aprobación a la Junta general. En fin, la Ley obliga a la sociedad a dar publicidad a la política de remuneraciones, que, junto con la fecha y el resultado de la votación de la Junta, debe ser accesible a través de la página *web* de la sociedad de forma gratuita desde su aprobación y al menos mientras sea aplicable (art. art. 529 *novodecies*.2).

3.7. Cese

El administrador puede cesar en su cargo por múltiples causas (transcurso del tiempo para el que fue nombrado, muerte del administrador persona física -y disolución si es persona jurídica-, renuncia, apertura del período liquidatorio tras la disolución si son nombradas otras personas como liquidadores, etc.), pero la más relevante es la separación por acuerdo de la junta general, que es tan competente para cesarlo como para nombrarlo.

En nuestro ordenamiento, el cargo de administrador por ser de confianza está sometido al principio de la libre revocabilidad en cualquier momento por la junta general, incluso aunque no figure en el orden del día (art. 223 LSC). No rige, pues, aquí el principio de la justa causa, salvo, como quedó dicho, para los nombrados por la minoría con amparo en el artículo 243 LSC. Por ello, en la sociedad anónima no son válidas las cláusulas estatutarias que condicionen de algún modo la revocabilidad del cargo de administrador o que establezcan la irrevocabilidad por plazo determinado o indeterminado o que fijen una mayoría reforzada. No obstante, en la sociedad limitada el principio de libre revocabilidad rige con menos fuerza que en la sociedad anónima (donde se considera que es principio configurador del tipo), siendo válidas las cláusulas estatutarias que prevean una mayoría reforzada para la separación del administrador, aunque no superior a los dos tercios de los votos de las participaciones en que se divida el capital social (art. 223.2 LSC).

Con independencia del principio de libre separación de los administradores, hay casos en que la junta está obligada a cesarlos o, al menos, a pronunciarse sobre su cese. De entre estos supuestos, algunos son comunes a toda sociedad de capital y otros, en cambio, están previstos específicamente sólo para alguno de los tipos. Así, para la sociedad anónima, el artículo 224 LSC contempla dos supuestos especiales: (i) si un administrador está incurso en alguna prohibición legal de las previstas en el artículo 213 LSC, todo accionista está legitimado para solicitar la convocatoria de una junta general con objeto de destituir al administrador afectado y la junta general deberá destituirlo si aprecia que existe la prohibición; (ii) cuando el administrador tenga intereses opuestos a los de la sociedad, cualquier socio cuenta con esta misma facultad, pero la junta decidirá atendiendo a las circunstancias del caso si efectivamente existe o no riesgo para el interés social. Además, en toda sociedad de capital está prohibido que el administrador haga competencia a la sociedad, pero a la vez se permite que, mediante un acuerdo expreso y separado de la junta, sea dispensado cuando de su actuación competitiva no quepa esperar daño para la sociedad o se espera que el posible daño sea compensado por los beneficios de tal dispensa (art. 229.1 *f)* en relación con el art. 230.3 LSC). Pues bien, de modo similar a las normas que hemos visto, también aquí se prevé (art. 230.3 LSC) que, a instancia de cualquier socio, la junta general "*resolverá sobre el cese*" del administrador que desarrolle tales actividades "*cuando el riesgo de perjuicio para la sociedad haya devenido relevante*", lo que no significa, tampoco aquí, que tenga necesariamente que acordarlo.

3.8. Responsabilidad

3.8.1. Fundamentos y evolución legal

Cuando hablamos de responsabilidad de los administradores nos referimos generalmente a la que pueden engendrar si en el ejercicio de su cargo causan daños, bien sea a la sociedad, a los socios o a terceros. Es, por tanto, un tipo de responsabilidad civil. Huelga decir que, junto a esta responsabilidad, los administradores pueden incurrir en responsabilidades penales o administrativas, pero atenderemos aquí a la civil. Su régimen legal es común para todas las sociedades de capital.

Antes de entrar en su estudio, es preciso saber que una de las tendencias más acusadas en Derecho comparado es la relativa al agravamiento de la responsabilidad de los administradores sociales. En este punto, para contraponer el sistema legal actual, que procede de la derogada LSA 1989, al propio de la LSA 1951, hay que decir que el sistema del 51 era muy benévolo hacia los administradores, puesto que frente al principio general del Derecho civil consistente en que todo obligado responde de los daños causados con dolo o culpa en cualquiera de sus grados, los administradores gozaban de la franquicia de la culpa leve: no respondían ni por culpa levísima ni por la leve, sólo por la grave (y el dolo). Este trato lo explicaba la E. de M. de la LSA 1951 como homenaje el ambiente general de honestidad que presidía habitualmente en España la vida de los negocios, y sobre tal premisa se argumentaba que hacer responder a los gerentes en todos los grados de la culpa podría suponer una rémora a su iniciativa, en cuanto la vida de los negocios implica riesgo. En la vida real, esto se tradujo en una evidente escasez de supuestos de la práctica judicial en los que se hubiera exigido responsabilidad patrimonial a los administradores. Frente a la LSA 1951, en Derecho comparado las líneas legislativas se orientaban en sentido opuesto, no establecían franquicia alguna, sino la responsabilidad en todos los grados de la culpa, y este agravamiento fue recogido por el derogado TRLSA 1989. Así, inicialmente, el artículo 133 TRLSA 1989 les hacía responder de los daños causados "*sin la diligencia* -en todos los grados, pues- *con la que deben desempeñar el cargo*". Esa redacción fue modificada por la Ley de Transparencia (Ley 26/2003) para hacerles responder de los daños causados incumpliendo sus deberes legales o estatutarios, y en particular sus deberes de lealtad o diligencia, lo que supone que los daños podrían deberse a una conducta dolosa o culposa, no sólo dolosa, luego la filosofía de la Ley siguió siendo la misma tras esa reforma y es la que se mantiene hoy bajo el artículo 236 LSC. Por otro lado, el TRLSA 1989 no sólo agravó la responsabilidad, sino que estableció su carácter solidario (derogado art. 133.2) y no mancomunado y esa responsabilidad solidaria se mantiene hoy bajo el artículo 237 LSC. Esto es, de ser Consejo de administración, por ejemplo, responden todos los consejeros, pero con una salvedad: quedarán exentos de responsabilidad los que prueben que desconocían la existencia de dicho acuerdo o que, conociéndola, hicieron todo lo posible para que no se adoptara o votaron en contra. En consecuencia, es una responsabilidad sin límites de la culpa y además solidaria. Y la culpabilidad –según se establece en el vigente art. 236.1, párr. 2º LSC- se presumirá, salvo prueba en contrario, cuando el acto sea contrario a la ley o a los estatutos sociales. Por otro lado, en orden a la exigencia de responsabilidad, es indiferente que el acto haya sido adoptado, autorizado o ratificado por la junta (derogado art. 133.3 TRLSA 1989, hoy art. 236.2 LSC). Así, es inútil que el órgano de administración trate de obtener el respaldo de la junta para liberarse de responsabilidad. Este régimen se extiende (art. 236.3 LSC, pero ya bajo el TRLSA 1989) a los que puedan haber actuado como administradores de hecho.

En fin, al agravarse la responsabilidad de los administradores ya con la reforma de la LSA de1989, surgiendo así de esta manera (en realidad) un nuevo riesgo, se extendió rápidamente a nuestro mercado un seguro específico para cubrirlo, que ya estaba implantado en otros, en particular en el norteamericano (donde se denomina *Directors and Officers (D&O) lialibility insurance*), tiempo atrás.

Este sistema legal de 1989, que en sustancia permanece vigente hoy, tuvo una repercusión fulminante en la práctica, pero más aún si lo unimos a otra fuente de responsabilidad de los administradores, que es la actualmente prevista en el artículo 367 LSC y antes en el derogado artículo 262.5 LSA, pues ahí se establece un sistema de responsabilidad solidaria de los administradores, no por los *daños* por ellos causados (como es la estudiada hasta ahora), sino por las *deudas de la sociedad*, cuando incumplan su obligación de convocar la junta general por concurrir una causa de disolución o no promuevan la disolución judicial de no poder lograrse el acuerdo, obligaciones todas ellas a su cargo *ex* artículos 365-366 LSC (y que decaen cuando hubieran solicitado la declaración en concurso de la sociedad o iniciado negociaciones con los acreedores para alcanzar un plan de reestructuración, como dicen ahora los arts. 365 y 367 tras la reforma operada por Ley 16/2022, de 5 de septiembre). Inicialmente la responsabilidad por tales incumplimientos era muy rigurosa (se les hacía responder del pago de todas las deudas sociales), sin parangón en Derecho comparado, y dio lugar a una gran afluencia de demandas de responsabilidad. Por ello, el tenor legal fue revisado por la Ley 19/2005 (y más recientemente por la citada Ley 16/2022) y desde entonces la responsabilidad se limita a las deudas posteriores a la concurrencia de la causa legal de disolución, si bien se presumen *iuris tantum* posteriores a la aparición de la causa todas las deudas, debiendo probar los administradores que son anteriores.

3.8.2. Acciones de responsabilidad

Para reclamar el resarcimiento de daños causados por administradores por infringir sus obligaciones, la Ley prevé dos tipos de acciones:

Acción individual (art. 241 LSC): procede cuando se ha lesionado directamente a socios o terceros. En tal caso, los socios o terceros directamente perjudicados por los actos de los administradores pueden ejercitar acciones individuales de responsabilidad, como cualquier otro perjudicado.

Acción social (arts. 238 y ss. LSC): procede cuando el directamente dañado es la sociedad. Presupuesto de su ejercicio es que existan daños ocasionados a la sociedad, que, claro está, repercuten también indirectamente sobre el accionariado en general y sobre los acreedores. En orden al ejercicio de esta acción, el primer sujeto legitimado es el directamente perjudicado, la sociedad. Requiere previo acuerdo de la junta general, que puede ser adoptado a solicitud de cualquier socio, aunque no conste en el orden del día, pero no cabe fijar una mayoría distinta a la ordinaria (sería cláusula estatutaria nula por infringir la Ley). La junta puede transigir o renunciar al ejercicio de la acción en cualquier momento, salvo que exista una oposición del cinco por ciento del capital social. Si se toma el acuerdo de promover la acción o de transigir, eso supone la destitución de los administradores afectados. Por otro lado, la aprobación de las cuentas no impedirá el ejercicio de la acción de responsabilidad ni supondrá la renuncia a la acción acordada o ejercitada.

Como puede ocurrir que los administradores traten de obstaculizar la toma del acuerdo o la ejecución del acuerdo ya tomado, la Ley prevé (art. 239 LSC) que los socios que representen el 5% del capital social en una no cotizada y el 3% en una cotizada, que están legitimados para solicitar convocatoria de junta general, podrán entablar la acción de responsabilidad cuando los administradores no convoquen la junta solicitada, cuando la sociedad no la entable en el plazo de un mes (que es la ejecución del acuerdo de la junta) o cuando la junta hubiese adoptado el acuerdo contrario a la exigencia de responsabilidad.

Además de esta legitimación subsidiaria de los socios que cuenten con tal participación, la Ley (art. 239.1. 2º párr. LSC, introducido por Ley 31/2014) les reconoce actualmente legitimación *directa* (por tanto, sin necesidad de someter la cuestión a la junta) para el ejercicio de la acción de responsabilidad cuando se fundamente en la *infracción del deber de lealtad* (por lo que, si el fundamento es la infracción del deber de diligencia, su legitimación es subsidiaria).

Junto a la legitimación de la sociedad y a la de los socios, los acreedores están legitimados subsidiariamente (art. 240 LSC) para el ejercicio de la acción de responsabilidad, siempre que el patrimonio social sea insuficiente para la satisfacción de sus créditos.

Y si la sociedad está declarada en concurso, está legitimado el administrador concursal (art. 132.2 TRLC).

En fin, una cuestión fundamental es que en todos estos casos de ejercicio de la acción social por socios, acreedores o administradores concursales, los actores reclaman en beneficio directo de la sociedad, no en beneficio propio, por lo que la Ley obliga a la sociedad a reembolsarles los gastos si se estima la demanda, aunque sea parcialmente (art. 239.2 LSC, introducido por Ley 31/2014), mientras si reclaman mediante el ejercicio de una acción individual, es en beneficio de su propio patrimonio.

Por último, se aclara actualmente (art. 241 *bis*, introducido por Ley 31/2014) que la acción de responsabilidad contra los administradores, sea social o individual, prescribirá a los cuatro años contados desde el día en que hubiera podido ejercitarse.

3.9. Consejo de administración

Junto a la disciplina general vista, se establecen unas normas (arts. 242-251 LSC) para el modo habitual de organizarse la administración de una sociedad anónima: el Consejo de administración (sistema legalmente posible, pero menos habitual, como quedó dicho, en una sociedad limitada). Además, para las sociedades cotizadas, que obligatoriamente tienen que administrarse mediante Consejo (por ordenarlo ahora el art. 529 *bis*.1), hay un régimen especial en los artículos 528-529 *novodecies*, en gran medida introducido por Ley 31/2014, aunque reformado por las Leyes 11/2018 y 5/2021.

En el seno de la anónima, el consejo de administración es un órgano colegiado constituido desde que la administración se encarga a más de dos personas conjuntamente. En cambio, en una sociedad limitada, el órgano administrativo puede estar compuesto por más de dos administradores con facultades conjuntas sin que sea Consejo de administración.

En los estatutos puede fijarse un número mínimo de miembros –tres o más- y un máximo, dejando a la junta que determine el número concreto de sus componentes (art. 242.1 LSC), pero mientras en la sociedad limitada no podrán ser más de doce, no hay, en cambio, un límite legal máximo para la anónima. Su nombramiento corresponde a la junta general, que puede incluso nombrar suplentes para cubrir vacantes futuras (en sociedades no cotizadas), sin perjuicio de las posibilidades previstas en la Ley (y ya estudiadas) para la sociedad anónima: el nombramiento por cooptación y el sistema de representación proporcional (arts. 243 y 244 LSC).

El Consejo de administración para tomar decisiones tiene que reunirse (por lo menos, una vez al trimestre, art. 245.3) y así la Ley establece que ha de hacerlo a iniciativa del presidente (art. 246 LSC), pero si el presidente no convoca, podrán hacerlo vocales que constituyan al menos un tercio del Consejo (art. 246.2 LSC). Convoque quien convoque, queda válidamente constituido (art. 247 LSC) con la mitad más uno de sus miembros, presentes o representados (en la limitada, los estatutos pueden elevar esa mayoría, por lo dispuesto en el art. 247.1 LSC; por su parte, en la sociedad cotizada, se prohíbe ahora expresamente que se puedan hacer representar por terceros no consejeros, v. art. 529 *quáter* LSC, introducido por Ley 31/2014). No se requiere legalmente que las reuniones sigan un orden del día prefijado (salvo que convoquen los vocales en sustitución del presidente, en cuyo caso tienen que indicar en la convocatoria el orden del día, art. 246.2 LSC). En la sociedad anónima, la Ley establece que los acuerdos se adoptan por mayoría absoluta de los concurrentes (la mitad más uno de los concurrentes) a la sesión (art. 248.1 LSC), mientras en la sociedad limitada puede fijarse otra regla por vía estatutaria (art. 245.1 LSC). En la sociedad anónima, como excepción al sistema normal de reunión, cabe que el Consejo tome decisiones *por escrito y sin sesión*, pero en tal caso se requiere que no se oponga ningún consejero a este procedimiento (art. 248 LSC). También en la sociedad anónima, aparte de los estatutos, existe un *reglamento de funcionamiento* del Consejo (al que se refiere el art. 245.2 LSC), elaborado por el propio Consejo, que es facultativo para las no cotizadas (el art. 245 dice "*podrá*") y obligatorio para las cotizadas (arts. 528 y 529 LSC). En cambio, en la sociedad limitada, el Consejo se rige en su funcionamiento por lo que dispongan los estatutos (art. 245.1 LSC).

En la práctica española (sin perjuicio de la sociedad anónima europea, que tiene una vida más formal que registral) rige el *sistema monista* de administración (un sólo órgano de administración) por contraposición al *sistema dualista* alemán. El sistema alemán implica que la administración de la sociedad es asumida, en cuanto al establecimiento de las grandes líneas programáticas, por el Consejo de vigilancia (*Aufsichtsrat*), mientras la ejecución de esas líneas se confía al Consejo de dirección (*Vorstand*). Esta división de competencias es muy lógica. En las prácticas española e italiana, lo normal es que el Consejo de administración quede como Consejo de vigilancia delegando todo lo demás en consejeros delegados o comisiones ejecutivas. En esta medida se ha asumido aquí la idea alemana.

En España, como decíamos, aunque la Ley parte del sistema monista, la práctica se acerca al dualista, por la *delegación de facultades* en comisiones ejecutivas (órgano pluripersonal colegiado) o consejeros delegados (órgano unipersonal, pudiendo actuar, si son varios, mancomunada o solidariamente, v. art. 149 RRM). Los Consejos establecen las grandes directrices y su ejecución es llevada a cabo por los órganos delegados, elegidos de entre los propios consejeros. La delegación -que no supone que el consejo pierda estas competencias- puede comprender todas las competencias del Consejo salvo las indelegables, que se determinan en el artículo 249 *bis* LSC (introducido por Ley 31/2014), reforzando el papel supervisor del Consejo sobre los delegados. Así, entre otras competencias señaladas en este precepto, no pueden "*en ningún caso*" delegarse: *a)* La supervisión del funcionamiento de las comisiones que hubiera constituido y de la actuación de los órganos delegados y de los directivos que hubiera designado; *b)* La determinación de las políticas y estrategias generales de la sociedad; *c)* La organización y funcionamiento del Consejo (autoorganización); *d)* La formulación de cuentas y su presentación a la junta general; *e)* El nombramiento y destitución de consejeros delegados y de los directivos que dependan directamente del Consejo o de alguno de sus miembros, además de *f)* Las facultades que la junta conceda al Consejo, salvo autorización expresa de ella. Lo dispuesto en el artículo 249 *bis* rige para toda sociedad de capital que organice su administración mediante Consejo, pero para el Consejo de las sociedades cotizadas hay más facultades indelegables, que se concretan en el artículo 529 *ter* (introducido por Ley 31/2014 y modificado por las Leyes 11/2018 y 5/2021).

En las sociedades bursátiles, por la vía de delegación de facultades en algunos miembros del Consejo, se llega a reducir mucho la intervención en la gestión de los miembros carentes de tales facultades, situación que ha querido ser remediada mediante los códigos de buen gobierno (el último es el "Código de buen gobierno de las sociedades cotizadas" aprobado por la CNMV el 18 de febrero de 2015, revisado en junio 2020, disponible en https://www.cnmv.es/DocPortal/Publicaciones/CodigoGov/CBG_2020.pdf), que son recomendaciones dirigidas a las sociedades bursátiles para que regulen el funcionamiento del Consejo paliando ese defecto, favoreciendo una mayor participación de todos los vocales, en beneficio de los intereses de la propia sociedad, así como el control por el consejo de la actuación de los consejeros delegados y la existencia de consejeros independientes, externos a la sociedad, junto a los ejecutivos, para intervenir en la gestión de la sociedad desde un punto de vista neutral, en beneficio de los accionistas. Más allá de esta cuestión concreta, estas recomendaciones buscan una actuación más transparente de las sociedades, en particular de las cotizadas, y la protección de los intereses de las minorías. Su trascendencia es tal que cada vez se amplía más el objeto de estas recomendaciones, por ejemplo, a materias como la retribución de los administradores.

El valor de estas recomendaciones es doble: por sí mismas, nacen como reglas no vinculantes, cuyo cumplimiento se deja a voluntad de las sociedades a las que van dirigidas, las cotizadas (aunque si no las siguen tienen que hacerlo constar en el llamado "*informe anual de gobierno corporativo*", al que aludimos más abajo), pero sus efectos no se agotan ahí, puesto que a través de sucesivas reformas en nuestro ordenamiento gran parte de estas recomendaciones han sido consagradas como normas imperativas. Una de estas reformas es la llevada a cabo por la Ley 26/2003, de Transparencia, que introdujo a cargo de las cotizadas varias obligaciones, ahora, en general, previstas en la LSC, como la de dar publicidad a los pactos parasociales, la de tener página *web*, la regulación del voto electrónico, la elaboración y difusión de los reglamentos de la junta y del consejo y la elaboración del informe anual de gobierno corporativo (en el que obligatoriamente han de constar las menciones que figuran en el actual art. 540 LSC). Un gran paso en este movimiento legislativo fue la reforma de la LSC por la Ley 31/2014, de 3 de diciembre, por la que se consagraron legalmente las recomendaciones de la Comisión de expertos en gobierno corporativo nombrada por el Gobierno en mayo de 2013. Las novedades introducidas son muy significativas, como hemos visto a lo largo de estas *Lecciones*, no sólo para las sociedades cotizadas. Para éstas, en particular, son muy relevantes las que afectan al régimen del Consejo: así, aparte de las nuevas previsiones en materia de remuneración, ya referidas, se regulan (art. 529 *duodecies*) las distintas clases de consejeros (ejecutivos y no ejecutivos, que pueden ser a su vez dominicales e independientes) y se prevé (art. 529 *terdecies* y ss.) que los Consejos puedan crear en su seno comisiones especializadas, obligándoles a constituir, como mínimo, una comisión de auditoría y otra de nombramientos y retribuciones (ya mencionada), de las que formen parte, por lo menos, en cada una, dos consejeros independientes.

Para nombrar comisiones ejecutivas o consejeros delegados, así como para atribuirles a éstos de forma permanente alguna facultad del Consejo, la Ley establece garantías: (i) no basta la mayoría absoluta, sino que se requiere el voto favorable de los dos tercios de los componentes del Consejo; (ii) además, la inscripción en el RM de la delegación de facultades en tales órganos no tiene carácter declarativo, sino constitutivo, lo que supone que no hay consejero delegado ni comisión ejecutiva sin inscripción (art. 249.2 LSC) y (iii) ahora es obligatorio (art. 249.3 LSC, en redacción dada por Ley 31/2014) que se celebre un contrato entre el consejero delegado y la sociedad que deberá ser aprobado previamente por el consejo con la misma mayoría exigida para su nombramiento. Aparte de la delegación permanente en algunos de sus vocales, el Consejo también puede dar apoderamientos específicos a cualquier persona (art. 249.1 LSC).

Los debates y acuerdos que se produzcan en el seno del Consejo, como órgano colegiado (o en el de una comisión ejecutiva), deben ser llevados a un libro de actas por el secretario con el visto bueno del presidente (art. 250 LSC).

3.10. Impugnación de acuerdos de los administradores

El Consejo toma acuerdos, al igual que la junta general, y tales acuerdos también pueden ser nulos o anulables y al poder ser nulos o anulables también pueden ser impugnados. Fue novedad de la reforma legal de la regulación de las anónimas efectuada en 1989 el introducir una previsión expresa en materia de impugnación de acuerdos de los administradores, mediante el hoy derogado artículo 143 LSA.

En la LSA de 1951 no había referencia expresa al tema, lo que no podía significar que tales acuerdos no fueran impugnables, sino que había que acudir a las normas generales del C. c. -al ser los acuerdos negocios jurídicos unilaterales expresivos de la voluntad del Consejo como órgano colegiado-. Lo que ocurría bajo la LSA 51 (y antes bajo el C. de c.) planteaba problemas: no se sabía qué causas eran de nulidad y cuáles de anulabilidad, el plazo de ejercicio de acciones, los sujetos legitimados, el cauce procesal, etc. Sin embargo, en la práctica el problema se planteó y el TS en un principio (en los años cincuenta del pasado siglo) estimó que por analogía eran aplicables las normas de impugnación de acuerdos de la junta. Esta tesis buscaba solventar el problema de la forma más operativa, pero no se correspondía realmente con el texto de la Ley, que se refería sólo a acuerdos de la junta. Además, la aplicación analógica de esas normas en algunos puntos resultaba contradictoria. Por ello, el TS abandonó en sentencias posteriores esa primera postura y concluyó que debían tramitarse por el juicio declarativo de mayor cuantía y no por el juicio especial de impugnación de acuerdos de la junta (que era el que se seguía hasta el TRLSA 1989, que estableció que se encauzaran por el juicio de menor cuantía). Este cambio de tesis provocó que no se plantearan pleitos de impugnación de acuerdos del Consejo, debido a la tardanza del juicio de mayor cuantía. Sin embargo, la doctrina insistía en que era necesaria una norma especial para resolver este problema, y de ahí que los autores del TRLSA 89 dedicaran a este tema el art. 143, norma que no vino impuesta por la obligación de adaptar nuestro Derecho al de la UE, sino que responde al problema práctico explicado.

El antiguo artículo 143 se recoge ahora bajo el artículo 251 LSC y, aunque se encuentra entre los dedicados al Consejo, no es únicamente aplicable a esta estructura de administración, pues él mismo dice que se podrán impugnar los acuerdos del Consejo de administración "*o de cualquier otro órgano colegiado de administración*". Ahora bien, la exigencia de que sea un órgano colegiado excluye las decisiones del administrador único, de los administradores que puedan actuar solidariamente y también de los dos administradores conjuntos, aunque da cabida a las decisiones de las comisiones ejecutivas, en cuanto órgano administrativo delegado.

El artículo 251 LSC establece un plazo breve, más que el de la junta general, para impugnar los acuerdos, de treinta días. En cuanto a la legitimación activa, aparte de los administradores, están legitimados los socios, pero no cualquier socio aislado, pues si tal se admitiera eso podría suponer un grave obstáculo a la buena marcha de la sociedad, por la simple vía de plantear demandas de mala fe pidiendo la suspensión del acuerdo impugnado. De ahí que se prevea un porcentaje mínimo, actualmente del 1% del capital social en las no cotizadas y del 1 por mil en las cotizadas (art. 495.2 *b)* LSC), como requisito.

En cuanto al cómputo de los plazos, para los administradores se cuentan desde la fecha de adopción del acuerdo (*rectius*, desde el día siguiente a esa fecha) y para los socios, como ellos no asisten al Consejo, desde que tuvieron conocimiento de ellos, pero con el límite del transcurso de un año desde su adopción.

Para el resto, rigen las normas de impugnación de acuerdos de la junta general (art. 251.2 LSC). En función de ellas (reformadas por la Ley 31/2014) se determinan las causas de impugnación, su tramitación y procedimiento, pero se añade aquí una causa de impugnación específica: la infracción del reglamento del consejo de administración.

Lección 7. Las cuentas anuales de las sociedades de capital

1. Preliminar

Las sociedades de capital, como todo empresario (art. 34 C. de c.), están obligadas a confeccionar sus cuentas anuales y esta materia está regulada para las sociedades de capital en los artículos 253-284 LSC, aunque están sometidas naturalmente también a las normas generales del C. de c. sobre el particular (L I, Título III, arts. 25 y ss.), que se aplican a todos los empresarios.

Téngase presente que tanto la regulación de las cuentas anuales contenida en el C. de c. como la que se encuentra en la LSC han sido afectadas por la Ley 22/2015, de 20 de julio, de Auditoría de Cuentas, y que ha habido dos reformas posteriores en la LSC que han introducido modificaciones en esta materia, las llevadas a cabo por el Dec.-ley 15/2017, de 6 de octubre y por la Ley 11/2018, de 28 de diciembre.

La finalidad de las cuentas es determinar el resultado del ejercicio, si ha existido beneficio, porque ese año se haya incrementado el patrimonio, o si hay pérdida, porque se haya producido el fenómeno contrario.

2. Documentos que integran las cuentas anuales

Las cuentas anuales comprenden el balance, la cuenta de pérdidas y ganancias, el estado que refleje los cambios en el patrimonio neto del ejercicio, un estado de flujos de efectivo y la memoria. Estos documentos, que forman por Ley (v. arts. 34 C. de c. y 254.2 LSC) una unidad, deben redactarse con claridad y mostrar la imagen fiel del patrimonio, de la situación financiera y de los resultados de la sociedad, de acuerdo con lo dispuesto en la LSC y en el Código de comercio, al que esta Ley se remite, ya que regula con carácter general la contabilidad empresarial. A estos documentos hay que unir el informe de gestión, que incluirá, cuando proceda, el estado de información no financiera, y la propuesta de aplicación del resultado, que, aunque no formen propiamente parte de las cuentas anuales son documentos relacionados con ellas y, como las cuentas, deben ser formulados por los administradores (art. 253.1 LSC, en redacción dada por Ley 11/2018, de 28 de diciembre).

Es fundamentalmente el Código de comercio el que, sin perjuicio de lo dispuesto reglamentariamente, determina el contenido de cada uno de los documentos contables. Por otro lado, hay dos de ellos que no son obligatorios siempre, el estado de flujos de efectivo y, tras la reforma operada por la Ley 22/2015, tampoco lo es en todo caso el estado de cambios en el patrimonio neto (v. art. 34.1 *in fine* del C. de c., en la redacción dada por esa Ley y el art. 257.3 LSC, al que abajo nos referimos, que establece una dispensa para las sociedades que puedan presentar balance abreviado).

2.1. Balance

El balance (art. 35 C. de c.) es el documento fundamental. En él tienen que figurar de forma separada el activo, el pasivo y el patrimonio neto, en los términos del artículo 36 C. de c. Dentro del activo, que son los bienes y derechos de la sociedad, hay que distinguir los que están al servicio de la empresa de forma permanente o estable, como los locales en que se ejercita la actividad, signos distintivos, patentes, etc. (activo *fijo* o *no corriente*), de los destinados a ser enajenados o consumidos, como las mercancías o las materias primas (llamado activo *circulante* o *corriente*, porque lo forman bienes que entran y salen del patrimonio empresarial). El pasivo está compuesto por las deudas y obligaciones de la sociedad, incluyendo la cifra de capital social y las reservas (también se distingue entre pasivo *corriente* y *no corriente*, en función de la fecha de vencimiento de las obligaciones). La cifra del capital constituye la primera partida del pasivo cumpliendo así su función de servir como elemento de retención de bienes en el activo, al impedir que la sociedad pueda repartir beneficios con bienes sujetos en el activo para su cobertura. El mismo sentido tiene la exigencia de que las reservas figuren en el pasivo, para que queden afectos bienes en el activo que sirvan para cubrir su importe. En fin, el patrimonio neto es el activo residual de la sociedad, una vez deducido el pasivo (o la diferencia entre el activo y el pasivo).

A las sociedades que no superen un determinado tamaño (fijado por el art. 257 LSC) se les permite presentar un balance más simplificado que el ordinario, llamado "*balance abreviado*". Esta posibilidad está excluida para las sociedades cotizadas (art. 536 LSC).

2.2. Cuenta de pérdidas y ganancias

Con el balance se sabe el patrimonio que tiene la sociedad en un momento determinado, pero no cómo se llegó a esa situación. Esta información se completa a través de la cuenta de pérdidas y ganancias, que debe reflejar separadamente los ingresos y los gastos del ejercicio, distinguiendo los resultados de la explotación de los que no lo sean. Entre otros elementos (detallados en el art. 35.2 C. de c.), es obligado que figure separadamente la cifra de negocios, que debe comprender el importe de la venta de los productos y de la prestación de servicios u otros servicios correspondientes a las actividades ordinarias de la empresa.

Al igual que ocurre con el balance, también a las sociedades de ciertas dimensiones se les permite presentar una "*cuenta de pérdidas y ganancias abreviada*", pero los requisitos para que puedan gozar de este beneficio no son los mismos que se exigen para el balance abreviado, son menos rigurosos, alcanzado a más sociedades (v. art. 258 LSC), aunque tampoco aquí a las cotizadas (art. 536 LSC).

2.3. Estado de cambios en el patrimonio neto

Otro documento que integra las cuentas anuales es un estado que refleje los cambios en el patrimonio neto del ejercicio, siendo el patrimonio neto, como sabemos, en sustancia, el activo que le queda a la sociedad si se deduce el pasivo existente (v. art. 36.1 *c)* C. de c.). A la cifra del patrimonio neto le otorga la Ley una gran trascendencia, pues la utiliza para determinar: (i) en qué medida puede la sociedad repartir beneficios; (ii) si es obligatorio reducir el capital social; y (iii) si la sociedad debe disolverse por pérdidas (en el 2º párrafo del citado artículo 36.1 *c)* se especifica cómo ha de calcularse el patrimonio neto a estos efectos).

Las sociedades que pueden presentar balance abreviado, a partir de la entrada en vigor de la Ley 22/2015, no están obligadas a presentar el estado de cambios en el patrimonio neto (art. 257.3 LSC).

2.4. Estado de flujos de efectivo

Este documento sirve para poner de manifiesto los cobros y pagos hechos por la sociedad, con el fin de informar de los movimientos de efectivo producidos en el ejercicio (art. 35.4 C. de c.).

No todas las sociedades están obligadas a presentarlo, quedando dispensadas las que pueden presentar balance abreviado (art. 257.3 LSC, en redacción dada por Ley 22/2015).

2.5. La memoria

El último documento que integra las cuentas anuales es la memoria, que tiene por fin completar, ampliar y comentar la información contenida en los otros documentos (art. 35.5. C. de c.). La LSC, en su artículo 260 (reformado por Ley 22/2015), recoge el contenido mínimo que debe tener, y así, entre otras menciones (algunas no aplicables a sociedades limitadas), deben consignarse en ella: (i) los criterios de valoración aplicados a las partidas de las cuentas anuales y los métodos de cálculo de las correcciones de valor; (ii) si existen varias clases de acciones, el número y valor nominal de las pertenecientes a cada una de ellas y el contenido de derechos pertenecientes a cada clase, y si existen participaciones sociales desiguales, el contenido de cada una de ellas; (iii) la existencia de bonos de disfrute, de bonos de fundador, de obligaciones convertibles y de valores o derechos similares, con indicación de su número y la extensión de los derechos que confieren; (iv) el número y el valor nominal de las acciones suscritas durante el ejercicio dentro de los límites de un capital autorizado, así como el importe de las adquisiciones y enajenaciones de acciones o participaciones propias, y de las acciones o participaciones de la sociedad dominante; (v) el importe de las deudas de la sociedad cuya duración residual sea superior a cinco años, así como de las que tengan garantía real; (vi) el importe global de las garantías comprometidas con terceros; (vii) las transacciones significativas entre la empresa y terceros vinculados con ella; (viii) el número medio de empleados; (ix) la remuneración del personal de alta dirección y de administradores, así como los eventuales anticipos y créditos concedidos a ellos; (x) los honorarios abonados a auditores; y (xi) el grupo al que, en su caso, pertenezca la sociedad.

La obligación de presentar la memoria también se aligera a las sociedades que no sobrepasen un cierto tamaño, concretamente a las que reúnan los mismos requisitos previstos para la presentación de balance abreviado, permitiéndoles acogerse a un modelo de memoria también abreviada (art. 261 LSC, reformado por Ley 22/2015).

3. El informe de gestión como documento complementario

El informe de gestión es un documento que, no formando parte de las cuentas anuales, tienen también que redactar los administradores como complemento de aquéllas. Este informe debe exponer fielmente la evolución de los negocios y la situación de la sociedad, junto con una descripción de los principales riesgos e incertidumbres a los que se enfrenta (art. 262.1 LSC). Además, entre otras menciones, ha de informar sobre los acontecimientos importantes para la sociedad ocurridos después del cierre del ejercicio, su evolución previsible y su autocartera (art. 262.2 LSC). Junto con la información *de carácter financiero*, las sociedades de capital ahora (art. 262.2, párr. 3º en redacción dada por Ley 11/2018, de 28 de diciembre) deben incluir indicadores *de carácter no financiero* "*que sean pertinentes respecto de la actividad empresarial concreta, incluida información sobre cuestiones relativas al medio ambiente, al personal y al cumplimiento de reglas en materia de igualdad y no discriminación y discapacidad*". Aunque la obligación de incluir información de carácter no financiero afecta a todo tipo de sociedad de capital, no se extiende a las sociedades que tienen la calificación de empresas pequeñas y medianas de acuerdo con la Directiva 34/2013.

Por otro lado, al no integrar las cuentas anuales, no puede utilizarse el informe de gestión para hacer constar datos que deberían figurar en aquéllas (art. 262.5 LSC).

No toda sociedad de capital está obligada a elaborar el informe de gestión, estando dispensadas las que pueden presentar balance y estado de cambios en el patrimonio neto abreviados (art. 262.3 LSC).

4. Proceso de elaboración de las cuentas anuales

El proceso de elaboración de las cuentas anuales se sustancia en varias fases sucesivas: primero, su formulación; después, la verificación por auditores (que no siempre es obligatoria); en tercer lugar, su aprobación y, finalmente, su presentación en el RM. Veamos cada una de estas etapas.

4.1. Formulación

Los administradores están obligados (art. 253 LSC), en el plazo máximo de tres meses contados a partir del cierre de cada ejercicio social, a formular las cuentas, además del informe de gestión y la propuesta de aplicación del resultado. Esta competencia es indelegable (art. 249 *bis e)* LSC). El transcurso del plazo de tres meses no impide presentarlas después, pero puede engendrar responsabilidad a cargo de los administradores por incumplir esa obligación legal. Si la sociedad fuera la dominante de un grupo, la obligación se extendería a las cuentas y el informe de gestión consolidados.

Al atribuirles la Ley esta obligación a los administradores no pretende que la cumplan directamente, que formulen materialmente las cuentas, pues no tienen por qué ser técnicos en la materia y pueden servirse (incluso totalmente) de auxiliares; lo que la Ley quiere es que (en cuanto gestores de la sociedad) se responsabilicen de su contenido. Por eso, tras imputarles esta obligación lo que exige de inmediato es que sean firmadas por todos ellos (v. art. 253.2 LSC).

4.2. Verificación

Una vez formuladas y antes de someterlas a la junta general para su aprobación, las cuentas normalmente son revisadas por auditores, para que, como expertos independientes, verifiquen si reflejan fielmente la situación patrimonial de la sociedad. No toda sociedad de capital está obligada a auditar sus cuentas, estando dispensadas, por razón de tamaño, las que reúnan los requisitos previstos en el artículo 263.2 LSC (obsérvese que, desde la Ley 14/2013, de 27 de septiembre, ya no son las sociedades que pueden presentar balance abreviado las autorizadas a no auditar). En todo caso, aunque una sociedad no esté obligada en virtud del artículo 263.2 LSC a auditar sus cuentas, resulta igualmente obligada si lo piden socios que representen el cinco por ciento del capital social (3% en cotizadas, art. 495.2.*a)*), en cuyo caso el nombramiento del auditor corresponde al Registrador Mercantil del domicilio social (art. 265.2 LSC).

La función de auditoría está regulada por la citada Ley 22/2015, de Auditoría de Cuentas, pero el cumplimiento de la misma desde la perspectiva societaria, es decir, desde el prisma de la relación entre el auditor y la sociedad, se rige por la LSC. La LSC muestra especial preocupación por que la labor del auditor se cumpla con la mayor independencia posible y así: (i) atribuye la competencia para su nombramiento a la junta general y no a los administradores, cuya contabilidad va a revisar (art. 264 LSC); (ii) también se demuestra en el hecho de que no cabe que la junta los destituya sin justa causa (art. 264.3 LSC) y (iv) en la exigencia de que su remuneración se fije antes de comenzar sus funciones y para toda su duración, sin que puedan percibir ninguna otra remuneración o ventaja de la sociedad auditada (art. 267 LSC en relación con el art. 24 Ley 22/2015). Además, como hemos visto, la retribución de los auditores tiene que constar en la memoria (art. 260 LSC).

La labor de los auditores se sustancia en comprobar si las cuentas y, en su caso, el informe de gestión de los administradores, se corresponden con la situación económica real de la empresa (art. 268 LSC). Su opinión deben manifestarla en un informe para cuya redacción tienen el plazo de un mes contado desde que les entregan las cuentas (art. 269 y 270 LSC).

Los auditores pueden incurrir en responsabilidades de todo tipo (administrativas, civiles y penales) por la mala ejecución de su labor, pero la LSC (art. 271 LSC), al ocuparse sólo de la relación de naturaleza societaria entre el auditor y la sociedad auditada, se limita a determinar que para el ejercicio por la sociedad de la acción social de responsabilidad frente a los auditores se aplica el mismo régimen previsto para los administradores.

4.3. Aprobación de las cuentas

Las cuentas anuales, formuladas por los administradores, deben someterse a la aprobación de la junta general y a estos efectos, como sabemos, la Ley (art. 164 LSC) obliga a celebrar una junta (ordinaria) dentro de los seis primeros meses del ejercicio social.

Dada la trascendencia de esta decisión, los socios cuentan con un derecho de información reforzado respecto al derecho de información (ordinario) que se les reconoce en caso de celebración de cualquier otra junta. Así, el artículo 272.2 LSC establece, para cualquier sociedad de capital, que "*a partir de la convocatoria de la junta general, cualquier socio podrá obtener, de forma inmediata y gratuita, los documentos que han de ser sometidos a la aprobación de la misma, así como, en su caso, el informe de gestión y el informe del auditor de cuentas*", debiendo hacerse mención en la convocatoria de este derecho (en las sociedades cotizadas, estos documentos deben ponerse a disposición de los accionistas en la *web* de la sociedad, art. 518 LSC). Además, en la sociedad limitada este derecho se amplía (por virtud de lo dispuesto en el art. 272.3 LSC) para los socios que representen el cinco por ciento del capital social, permitiéndoles que acudan al domicilio social y examinen, por sí solos, o acompañados de experto contable, los documentos que sirvan de soporte y de antecedente de las cuentas sociales. Esta última norma es dispositiva, de modo que, si se prefiere dotar a la sociedad de un sesgo más capitalista, puede excluirse este derecho en los estatutos (no así, en cambio, el derecho de información previsto en el art. 272.2 LSC).

La junta general es libre para aprobar o no las cuentas. Si no las aprueba, los administradores tienen que corregirlas y volver a presentarlas a una nueva junta. Si las aprueba, deben depositarlas en el Registro Mercantil en el plazo de un mes contado desde su aprobación, trámite al que luego nos referiremos.

Si la junta aprueba las cuentas tiene que pronunciarse también sobre la aplicación del resultado de acuerdo con el balance aprobado (art. 273.1 LSC).

Si hay beneficios, no siempre son totalmente repartibles, pues por diversas vías se impide que todas las ganancias se repartan entre los socios en forma de dividendos y se obliga a que la sociedad guarde parte de los beneficios como reserva, como ahorro, como medida de sana gestión para reforzar su patrimonio. Esos límites en forma de reserva en ocasiones los impone la Ley (*reserva legal*), en otras, los estatutos (*reservas estatutarias*) y en otras la propia junta general acuerda libremente la constitución de las mismas (*reservas voluntarias*).

En cuanto a la llamada "*reserva legal*", viene establecida por el artículo 274 LSC, en cuanto obliga a toda sociedad de capital a destinar una cifra igual al diez por ciento del beneficio del ejercicio hasta que aquélla alcance, al menos, el veinte por ciento del capital social. Su finalidad es compensar las pérdidas que puedan producirse en otros ejercicios, pero, mientras la reserva no supere el límite del veinte por ciento del capital social, la sociedad no podrá utilizarlas para compensar pérdidas si hay otras reservas de las que pueda disponer para este fin.

Además de la reserva legal, los estatutos pueden prever otras reservas obligatorias para la sociedad, cuyo fin se determinará en las propias normas estatutarias. Por su origen, se denominan "*reservas estatutarias*".

Aparte de la reserva legal y de la estatutaria (si está prevista), la sociedad, por acuerdo de la junta, puede decidir la constitución de reservas. Como la junta las crea libremente, con la misma libertad puede decidir sobre su aplicación. Al constituirse por libre decisión de la junta se habla de "*reservas voluntarias*".

En fin, una vez cubiertas la reserva legal y la estatutaria, ya pueden repartirse dividendos entre los socios, pero sólo si el valor del patrimonio neto no es o, a consecuencia del reparto, no resulta inferior al capital social (art. 273.2 LSC).

Si se cumple este presupuesto, la junta *podrá* acordar repartir dividendos entre los socios, con arreglo a lo dispuesto en el artículo 276 LSC. En ese acuerdo, la junta tiene que determinar momento y forma del pago, pero, para evitar excesivas dilaciones, se obliga ahora (art. 276.3, introducido por Ley 11/2018, de 28 de diciembre) a la sociedad a que pague completamente los dividendos en el plazo máximo de doce meses contados desde la fecha en que la junta acordó su distribución.

Sin perjuicio de los derechos especiales que los estatutos reconozcan a algunos de ellos, como los titulares de acciones o participaciones privilegiadas o sin voto, en general los socios participarán en la proporción que la Ley (art. 275 LSC) establece: atendiendo al capital desembolsado, si es una anónima, y en proporción al capital social (que ya se sabe que tiene que estar totalmente desembolsado desde el principio) si es una limitada, aunque en este caso se admite la norma estatutaria en contra.

El hecho de que haya beneficios distribuibles entre los socios no significa que la sociedad esté obligada a repartir dividendos en todo caso, puede preferir retener esa ganancia en su patrimonio por la razón que sea. Ahora bien, lo que no es admisible es que, habiendo beneficios, una sociedad no reparta dividendos sistemáticamente, pues eso supone vaciar de contenido uno de los derechos inherentes a la condición de socio reconocido en el artículo 93 *a)*

LSC. De hecho, para evitar esa práctica patológica, se introdujo en su momento (por Ley 25/2011, de 1 de agosto) el artículo 348 *bis* LSC, reconociendo al socio que se encontrara en tales circunstancias derecho a separarse de la sociedad, aunque este precepto, de formulación muy criticada por la doctrina y los prácticos, fue sucesivamente suspendido en su vigencia hasta el 31 de diciembre de 2016 (por D. F. 1ª. 2 de la Ley 9/2015, de 25 de mayo), aunque, por pura inercia (ni se reformó ni se dictó otra disposición suspendiendo nuevamente su aplicación), acabó entrando en vigor en esa fecha, tal como había sido redactado. Luego, la Ley 11/2018, de 28 de diciembre, le daría nueva redacción (levemente retocada por el R. Dec.-ley 7/2021, de 27 de abril), reconociendo derecho de separación al socio disconforme con el reparto de dividendos, si se cumplen todos los requisitos ahí previstos y que veremos al estudiar esta causa legal de derecho de separación (Lección 10, epígrafe 1.1).

En fin, cabe también que antes de aprobarse las cuentas los administradores (u otra junta antes de la aprobación) decidan entregar a los socios dividendos a cuenta, que son una especie de anticipo sobre los dividendos que habría posteriormente de acordar repartir la junta que apruebe las cuentas. La Ley admite esta práctica, pero, por razones evidentes, sometiéndola a cautelas, que se determinan en el artículo 277.

4.4. Depósito y publicidad de las cuentas

Una vez aprobadas las cuentas anuales por la junta general, y dentro del plazo de un mes desde su aprobación, los administradores tienen que presentar (art. 279 LSC, en redacción dada por Ley 11/2018, de 28 de diciembre) en el RM del domicilio social para su depósito un ejemplar de cada uno de los documentos que integran las cuentas, así como una certificación de los acuerdos de la junta de aprobación de las cuentas (debidamente firmadas) y de aplicación del resultado. Además, han de presentarse (si fueran obligatorios para la sociedad), el informe de gestión (incluido, si procede, el estado de información no financiera) y el informe del auditor (ya sea porque la sociedad esté obligada a auditoría por su tamaño o porque se haya hecho a petición de la minoría).

La expresión "presentación" de cuentas es equivalente a "depósito de cuentas". Utilizamos la primera de ellas con preferencia a la segunda, porque la presentación de cuentas por vía telemática está sustituyendo al depósito (físico) de las cuentas en papel. Según datos hechos públicos por el Colegio de Registradores en su citada *Estadística Mercantil* de 2014, p. 12, en ese año, de las cuentas presentadas por empresarios de todo tipo, el 60% fue por vía telemática, el 21% mediante dispositivo digital físico (cd/dvd) y sólo el 18% restante, en papel. Y más aún en los años posteriores: en 2015, el 71% de los depósitos se hicieron telemáticamente, el 15% en papel y el restante 14% en cd/dvd; en 2016, ya más del 77% de los depósitos se hicieron por vía telemática, sólo un 12% en papel y un restante 10% en cd/dvd/usb; en 2017, casi un 82% por vía telemática, un 11% en papel y un 7% en cd/dvd/usb; en 2018, más de un 84% por vía telemática, un 9% en papel y un 6% en cd/dvd/usb; en 2020, el 93% de depósitos ya fueron digitales, en 2022, ya se llegó al 93,1% por vía telemática, quedando un 2,1% de presentación digital presencial y un muy residual 4,8% de depósito en papel. En 2024, se ha alcanzado ya un 93,8 de presentación telemática, sólo ya un 1,9% de presentación digital presencial y apenas un 4,3% de depósito en papel, que va desapareciendo (v. *Estadística Mercantil* de 2024, pp. 12-13, de 2022, p. 13, y de 2018, también p. 13, con todos los datos del período 2010-2018).

El Registrador Mercantil, en el plazo de quince días contados desde la fecha del asiento de presentación, debe calificar bajo su responsabilidad (art. 280 LSC): si los documentos presentados son los requeridos por la Ley (los que exige el art. 279, arriba citados), si están aprobados por la junta general y si están firmados. El examen que realiza no es, por tanto, material, no valora si las cuentas son correctas, si reflejan o no la situación patrimonial de la sociedad, sólo comprueba los aspectos que acabamos de citar, que son puramente externos y formales. Si no aprecia defectos, debe dar por efectuado el depósito, practicando el correspondiente asiento en el Libro de depósito de cuentas y en la hoja correspondiente a la sociedad. Luego, periódicamente, debe comunicar al RM Central la relación de las sociedades que hayan cumplido la obligación de depósito, hecho al que éste dará publicidad a través del BORME (art. 281 LSC y 370 RRM).

Una vez efectuado el depósito, cualquier persona, sin necesidad de justificar un interés legítimo, puede acceder a través del Registro Mercantil a todos los documentos integrantes de las cuentas y a los documentos complementarios (art. 281 LSC desarrollado por art. 369 RRM). En fin, el Registrador está además obligado (art. 280.2 LSC) a conservar esta documentación durante el plazo de seis años, lo que facilita el acceso de cualquier tercero a su contenido.

Si los administradores de la sociedad no cumplen la obligación de depositar las cuentas en el plazo legal, se produce el llamado "*cierre registral*" regulado en el artículo 282 LSC (y art. 378 RRM), que supone una especie de sanción para la sociedad por su incumplimiento, impidiéndole que inscriba documento alguno en el RM mientras persista el incumplimiento. Ahora bien, para evitar la desprotección de terceros que pudieran relacionarse con la sociedad, se exceptúan los títulos relativos al cese o dimisión de administradores, entre otros. Aparte del cierre registral, la Ley prevé como consecuencia de este incumplimiento la imposición de sanciones económicas a la sociedad por el Instituto de Contabilidad y Auditoría de Cuentas (art. 283 LSC).

Lección 8. Modificaciones estatutarias

1. Consideraciones generales

Los estatutos, con independencia de las normas imperativas de la LSC y que rigen el nacimiento, vida y extinción de la sociedad de capital, son la norma que regula, de acuerdo con la Ley, la organización y funcionamiento de la sociedad. Los estatutos se redactan normalmente antes de que la sociedad comience a funcionar y operar en el tráfico, pero, con el paso del tiempo, pueden darse nuevas circunstancias en la vida de la sociedad que aconsejen algún cambio en ellos. Como no tendría sentido que la sociedad tuviera que seguir perennemente atada a una decisión tomada en el proceso de constitución, la Ley permite las modificaciones estatutarias y, de hecho, son muy frecuentes en la práctica (por ejemplo, las de aumento de capital), aunque, dada la trascendencia que pueden tener no sólo para la propia y sociedad y sus socios, sino también para terceros, las somete a una serie de requisitos, que son imperativos y que vamos a estudiar en los epígrafes sucesivos.

La LSC se ocupa de esta materia en su Título VIII (arts. 285-345), donde establece, primero, unas normas generales para disciplinar la modificación de estatutos sociales (y dentro de ellas algunas normas tuitivas de los accionistas en determinados casos de modificación de estatutos) y, en segundo término, unas normas específicas para las operaciones de aumento y reducción del capital social.

2. Normas de aplicación general a cualquier modificación estatutaria

El órgano competente para acordar "*cualquier modificación de los estatutos*" es la junta general, que es el máximo órgano decisorio (art. 285 LSC). Ahora bien, los acuerdos de la junta general en esta materia, como apuntamos, están limitados por preceptos imperativos de la Ley. Nuestro ordenamiento (primero en el TRLSA 1989 y ahora en la LSC) ha reforzado las exigencias legales que debe respetar la junta cuando decide modificar los estatutos, cualquiera que sea la modificación, y ahora son más detalladas y más protectoras de los socios que las de la derogada LSA 1951.

Una excepción al régimen general de atribución a la junta general de la competencia exclusiva en esta materia es el cambio del domicilio social dentro del territorio nacional, que puede acordarlo el órgano de administración, salvo disposición contraria de los estatutos (art. 285.2 LSC; téngase presente que hasta la reforma operada en este precepto por Ley 9/2015, de 25 de mayo, su competencia se limitaba a los cambios de domicilio dentro del término municipal).

Con motivo del referéndum ilegal de independencia de Cataluña y para facilitar el traslado del domicilio dentro de España a las sociedades allí domiciliadas que seguían previendo en sus estatutos la competencia de la Junta en esta materia (previsiblemente por reproducir en una cláusulas estatutaria el art. 285 en su versión anterior a la reforma de 2015 y no haberse modificado tal cláusula desde entonces), el Gobierno dictó el Decreto-ley 15/2017, de 6 de octubre, dando nueva redacción al art. 285.2, para permitir que pudiera tomar la decisión rápidamente el órgano de administración, sin necesidad de acuerdo de la junta, pese a lo dicho en los estatutos. Para salvar esta dificultad, dice ahora el art. 285.2: "Por excepción a lo establecido en el apartado anterior el órgano de administración será competente para cambiar el domicilio social dentro del territorio nacional, salvo disposición contraria de los estatutos. *Se considerará que hay disposición contraria de los estatutos solo cuando los mismos establezcan expresamente que el órgano de administración no ostenta esta competencia*". La solución se refuerza con lo dispuesto en la Disposición Transitoria Única, que bajo la rúbrica "[r]égimen de los estatutos aprobados antes de la entrada en vigor de este real decreto-ley" dice que "[a] los efectos previstos en el artículo 285.2 LSC en la redacción dada por este real decreto-ley, se entenderá que hay disposición contraria de los estatutos *solo cuando con posterioridad a la entrada en vigor de este real decreto-ley se hubiera aprobado una modificación estatutaria que expresamente declare que el órgano de administración no ostenta la competencia para cambiar el domicilio social dentro del territorio nacional*".

Además, como veremos, también hay un caso en el aumento del capital de una sociedad anónima en que cabe que los administradores tomen la decisión del aumento (el llamado "*capital autorizado*", regulado por el art. 297.1.*b)* LSC) que supone la correspondiente modificación estatutaria, pero es una hipótesis distinta de la anterior, pues la competencia para decidir el aumento del capital sólo la tienen si la junta general delega en ellos tal decisión, luego no es una competencia que tengan de manera originaria, sino *delegada*, a diferencia de lo que ocurre con el traslado del domicilio social dentro del territorio nacional. En fin, obsérvese que la LSC otorga ahora competencia a los administradores para decidir el traslado del domicilio cuando es dentro del territorio nacional, pero, si es traslado al extranjero, no sólo es competencia de la junta general, sino que, por su trascendencia, es considerado modificación estructural (concretamente, transformación transfronteriza) y queda sometido a otra ley distinta, la reguladora de las modificaciones estructurales, que se encuentra ahora en el R. Dec.-ley 5/2023, de 28 de junio, que derogó la Ley 3/ 2009, de modificaciones estructurales.

Para que sea válido cualquier acuerdo de modificación de estatutos, aparte de haber sido adoptado por el órgano competente (que, por regla general, es la junta general), es imprescindible que se cumplan una serie de requisitos (arts. 286-290 LSC):

a) Los administradores o, en su caso, los socios que hagan la propuesta han de redactar el texto íntegro de la modificación que proponen y, además, en la sociedad anónima, un *informe escrito* con la *justificación* de la misma (bajo la LSA 1951 no existía esta previsión).

b) En el anuncio de la convocatoria de la junta general hay que fijar con la debida claridad los *extremos* que han de modificarse (no bastando la previsión genérica "modificación de estatutos").

c) Otra exigencia es que en el anuncio de la convocatoria de la junta general debe constar el derecho de los socios a examinar en el domicilio social el texto íntegro de la modificación que se propone y, en el caso de las anónimas, también el informe sobre la misma, así como pedir la entrega o el envío gratuito a su domicilio de dichos documentos.

d) Se requiere que el acuerdo sea adoptado con mayoría reforzada: en las sociedades anónimas (y comanditarias por acciones), la que resulta de los artículos 194 y 201 LSC y en las sociedades limitadas, la impuesta por el artículo 199 del mismo texto legal.

e) El acuerdo ha de constar en escritura pública, que se inscribirá en el RM y se publicará en el BORME.

Aparte de estos preceptos, que establecen los requisitos para toda modificación, los artículos 291 y siguientes contienen normas específicas tuitivas de los socios para determinadas modificaciones:

a) El artículo 291 LSC, aplicable a toda sociedad de capital, dice que "[*c*]*uando la modificación de los estatutos implique nuevas obligaciones para los socios deberá adoptarse con el consentimiento de los afectados*". El sentido de la norma es claro: los socios cumplen con el desembolso de sus acciones o participaciones y no es lícito imponerles nuevas obligaciones sin su consentimiento por la vía de la modificación estatutaria. Esto requiere el consentimiento de todos ellos, de forma que un eventual acuerdo mayoritario no vincula a los que no votaron a su favor.

b) El artículo 293 LSC, aplicable sólo a sociedades anónimas (y comanditarias por acciones), regula la hipótesis de que pretenda acordarse una modificación estatutaria que resulte perjudicial a una clase de acciones y establece una solución que trata de proteger a los accionistas afectados. En efecto, con arreglo a esta norma, cuando existen acciones privilegiadas y el acuerdo de la junta va a lesionar directa o indirectamente a los tenedores de esas acciones, no puede ser tomado por la mayoría de accionistas sin tener en cuenta a los afectados. Y lo mismo (art. 293.2, en redacción dada por Ley 31/2014) si hay una sola clase de acciones y la modificación puede suponer un trato discriminatorio entre los socios. Así, se prevé que aparte de la adopción del acuerdo por la junta con los requisitos de los artículos 286 y siguientes LSC se adopte además un acuerdo mayoritario, también cumpliendo los requisitos de los artículos 286 y siguientes, por los accionistas afectados (doble acuerdo). De ser varias clases de acciones las afectadas, se requiere un acuerdo separado por cada clase. El acuerdo de los afectados puede hacerse dentro de la junta general en votación separada o en una junta especial. Cuando la modificación afecte sólo a una parte de los accionistas de una clase es necesario tanto un acuerdo de los accionistas afectados como de los no afectados, aparte del general de la junta (triple acuerdo). En la práctica estos acuerdos se sustancian normalmente en votaciones separadas dentro de la junta general, pero también cabe la convocatoria de juntas especiales y en tal caso se aplican las normas relativas a la junta general (art. 293.4 LSC). En cambio, en la sociedad limitada, se prevé (art. 292 LSC) una solución distinta para los cambios de estatutos que afecten a los "*derechos individuales de los socios*", pues no basta un acuerdo mayoritario, ni siquiera de los afectados, sino que se requiere el consentimiento individual de cada uno de ellos.

Por otro lado, a lo largo del articulado legal hay otras normas protectoras de los intereses de los socios que puedan verse afectados por una modificación estatutaria.

a) Es el caso de las modificaciones que tengan por objeto establecer restricciones a la libre transmisibilidad de las acciones: lo más frecuente es que tales restricciones se prevean en la redacción originaria de los estatutos, pero también cabe que se hayan creado las acciones libres y posteriormente se quiera restringir su transmisibilidad. Aquí hay que proteger a los accionistas afectados, porque no sería equitativo que la junta tomara tal acuerdo por decisión mayoritaria, aun con mayoría reforzada, sin proteger al socio que compró acciones libres y que se pretende que se conviertan en vinculadas. De ahí la solución que ofrece el artículo 123 LSC (y 123 RRM): que no quedan sometidos al acuerdo los accionistas que no hayan votado a favor durante el plazo de tres meses contados desde su publicación en el BORME. Eso supone que durante ese tiempo pueden vender libremente estas acciones. No puede supeditarse la mayoría a la minoría, pero se permite a los que conforman ésta deshacerse de sus acciones. Distinta es la solución que se ofrece en el ámbito de la sociedad limitada para los socios que no hayan votado a favor del acuerdo de modificación del régimen de transmisión de las participaciones sociales, pues se les reconoce el derecho a separarse de la sociedad (art. 346.2 LSC). Mientras el socio de la anónima en la hipótesis análoga se ve obligado a buscar un comprador de sus acciones (con la dificultad derivada de que el comprador sabrá que compra acciones que van a quedar vinculadas), el socio de la limitada tiene a la sociedad como "comprador" seguro, pues mediante el ejercicio de su derecho la sociedad resulta obligada a reembolsarle el valor razonable de sus participaciones (art. 353 LSC), con independencia de lo que luego haga la sociedad con ellas (puede amortizarlas o adquirirlas).

b) En general, hay que recordar que la Ley reconoce al socio de toda sociedad de capital derecho a separarse de la sociedad cuando no haya votado a favor de ciertos acuerdos, como los de (i) sustitución o modificación del objeto social, (ii) prórroga de la sociedad, (iii) reactivación o (iv) creación, modificación o extinción anticipada de la obligación de realizar prestaciones accesorias (en este caso, salvo disposición contraria de los estatutos). En definitiva, supuestos todos ellos de modificación estatutaria en que se protege al socio disconforme (y al carente de voto), en la línea de los supuestos vistos.

A dichas hipótesis hay que añadir los casos de acuerdos modificativos de los estatutos en los que la LME reconoce derecho de separación al socio, que son la transformación de la sociedad y el cambio de domicilio al extranjero (v. art. 346 LSC).

3. Aumento y reducción del capital social

Una de las modificaciones estatutarias más frecuentes y relevantes son las que afectan a la cifra del capital social, que, como es sabido, es una cifra fija que figura en los estatutos y que, por su finalidad de retener bienes en el activo para responder de las deudas sociales, la Ley quiere que guarde una cierta correspondencia con el patrimonio real de la sociedad. Precisamente por eso es una cifra que puede modificarse por voluntad de la sociedad, al alza (*aumento*) o a la baja (*reducción*). Por su relativa correlación con el patrimonio social, con frecuencia -aunque no necesariamente-, la reducción de capital es síntoma de que la sociedad no está en buena situación económica y el aumento, de lo contrario. En fin, mientras las operaciones de aumento son siempre voluntarias para la sociedad, las de reducción son obligatorias en ciertos casos, como veremos luego con detenimiento.

Las operaciones de aumento de capital, que son indicativas de la confianza del empresario en las expectativas de su empresa y en el mercado, son mucho más frecuentes que las de reducción, y si observamos las estadísticas registrales de los últimos años, la relación entre ambas se mantiene constante. Así, en 2017 hubo 31.378 operaciones de aumento (aproximadamente, como en años anteriores); en 2018, 31.671; en 2019, 31.062, bajando a 25.831 en 2020, año en que se aprecian claramente los efectos de la crisis del coronavirus. En 2021 hubo un claro repunte, llegándose a 29.835, que se acentuaría algo más en 2022, con 29.848 ampliaciones, y aún más en 2023, con 30.337 y en 2024, con 30.629 (v. *Estadística Mercantil* 2024, p. 39). En cambio, en esos mismos años, el número de operaciones de reducción fueron: en 2017, 6.171 (también siguiendo la tónica de años anteriores); en 2018, 6.341; en 2019, 6.348, en 2020, 5.511, en 2021, 6917, en 2022, 6889 7.131 en 2023, y 7.143 en 2024, (v. *Estadística Mercantil* 2022, p. 9, y 2024, p. 47).

3.1. Aumento del capital social

3.1.1. Modalidades del aumento y derecho de preferencia. Aumento incompleto. Ofrecimiento al público de acciones

Como sabemos, la cifra del capital social se corresponde con la suma del valor nominal de todas las acciones o participaciones de la sociedad. Por esta razón, para hacer un aumento del capital hay dos posibilidades: (i) emitir nuevas acciones o participaciones sociales o (ii) elevar el valor nominal de las ya existentes.

Cuando se recurre a este segundo procedimiento es menester contar con el consentimiento de los socios, *de todos ellos*, pues nadie puede obligarles a suscribir el aumento, efectuando nuevos desembolsos. Ahora bien, no requieren esta protección, siendo innecesario su consentimiento, cuando el aumento se hace con cargo a beneficios o a reservas, esto es, cuando no se les van a exigir nuevos desembolsos (art. 296.2 LSC), que es, por otro lado, el caso en que con frecuencia se acude a esta modalidad de aumento. En este supuesto es suficiente el acuerdo mayoritario de la junta. En fin, hay que tener presente que cuando no se hace con cargo a beneficios o reservas, sino mediante nuevas aportaciones de los socios, rige también el principio del desembolso mínimo del 25 por ciento para la sociedad anónima (arts. 296.3 y 79 LSC) y del íntegro para la sociedad limitada (art. 78 LSC).

Si se hace por emisión de nuevas acciones o participaciones, con cargo a aportaciones dinerarias, la problemática es distinta, pues nace un *derecho de preferencia* en la adquisición de nuevas acciones o de asunción de nuevas participaciones (llamado por la Ley "*derecho de preferencia*" cuando se refiere de forma conjunta a las dos sociedades de capital) a favor de los antiguos socios consistente en que se permite al socio suscribir un número de acciones o participaciones proporcional al valor nominal de las que posea (art. 304). La finalidad de este derecho es, por un lado, política: evitar que la posición en la sociedad de los antiguos socios se diluya, esto es, que con la entrada de otros socios gracias al aumento pierdan aquéllos la posición relativa que tenían en la sociedad antes del aumento; además, aparte de las consecuencias en el plano del control de la sociedad, este derecho se justifica porque las reservas de la sociedad que antes del aumento se correspondían con un número determinado de acciones o participaciones ahora se repartirán entre un número mayor de acciones o participaciones y ese derecho sirve para compensar esa pérdida de valor de las antiguas.

El socio que esté interesado en ejercitarlo deberá hacerlo en el plazo que fijen los administradores de la sociedad si es una anónima o la propia junta general al acordar el aumento si es una limitada, pero en ambos casos este plazo no podrá ser inferior a un mes desde la publicación del anuncio de la oferta de la suscripción o asunción de la nueva emisión en el BORME para las no cotizadas, sean anónimas o limitadas (art. 305.2 LSC) y de catorce días para las cotizadas (art. 503 LSC, en redacción dada por Ley 5/2021). En las sociedades limitadas y en las anónimas cuando todas las acciones sean nominativas, el órgano de administración podrá (amparándose en el art. 305.3 LSC) sustituir el anuncio en el BORME por una comunicación escrita a cada socio (y, en su caso, a los usufructuarios).

El derecho de preferencia es renunciable (el socio puede decidir ejercitarlo o no) y, en la sociedad anónima, es además transmisible en las mismas condiciones que las acciones de las que derive (art. 306.2 LSC), luego si las acciones están sujetas a cláusulas restrictivas de la libre transmisibilidad, los derechos que de ellas dimanan también lo estarán. Esto no es muy frecuente, pues la venta de los derechos de suscripción preferente se hace normalmente en caso de sociedades cotizadas, que nunca pueden incluir en sus estatutos cláusulas que limiten la transmisibilidad. En la sociedad limitada, se asimila el régimen de transmisión de estos derechos al de transmisión de las participaciones sociales (v. art. 306.1 LSC).

Este derecho está reconocido en todos los ordenamientos de nuestro entorno e introducido en nuestro sistema jurídico por la LSA de 1951. Esta primera formulación legal era muy rígida pues no permitía que la sociedad excluyera este derecho en ningún caso y, como este régimen daba problemas en la práctica, cuando se reformó nuestra LSA en 1989, se flexibilizó, permitiendo que se excluyera por razones de interés social (que era la tónica del Derecho comparado), mediante un acuerdo de la junta general adoptado con los requisitos de la modificación de estatutos. Y éste es el sistema que finalmente ha pasado a la LSC.

Así, cuando la junta general decida aumentar el capital, puede acordar la supresión total o parcial del derecho de preferencia, pero este acuerdo, para ser válido: (i) ha de adoptarse en interés de la sociedad (así, puede haber casos en que a la sociedad le interese que participe en su capital un determinado inversor y la exclusión de este derecho facilita su entrada); (ii) con los requisitos de los artículos 285 y siguientes LSC (como el propio de aumento), y (iii) cumpliendo asimismo las cautelas previstas en el artículo 308.2 LSC. Estas cautelas consisten sustancialmente (conforme a la redacción del precepto dada por la Ley 22/2015) en: *a)* Que los administradores elaboren un informe en el que especifiquen el valor de las acciones o participaciones de la sociedad y la contraprestación que va a obtener la sociedad por las nuevas participaciones o acciones, indicando las personas a quienes hayan de atribuirse en lugar de a los antiguos socios; además, en las sociedades anónimas se exige un informe emitido por un experto independiente nombrado por el RM sobre el valor razonable de las acciones de la sociedad, sobre el valor teórico del derecho de preferencia cuyo ejercicio se propone suprimir o limitar y sobre la razonabilidad de los datos contenidos en el informe de los administradores; *b)* Que en la convocatoria de la junta se haya hecho constar la propuesta de supresión del derecho de preferencia, el tipo de creación de las nuevas acciones o participaciones y el derecho de los socios a examinar en el domicilio social el informe o informes referidos bajo la letra *a)*, así como pedir la entrega o envío de tales documentos; y *c)* Que el valor nominal de las nuevas participaciones o acciones más, en su caso, el importe de la prima, se corresponda con el valor real que se haya atribuido en los informes citados (el de los administradores en la sociedad limitada y el del experto independiente en la anónima) a las acciones o participaciones. La exigencia de que el precio de emisión se corresponda con el valor razonable que resulta del informe del auditor se reduce considerablemente en las sociedades cotizadas (v. arts. 504-506 LSC, en redacción dada por Ley 5/2021).

Con independencia de su posible exclusión por acuerdo de la junta general, hay casos en que este derecho simplemente no llega a nacer: (i) cuando el aumento de capital se debe a la conversión de obligaciones en acciones, puesto que las nuevas acciones sólo pueden entregarse a los obligacionistas; (ii) cuando el aumento procede de la absorción de una sociedad, porque las nuevas acciones corresponderán a los socios de la absorbida y tampoco en caso de absorción de parte del patrimonio escindido por otra sociedad, porque las nuevas acciones corresponderán a los socios de la sociedad escindida (art. 304.2 LSC).

Cabe que, en los casos en que sí se ejercita este derecho, no se suscriba íntegramente por los socios la totalidad de las acciones o participaciones emitidas, en cuyo caso se aplican las normas sobre *aumento incompleto* (entendiéndose que se produce cuando no se suscriben o asumen todas las acciones o participaciones de la nueva emisión), normas que son distintas en función del tipo social, habiendo un régimen similar para sociedades limitadas y anónimas cotizadas y otro totalmente distinto para las anónimas no cotizadas. En la regulación de las sociedades limitadas, hay que señalar que la Ley muestra especial interés en procurar el éxito de la operación de aumento: (i) Por un lado, mediante el que llama "*derecho de preferencia de segundo grado*" (art. 307), que consiste en que las participaciones no asumidas en el ejercicio del derecho de preferencia pueden ser ofrecidas por los administradores a los socios que lo hubieren ejercitado para que las asuman ellos y si, pese a ello, quedan participaciones libres, pueden adjudicarse a terceros. Esta norma rige para la sociedad limitada salvo cláusula estatutaria en contra y, en cambio, no está formulada expresamente para las anónimas. Con todo, se entiende que las anónimas pueden hacer uso de esta posibilidad siempre que lo prevean en las condiciones de la emisión. (ii) Por otro lado, porque las consecuencias jurídicas que anuda la Ley al caso de aumento incompleto son más favorables que las previstas para la misma hipótesis en una sociedad anónima no cotizada: en efecto, puede que pese a que se efectúe una segunda vuelta (si no se ha excluido esta posibilidad en la SL y se ha previsto en una SA), queden participaciones o acciones cuya titularidad nadie quiera asumir. En tal caso, si es una sociedad limitada, la Ley (art. 310) establece que el capital quedará aumentado en la cantidad efectivamente desembolsada (recuérdese que el desembolso en las SL debe hacerse íntegramente desde el principio), mientras en una sociedad anónima no cotizada se ha consagrado el criterio inverso, esto es, sólo se aumentará en la cuantía de las suscripciones si se hubiese previsto expresamente esta posibilidad (art. 311.1). De no hacerse así, la operación de aumento se entiende que ha fracasado y la sociedad tiene que devolver las aportaciones realizadas (art. 311.2). En cambio, para las sociedades anónimas cotizadas, el trato se asimila al de las sociedades limitadas, pues en caso de aumento incompleto, rige lo dispuesto en el artículo 507 (en redacción dada por Ley 5/2021), que declara la eficacia del aumento, aunque la suscripción no haya sido completa, salvo que el acuerdo prevea lo contrario.

En fin, una sociedad anónima puede ofrecer al público en general acciones para su suscripción. Esta posibilidad está prevista en el artículo 309 LSC, pero en cuanto es una oferta pública de suscripción de valores se rige fundamentalmente por la legislación del mercado de valores, a la que se remite la propia LSC, concretamente por la Ley 6/2023, de 17 de marzo, de los Mercados de Valores y de los Servicios de Inversión (art. 35), el Reglamento (UE) 2017/1129 del Parlamento Europeo y del Consejo, de 14 de junio de 2017 y el Real Decreto 814/2023, de 8 de noviembre, sobre instrumentos financieros, admisión a negociación, registro de valores negociables e infraestructuras de mercado, que desarrolla la Ley nacional en este punto. En este caso, la oferta tiene que comunicarse a la CNMV y presentarse cierta documentación, como el folleto informativo en que se precisan las condiciones de la emisión (obligatorio cuando el ofrecimiento es a un mínimo de 150 personas) y que deberá ponerse a disposición del público. Además, la LSC prevé que la suscripción de estas acciones se hará constar en un documento llamado "*boletín de suscripción*", que se extenderá por duplicado y del que se le entregará copia a todo suscriptor con un contenido determinado en el propio artículo 309 LSC.

3.1.2. Contravalor del aumento

La Ley admite (art. 295.2 LSC) que el desembolso de las acciones o participaciones sociales del aumento, y ya se haga por emisión de nuevas acciones o por elevación del valor nominal de las existentes, se efectúe con cargo a nuevas aportaciones dinerarias o no dinerarias, incluida la compensación de créditos contra la sociedad, o con cargo a beneficios o reservas que ya figurasen en el último balance aprobado. Ese respaldo patrimonial del aumento, que puede ser, como vemos, de naturaleza muy variada, se denomima *contravalor*.

Ahora bien, como puede deducirse fácilmente de los tipos de contravalor enumerados, el aumento del capital social no supone necesariamente aumento del patrimonio. En efecto, cabe que se aumente el capital con cargo a bienes que ya forman parte del patrimonio de la sociedad, y así si se aumenta el capital con cargo a beneficios o reservas no hay aumento de patrimonio, sino un simple traspaso contable, concretamente de la cuenta de beneficios o de reservas a la cuenta del capital, lo que supone que bienes que antes eran de libre disposición para la sociedad quedan afectos al capital en beneficio de sus acreedores. Por su parte, la compensación de créditos con la sociedad supone para ésta reducir su pasivo exigible, convirtiendo en socios a sus acreedores, lo que se llama en la práctica la "capitalización de deuda".

Aunque con carácter general el aumento de capital sea un medio de financiarse la sociedad (alternativo a un préstamo bancario o no bancario o a la emisión de obligaciones), en el caso concreto, la sociedad puede preferir capitalizar deuda que captar fondos de terceros. Por ello, atendiendo a sus circunstancias y a la finalidad buscada, preparará la operación eligiendo un contravalor u otro de los legalmente previstos. Ahora bien, esta libertad de elección no es total, fijando la Ley unos límites, que veremos seguidamente.

En el *aumento con cargo a aportaciones dinerarias* (art. 299 LSC), que es la vía lógica cuando se quiere captar numerario, la Ley exige (para sociedades anónimas, no para limitadas, lógicamente) el total desembolso de las acciones anteriores por razones evidentes: no puede pedirse dinero con cargo a las acciones nuevas si hay cantidades pendientes de pago relativas a las acciones antiguas. Si la sociedad necesita dinero, la Ley pretende que exija antes lo que se le debe. Ahora bien, esta prohibición no opera cuando los dividendos pasivos de las acciones antiguas son mínimos, esto es, cuando no superan el tres por ciento del capital social.

En el *aumento con cargo a aportaciones no dinerarias* (art. 300 LSC) surgen problemas análogos a los que se plantean cuando se hacen aportaciones de esta naturaleza en el momento de la fundación, siendo necesario defender el capital social tanto en un caso como en otro. Por ello, aquí se exige: (i) en las sociedades anónimas, el informe del experto independiente del artículo 67 LSC (en la sociedad limitada, opera en principio, en cambio, el régimen alternativo de responsabilidad de los intervinientes previsto en los arts. 73 y ss. LSC); (ii) para toda sociedad de capital, al tiempo de la convocatoria de la junta, que se ponga a disposición de los socios un informe de los administradores con el contenido del artículo 300.1 LSC; (iii) en relación con la disposición anterior, que se haga constar en la convocatoria el derecho de los socios al examen de ese informe (art. 300.2º LSC).

En cuanto al *aumento por compensación de créditos*, la Ley admite que los terceros o socios que tengan créditos contra la sociedad los compensen con el crédito que nace a favor de ésta en virtud de la suscripción de acciones o la asunción de participaciones. De esta manera, la sociedad no capta nuevos fondos, pero disminuye sus deudas en la cuantía del valor nominal de las acciones o participaciones suscritas por sus antiguos acreedores. Pero, para preservar la integridad del capital, se exige (art. 301.1 LSC): si es una anónima, y en correlación con el principio del desembolso mínimo del 25 por ciento, que los créditos a compensar, al menos en un 25 por ciento, sean líquidos, vencidos y exigibles, y que el vencimiento de los restantes no sea superior a cinco años. En una sociedad limitada, como rige el principio del desembolso íntegro, se requiere, en cambio, que los créditos sean totalmente líquidos y exigibles. Además, se prevén varias medidas para que la operación sea transparente a la masa de socios: (i) que al tiempo de la convocatoria se ponga a su disposición un informe de los administradores sobre los datos de los créditos a compensar y (ii) en la sociedad anónima, además, un certificado del auditor de la sociedad que confirme la exactitud de tales datos; (iii) en fin, que se haga constar en el anuncio de la convocatoria el derecho de información de los socios sobre tales documentos en los términos del artículo 301.4 LSC.

Similar es la hipótesis de aumento por conversión de obligaciones en acciones, pues, en virtud de la conversión, los obligacionistas pasan de ser acreedores a socios. En este caso, el aumento se rige por lo dispuesto en el acuerdo de emisión (art. 302 LSC).

El *aumento con cargo a reservas* es un caso en que el aumento de capital no supone incremento de patrimonio, no entran nuevos bienes, al traducirse en un traspaso de la cuenta de reservas a capital. Para ello, podrán utilizarse, dice la Ley: (i) las reservas disponibles; (ii) las reservas por prima de emisión de acciones o de asunción de participaciones sociales y (iii) la reserva legal entera si es una sociedad limitada y, si es una anónima, la reserva legal en la parte que exceda del diez por ciento del capital ya aumentado (art. 303.1 LSC). La Ley (art. 303.2 LSC) también establece un ulterior requisito imperativo: que a la operación ha de servir de base un balance aprobado por la junta general dentro de los seis meses anteriores al acuerdo de aumento, verificado por un auditor, sea el de la sociedad, o, a falta de éste, el nombrado al efecto por el Registrador Mercantil. En cuanto al procedimiento para llevarlo a cabo, puede hacerse, bien por elevación del valor nominal de las acciones o participaciones existentes (en cuyo caso no se requiere el consentimiento de los todos los socios, pues no se les exige aportación alguna, art. 296.2 LSC), o por emisión de nuevas acciones o participaciones sociales. En este último caso se reconoce a los socios el derecho de asignación "*gratuita*" de las mismas, al que se refiere el artículo 306.2 *in fine*.

Hasta ahora hemos partido de la elección, al acordar el aumento, de un tipo de contravalor u otro dentro de los legalmente previstos, pero la jurisprudencia ha admitido en alguna ocasión (v., en part., STS 28 de mayo de 1990, RJ 1990/4087) la posibilidad de un aumento mixto, hecho en parte con cargo a reservas y en parte con cargo a aportaciones dinerarias de los socios. La validez del aumento mixto se apoyaría en que no se utiliza como contravalor uno nuevo, distinto de los contemplados por la Ley (que se consideran "numerus clausus"), sino que se acude a una combinación de dos ya tipificados (v. SAP Madrid, Secc. 21ª, de 13 de marzo de 2007, AC 2007/893). También admite esta posibilidad la DGSJFP, entre otras, en la Res. de 4 de febrero de 2003.

3.1.3. Acuerdo de aumento y posible delegación en los administradores sociales

Aunque las operaciones de aumento requieren ser aprobadas por la junta general, en la práctica es una operación compleja, que tiene que ser preparada por el órgano administrativo de la sociedad. Por eso en la sociedad anónima se permite cierta delegación de esta operación en los administradores, no así en la sociedad limitada, en la que la junta general tiene competencia exclusiva y excluyente para cualquier modificación estatutaria (art. 285.1 LSC).

En particular, el momento de su realización es muy importante y requiere reserva. Por eso lo normal es que en las sociedades anónimas las juntas sólo aprueben las bases esenciales de la operación y deleguen en los administradores la elección de la fecha de ejecución del acuerdo y la fijación de ciertas condiciones del mismo. En tal caso, se toma el acuerdo de aumento por la junta, pero se ejecuta en la fecha que los administradores decidan y éstos, además, completan extremos dejados sin fijar por la junta. Otro supuesto real es que no sea la junta general quien acuerde el aumento, sino que acuerde delegar la propia toma del acuerdo en los administradores. Es, pues, una delegación a favor de los administradores de la facultad primaria que tiene la junta y se llama en la práctica "*capital autorizado*". Esta forma de actuar es frecuentísima en todas las sociedades, principalmente en las cotizadas, pero no sólo, porque la reunión de la junta es contraria a la rapidez que exige en ocasiones tomar el acuerdo de aumentar. Pues bien: estos dos supuestos son los previstos antes en el TRLSA 1989 y actualmente en la LSC (art. 297):

Así, con carácter general, se prevé que la junta *de la sociedad anónima*, con los requisitos establecidos para la modificación de estatutos, podrá delegar en los administradores:

a) Primer caso de los expuestos (art. 297.1.*a)* LSC): la facultad de señalar *la fecha* en que debe llevarse a efecto el aumento de capital *ya acordado*, *en la cifra acordada*, y de fijar las condiciones del mismo en todo lo no previsto por la propia junta en el acuerdo. La facultad de señalar la fecha no es *sine die*, sino limitada a un año, salvo en el caso de conversión de obligaciones en acciones, pues esto depende de las condiciones del acuerdo de emisión, al que se remite el artículo 302 LSC.

b) Capital autorizado (art. 297.1.*b)* LSC): se delega en los administradores la facultad para decidir el aumento, en una o varias veces y en la cantidad y momento que vean oportunos, sin necesidad de consultar previamente a la junta. Pero, la Ley fija unos límites: estos aumentos no podrán ser superiores a la mitad del capital social en el momento de la autorización, deben realizarse mediante aportaciones dinerarias y en el plazo de cinco años a contar desde el acuerdo de la junta.

En ambos casos (a y b) los administradores quedan facultados para dar nueva redacción al artículo de los estatutos sociales relativo a la cifra del capital social, una vez acordado y ejecutado el aumento (art. 313 LSC).

Téngase presente que toda modificación estatutaria está sometida al mismo régimen de publicidad que los estatutos en su redacción originaria, lo que supone que debe inscribirse en el Registro Mercantil. En el caso del aumento del capital, tanto el acuerdo de aumento como su ejecución deben inscribirse simultáneamente, conforme a lo dispuesto en el artículo 315 LSC (en versión dada por Ley 5/2021, que eliminó la posibilidad excepcional de inscribir el acuerdo de aumento de capital de una SA antes de su ejecución).

En las sociedades cotizadas, en las hipótesis de capital autorizado puede delegarse también en los administradores la facultad de excluir el derecho de suscripción preferente, aunque con los límites cuantitativos ahora previstos en el artículo 506 LSC, también reformado por la Ley 5/2021.

3.2. Reducción del capital social

3.2.1. Justificación económica

La reducción de capital puede responder a una doble justificación económica: (i) que el capital de la sociedad, por error de cálculo, se haya fijado en una cifra excesiva. En este caso, existe una parte del mismo que se estima innecesaria y que constituye un lastre para la sociedad, por lo que resulta útil su reducción, ya que, de mantener la cifra originaria, la sociedad estaría obligada a retener en el activo bienes que, en otro caso (siendo más reducida la cifra del capital social), podría repartir como dividendos, o –en caso de una sociedad anónima- condonar dividendos pasivos, o devolver aportaciones hechas, o no liberar tales bienes entre los socios inmediatamente, pero sí constituir reservas voluntarias, que luego podría aplicar libremente. (ii) Pero, la reducción también puede responder a la existencia de pérdidas, esto es, a la existencia de un activo inferior al capital social. En este caso, la reducción tiene por objeto equilibrar el capital social con el valor del activo, evitando así la apariencia de una solvencia patrimonial de la que se carece, en perjuicio de los acreedores sociales.

Ahora bien, puesto que la sociedad es la única responsable de las deudas sociales con cargo a su patrimonio, aquella reducción que implique una disminución del patrimonio (caso primero) afecta a los intereses de los acreedores y por ello la Ley establece una serie de medidas en su defensa. Medidas que naturalmente no proceden cuando la reducción es consecuencia de pérdidas (caso segundo), ya que aquí no se rebaja su patrimonio, sino que el capital se reduce precisamente porque el patrimonio ya está previamente disminuido por debajo de su cifra (por la existencia de pérdidas).

En fin, la Ley determina (art. 317.1) los fines específicos para los que puede realizarse una reducción de capital, que responden a una u otra de las justificaciones expuestas: (i) el restablecimiento del equilibrio entre el capital y el patrimonio neto de la sociedad disminuido como consecuencia de pérdidas; (ii) la constitución o el incremento de la reserva legal; (iii) o de las reservas voluntarias; (iv) la devolución del valor de las aportaciones y (v) en la sociedad anónima, la condonación de dividendos pasivos.

3.2.2. Procedimientos

La reducción de capital se puede realizar (art. 317.2 LSC) a través de varios procedimientos que son, lógicamente, inversos a los de aumento, como inversas son entre sí las dos operaciones. En efecto, puede ser mediante:

a) Reducción del valor nominal de las acciones o participaciones sociales: esto afecta a todas las acciones o participaciones y en el caso de reducción de capital por pérdidas es obligatorio que se acuda a este procedimiento.

b) Amortización de algunas, manteniendo el valor nominal de las restantes: como esta solución afecta al principio de igualdad de trato de los socios es necesario, además del acuerdo de la junta general de reducir el capital social, en la sociedad anónima, el consentimiento de la mayoría de los accionistas afectados adoptado en la forma prevista en el artículo 293 LSC, al que se remite el artículo 329 LSC, y en la limitada, el consentimiento individual de todos los afectados (art. 329 LSC, en coherencia con lo dispuesto en el art. 292 de la misma Ley).

c) Agrupación para canjearlas: es equivalente a reducir el valor nominal de las acciones o participaciones, porque supone, por ejemplo, que se canjean dos acciones o participaciones antiguas con un valor nominal de diez euros por una nueva con valor nominal de diez, luego es como reducir el valor nominal de las acciones o participaciones, en este caso, a la mitad.

3.2.3. El acuerdo de reducción, su ejecución y la protección de los acreedores

El acuerdo de reducción ha de ser tomado por la junta general con los requisitos generales propios de toda modificación estatutaria (arts. 285 y ss.), expresando en él el procedimiento que se va a seguir. Para ejecutar el acuerdo, sin embargo, hay que cumplir otros requisitos que luego veremos. Una vez ejecutado, se hará constar en escritura pública y se inscribirá en el Registro Mercantil, como toda modificación estatutaria. Además, si el acuerdo es de una sociedad anónima, debe ser publicado en el BORME y en la *web* de la sociedad y, a falta de ésta, en un periódico de gran circulación en la provincia en que la sociedad tenga su domicilio (art. 319 LSC).

Ahora bien, si la reducción es consecuencia, en principio, de una decisión discrecional (voluntaria) de la junta general, la Ley obliga a toda *sociedad anónima* a reducir su capital cuando las pérdidas hayan disminuido su patrimonio neto por debajo de las dos terceras partes del capital social y haya pasado un ejercicio social sin haberse recuperado el patrimonio neto (art.

327 LSC). La finalidad de la norma es clara: evitar que los acreedores de la sociedad se vean engañados por una falsa apariencia de solvencia de ella. Por eso, los administradores, una vez que hayan comprobado que se da esa doble circunstancia (de inferioridad en tal grado del patrimonio respecto al capital y del transcurso del plazo legal), deben convocar la junta, que obligatoriamente adoptará el acuerdo si se confirma la existencia de ellas. En cambio, para la *sociedad limitada* no hay norma semejante, por lo que las reducciones de capital por pérdidas en su caso son siempre voluntarias. Al margen de la reducción obligatoria por pérdidas, la *sociedad anónima* también está obligada (art. 139 LSC) cuando haya incumplido su obligación de enajenar sus propias acciones adquiridas en contravención de lo dispuesto en el artículo 134 LSC.

Por otro lado, no se puede reducir el capital social para compensar pérdidas en la sociedad limitada cuando la sociedad cuente con cualquier clase de reservas (art. 322.1 LSC); en la sociedad anónima, tampoco se puede reducir el capital por pérdidas cuando cuente con cualquier clase de reservas voluntarias o cuando la reserva legal, una vez efectuada la reducción, exceda del diez por ciento del capital social (art. 322.2 LSC). La razón en ambos casos es que hay que equilibrar con las reservas existentes antes que reducir el capital social.

Cuando el capital se reduce por exceso y se restituyen aportaciones a los socios o -en caso de sociedad anónima- se les condonan dividendos pasivos, el acuerdo no puede ser ejecutado sin respetar ciertas garantías que la Ley otorga a los acreedores (que mediante esa reducción de capital ven disminuido el patrimonio social y con ello las expectativas de cobro). La Ley ha dado aquí un régimen distinto a cada tipo social, pues mientras otorga a los acreedores de la sociedad anónima un derecho de oposición a que se ejecute la reducción de capital cuando puedan ver frustradas sus expectativas de cobro (v. arts. 334-337), en cambio, a los acreedores de la sociedad limitada no les reconoce un derecho semejante, sino que atribuye a los socios responsabilidad solidaria frente a aquéllos hasta el límite de lo que se les haya restituido a través de la reducción de capital (v. arts. 331-333).

a) Por lo que se refiere al *derecho de oposición* que se reconoce a los acreedores de la *sociedad anónima*, la Ley, para posibilitar su ejercicio, obliga a la sociedad a publicar el acuerdo de reducción (con el contenido fijado en el art. 318.2 LSC) en el BORME, en la *web* de la sociedad y, a falta de ésta, en un periódico de gran circulación en la provincia (art. 319 LSC). El acuerdo no puede ejecutarse antes de transcurrir un mes desde el último anuncio. Entretanto, está en suspenso y es nulo todo pago que suponga liberación de dividendos pasivos que en ese tiempo realice la sociedad, sin perjuicio de la responsabilidad de los administradores. Durante ese plazo (art. 336 en relación con el art. 334 LSC) los acreedores ordinarios (no aquellos que tengan sus créditos "*suficientemente garantizados*", como los hipotecarios o los pignoraticios) pueden oponerse (por ejemplo, de forma notarial) al acuerdo si sus créditos han nacido antes de la fecha del último anuncio del acuerdo de reducción y siempre que la sociedad no preste garantía propia o de una entidad de crédito (art. 337 LSC). Si la sociedad no procede así el acuerdo no puede ejecutarse y, si se ejecuta, es nulo.

No hay derecho de oposición (art. 335 LSC):

1º. Cuando la reducción tiene por única finalidad restablecer el equilibrio entre capital y patrimonio social, disminuido como consecuencia de pérdidas. Es lógico, porque no supone reducción de patrimonio.

2º. Cuando tiene por fin constituir o incrementar la reserva legal, pues nunca va a poder dar lugar a reembolsos a los accionistas. No así las reservas voluntarias, porque éstas luego pueden repartirse entre los socios.

3º. Cuando la reducción se hace con cargo a beneficios o a reservas libres de la sociedad o por amortización de acciones adquiridas por la sociedad a título gratuito: son bienes libres, que escapan en principio al poder de control de los acreedores, pero, como supone reducir el patrimonio y, por tanto, la garantía del cobro de sus créditos, se obliga a la sociedad a que constituya una reserva equivalente a la suma del valor nominal de la acciones amortizadas o a la disminución del valor nominal de las mismas, sólo disponible con los requisitos exigidos para la reducción del capital social.

b) En la *sociedad limitada*, como quedó dicho, no hay derecho de oposición de los acreedores, sino un sistema alternativo de protección que procede aplicar cuando la reducción de capital comporta la restitución de aportaciones a los socios. En tal caso, se les hace responder a éstos de forma solidaria frente a los acreedores sociales, pero sólo hasta el límite de lo que hubieran recibido por esta vía y durante un plazo de cinco años (art. 331 LSC). Ahora bien, esta responsabilidad de los socios decae (conforme al art. 332 LSC) si la sociedad opta, al acordar la reducción de capital, por dotar una reserva indisponible con cargo a beneficios o reservas libres, de forma similar a la prevista para la sociedad anónima (en el art. 335 *c)* LSC), sólo que limitada temporalmente a cinco años. Éste es el régimen de protección legal de los acreedores, pero la propia Ley (art. 333) ofrece la posibilidad de que los estatutos de la sociedad limitada renuncien al sistema legal, optando por reconocer a los acreedores un derecho de oposición análogo al que prevé la propia Ley para los acreedores de la sociedad anónima. Pero, mientras en el caso de la sociedad anónima es un derecho que no puede ser excluido estatutariamente, en el de la limitada, sólo nace a favor de los acreedores si los estatutos lo prevén expresamente, pues, si nada dicen, se aplica el régimen de responsabilidad de los socios visto (sin perjuicio de que pueda evitarse en el caso concreto mediante la constitución voluntaria de la reserva arriba mencionada).

3.3. Reducción y aumento del capital simultáneos

Cuando las pérdidas son muy elevadas, existen dos posibilidades elementales, disolver la sociedad o mantenerla viva. Si interesa esta última opción, puede hacerse la llamada "operación acordeón", regulada en los artículos 343 a 345 LSC, y que consiste en reducir la cifra del capital social hasta que se corresponda con el patrimonio existente, aunque sea por debajo del mínimo legal (incluso a cero), y simultáneamente acordar el aumento hasta por lo menos el mínimo legal (el que rija en función del tipo social), recabando nuevas aportaciones de los socios o de terceros. Como una sociedad de capital no puede adoptar un acuerdo de reducción que deje el capital por debajo del mínimo legal es indispensable que el acuerdo de aumento hasta el mínimo legal se haga con aquél en un solo acto.

En efecto, la Ley exige expresamente (art. 343. 1) que se acuerde simultáneamente el aumento del capital social hasta el mínimo legal, y que el aumento se ejecute. En caso contrario, el acuerdo de reducción no produce efectos (art. 344 LSC). Además, es imprescindible "en todo caso" que se respete el derecho de suscripción preferente de las nuevas acciones o de asunción preferente de las nuevas participaciones sociales (art. 343.2 LSC), pues esta vía no puede ser utilizada para alterar la posición relativa de los socios en la sociedad y menos aún como medio fraudulento de exclusión de socios.

En fin, se admite (art. 343.1 LSC) que en lugar de acordar el simultáneo aumento del capital se acuerde su transformación en otro tipo social que no exija un capital social mínimo (por ej., sociedad colectiva o comanditaria simple) o que lo exija más bajo (por ej., sociedad limitada respecto a la anónima), pero, en cualquier caso, la inscripción registral del acuerdo de reducción tiene que efectuarse de forma simultánea con la de aumento del capital social o la de transformación en otro tipo social.

Lección 9. Modificaciones estructurales de las sociedades mercantiles

1. Preliminar

La expresión "*modificaciones estructurales*" se reserva para aquellas alteraciones de la sociedad que van más allá de las meras modificaciones estatutarias, por afectar a la estructura patrimonial o personal de la sociedad. Bajo estos supuestos se comprenden la transformación, la fusión, la escisión y la cesión global del activo y pasivo y por ello se regularon en su momento bajo un mismo texto legal, la Ley 3/2009, de 3 de abril, de modificaciones estructurales de las sociedades mercantiles (LME), evitando así la regulación dispersa que existía hasta entonces, en particular en el caso de la transformación, cuyo régimen estaba dividido hasta ese momento entre las derogadas LSA y LSRL. La LME ha estado vigente hasta la aprobación del Real Decreto-ley 5/2023, de 28 de junio, por el que se traspuso a nuestro ordenamiento la Directiva (UE) 2019/2121 del Parlamento Europeo y del Consejo de 27 de noviembre de 2019, en lo que atañe a las transformaciones, fusiones y escisiones transfronterizas. El régimen legal de este tipo de operaciones se encuentra ahora en los artículos 1-126 de ese Real Decreto-ley, que ha cambiado sustancialmente respecto al contenido en la derogada LME.

En cuanto al ámbito objetivo de aplicación de esta norma, se extiende a los supuestos mencionados de modificaciones estructurales (transformación, fusión, escisión y cesión global del activo y pasivo), ya tengan carácter *interno* (esto es, que involucren a sociedades españolas) o *transfronterizo* (esto es, cuando intervenga además alguna sociedad extranjera). A su vez las modificaciones estructurales transfronterizas pueden ser *intraeuropeas* y *extraeuropeas*, en función de la nacionalidad de las sociedades afectadas.

El Real Decreto-ley 5/2023, según indica en su artículo 2, es aplicable a todas las sociedades mercantiles, ya tengan tal consideración por su objeto o por su forma. En cambio, las cooperativas se rigen en este punto por su propia regulación. Dentro de las sociedades mercantiles, se permite que realicen estas operaciones incluso aunque estén disueltas y en liquidación, siempre que no hayan procedido a distribuir su patrimonio entre los socios -art. 3 R. Dec.-ley. Esta misma condición se aplica a las hipótesis de reactivación de la sociedad disuelta en el artículo 370.1 LSC). Si el régimen general se aplica a las sociedades mercantiles personalistas y capitalistas, en cambio, el régimen de operaciones transfronterizas sólo se aplica a sociedades de capital, no a cualquier otro tipo social, aunque sea mercantil.

2. Transformación

2.1. Concepto

En virtud de la transformación, una sociedad adopta un tipo social distinto (por ej., una sociedad anónima se convierte en sociedad limitada), conservando su personalidad jurídica (art. 17 R. Dec.-ley 5/2023). Tras la operación, seguirá siendo la misma persona jurídica, pero quedará sometida al régimen legal propio del tipo social elegido en el acuerdo de transformación. El Real Decreto-ley establece un régimen general para estas operaciones (arts. 17 y ss., además del Título I, que contiene las disposiciones comunes aplicables a todas las modificaciones estructurales), en el que centraremos ahora nuestra atención, y otro específico para las transformaciones transfronterizas intraeuropeas (arts. 96 y ss.) y extraeuropeas (art. 125).

2.2. Supuestos de transformación

A tenor del artículo 18 del Real Decreto-ley, los supuestos posibles de transformación son los siguientes:

1. Cualquier sociedad mercantil inscrita podrá transformarse en cualquier otra forma de sociedad mercantil.

2. Una sociedad mercantil inscrita en agrupación de interés económico (AIE) y viceversa.

3. Una agrupación europea de interés económico (AEIE) en agrupación de interés económico (AIE) y viceversa.

4. Una sociedad civil en cualquier mercantil (pero no al revés; aunque era una posibilidad antes admitida para las limitadas, ahora no se recoge, por lo que ha de entenderse excluida tal posibilidad)

5. Una sociedad anónima en sociedad europea (SE) y viceversa.

6. Una cooperativa en sociedad mercantil y viceversa.

7. Una cooperativa en cooperativa europea y viceversa.

2.3. Procedimiento de transformación

Cualquier operación de modificación estructural comienza por la redacción de un *proyecto* por los administradores de la sociedad o sociedades que intervienen en ella. El contenido de ese proyecto tiene que recoger como mínimo las menciones que se establecen en el artículo 4 del Real Decreto-ley 5/2023, que es de aplicación común a todas las modificaciones estructurales, y además las propias del tipo de operación de que se trate, que en el caso de la transformación se fijan en el artículo 20 de la misma norma. Así, en este proyecto deben figurar, entre otras menciones: (i) la modificación que se proyecta y el calendario indicativo propuestos de realización de la operación; (ii) el proyecto de estatutos de la sociedad resultante de la transformación; (iii) los detalles de la oferta de compensación en efectivo a los socios que dispongan del derecho a enajenar sus acciones, participaciones o cuotas [derecho equivalente al derecho de separación que les confería la derogada LME y que está regulado con carácter general en la LSC (arts. 346 y ss. LSC); sobre esto, volvemos más adelante]; (iv) las implicaciones de la operación para los acreedores, aunque en las transformaciones internas no es preciso se les ofrezcan garantías (ver art. 20.2); (v) las consecuencias de la operación para el empleo. Además, el proyecto habrá de acompañarse de un balance cerrado en los seis meses anteriores a la fecha prevista para la reunión de la junta y de un informe del auditor sobre el balance presentado, si la sociedad está obligada a someter sus cuentas a auditoría.

Además del proyecto, en todas las modificaciones estructurales, los administradores deben elaborar un *informe* con secciones específicas para los socios y los trabajadores explicando y justificando los aspectos jurídicos y económicos de la modificación estructural, sus consecuencias para unos y otros, para la actividad empresarial futura de la sociedad y también para sus acreedores. El artículo 5 del R. Dec.-ley detalla cómo ha de hacerse y qué menciones concretas han de constar en este informe. Para las operaciones de transformación, el artículo 21 añade otras. Así, en relación con los socios, el informe habrá de especificar el tipo de canje de las acciones, participaciones o cuotas para los socios que tengan derecho de enajenación; para los trabajadores, habrá de indicar en qué medida afectará la operación al empleo. Por eso, la sección dedicada a los trabajadores no será necesario incluirla cuando no tenga incidencia alguna sobre el empleo, como ocurre con las transformaciones internas (ver art. 5.8). En relación con los socios, la sección dedicada a ellos puede eliminarse si así lo deciden por unanimidad los socios con derecho de voto (art. 5.4). Por otro lado, es necesario también un *informe de un experto independiente* nombrado por el RM en el que ese experto se pronuncie sobre el proyecto redactado por los administradores. Este informe se exige, en general, para todas las modificaciones estructurales en el artículo 6 del R. Dec.-ley, pero, para las operaciones de transformación, sólo será necesario en los casos de transformación en sociedad anónima o sociedad comanditaria por acciones, no en otros tipos sociales, y tendrá como único objeto la valoración de las aportaciones no dinerarias (art. 22 R. Dec.-ley).

Para realizar la transformación es necesario un *acuerdo* de la junta de socios (art. 8 R. Dec.-ley), pero, para que puedan decidir sobre una cuestión que puede afectar profundamente a su posición jurídica dentro de la sociedad, los socios deben contar con amplia información, aspecto que regula detalladamente la Ley. Así, un mes antes de la fecha de la junta general en la que se vaya a acordar la transformación, es necesario que la sociedad publique en su *web* (si no tiene *web*, ha de depositar en el RM) los documentos que se especifican en el artículo 7 en el R. Dec.-ley (junto con otros preceptos que lo completan): (i) el proyecto de transformación elaborado por los administradores; (ii) el informe de los administradores, por exigirlo el art. 5.6; (iii) el informe del experto independiente, art. 6.1 en relación con el 7; (iv) el balance cerrado en los seis últimos meses, que debe acompañar al proyecto, art. 20.3; (iii) el informe del auditor en sociedades obligadas a someter sus cuentas a auditoría (también se deduce del art. 20.3). Este derecho de información sólo decae cuando el acuerdo de transformación se adopte en junta universal y por unanimidad (art. 21.3 R. Dec.-ley).

La Ley establece (art. 8 R. Dec.-ley), como decimos, que el acuerdo ha de ser adoptado por los socios, pero esto se hará atendiendo al régimen propio de cada sociedad. Así, si es una sociedad colectiva o comanditaria simple, se necesita la unanimidad de los socios colectivos y en cuanto a los comanditarios, que existen en esta última, dependerá de lo que disponga la escritura social (art. 217 RRM). La unanimidad también es precisa tratándose de una AIE, salvo disposición en contra prevista en la escritura (art 10.3 Ley 12/1991). Si es una sociedad anónima, se necesita la mayoría reforzada del artículo 194 en relación con el artículo 201 LSC (la propia de la modificación de estatutos) y para la sociedad limitada, la mayoría reforzada del artículo 199 *b)* LSC (que es más amplia que la de modificación de estatutos). Ambos quórum y mayorías son reproducidos por el art. 8 del R. Dec.-ley, pero este último añade además un límite a la autonomía de la voluntad que no está en la LSC, pues mientras la regla general (art. 201.3 LSC, para la SA, y 200.1 LSC, para la SL) es que los estatutos podrán elevar los quórum y mayorías para la adopción de estos acuerdos siempre que no exijan unanimidad, para las modificaciones estruturales, el art. 8.6 R. Dec.-ley prevé que no cabe exigir más del noventa por ciento de los derechos de voto que corresponden al capital social presente o representado en la junta general.

El acuerdo debe incluir la aprobación del balance, así como de las menciones exigidas para la constitución del tipo social en que la sociedad se quiera transformar (art. 23.2 R. Dec.-ley).

Los socios cuentan con una protección especial que regula con carácter general para toda modificación estatuturia en el artículo 12 y para la transformación en particular en el artículo 24.1 R. Dec.-ley. Consiste en el *derecho a enajenar* sus acciones, participaciones o cuotas a la sociedad, a los socios o a los terceros que la sociedad proponga. Como ha quedado dicho, este derecho es análogo en su fundamento al derecho de separación que se regula en la LSC (arts. 346 y ss.) para favorecer la salida de socios en aquellos casos en que se considera injusto que deban permanecer contra su voluntad en la sociedad y que la derogada LME había tomado también como medida de tutela de los socios disconformes con la operación acordada. Pero, el derecho de enajenación de la vigente regulación de modificaciones estructurales tiene sus propias peculiaridades. Así, (i) se reconoce a quien hubiera votado en contra del acuerdo (mientras el derecho de separación de la regulación derogada de la LME se lo otorgaba a los que no habían votado a favor), así como a los titulares de acciones o participaciones sin voto; (ii) deben ejercitarlo en el plazo de 20 días contados desde la fecha de adopción del acuerdo; (iii) mientras en la separación el sujeto que ha de adquirir las acciones o participaciones es la propia sociedad, aquí pueden también ser los socios o terceros. En todo caso, el ejercicio del derecho tiene la misma finalidad, que los socios descontentos puedan desvincularse de la sociedad obteniendo el valor de su parte en la misma. Sin embargo, el ejercicio de este derecho es potestativo, por lo que si los socios, aun habiendo votado en contra o careciendo del derecho de voto, no lo ejercitan, seguirán formando parte de la sociedad y quedarán sometidos al acuerdo de transformación.

Ahora bien, hay una hipótesis poco frecuente, pero posible, en que la ley (art. 24.2 R. Dec.-ley) establece una solución distinta, más favorable a los socios: así ocurre cuando por virtud de la transformación estos pasen a asumir responsabilidad personal por las deudas sociales (por ejemplo, porque la sociedad fuera originariamente limitada y se transforme en colectiva). En tal hipótesis, no es que se les reconozca el derecho a enajenar su cuota, sino que quedan *automáticamente separados* de la sociedad, salvo que se adhieran expresamente al acuerdo de transformación dentro del plazo de un mes a contar desde la fecha de su adopción cuando hubieren asistido a la junta de socios, o desde la comunicación de ese acuerdo cuando no hubieran asistido. Por otro lado, este derecho se reconoce a todos los que no hubieran votado a favor del acuerdo, a diferencia del derecho de enajenación. Si, por el contrario, el régimen de responsabilidad por las deudas sociales no varía (transformación de anónima a limitada) o es más favorable para los socios (cambio de colectiva a limitada), es aplicable el derecho de enajenación (sí, también en este último caso en que pasan a quedar sometidos a un régimen más favorable).

Una vez adoptado el acuerdo, se publicará en el Boletín Oficial del Registro Mercantil y en la página *web* de la sociedad o, a falta de ella, en uno de los diarios de mayor difusión en la provincia en la que la sociedad tenga su domicilio (art. 10 R. Dec.-ley). Esta publicidad podrá sustituirse por la comunicación individual por escrito o por vía electrónica a los socios y otros posibles interesados, como los titulares de derechos especiales distintos de las acciones, de las participaciones o de las cuotas que no puedan mantenerse después de la transformación (ej., bonos de fundador). A partir de ese momento, y durante un mes contado desde la fecha de publicación del acuerdo en alguna de estas formas, los titulares de derechos especiales pueden *oponerse* a la ejecución del mismo, esto es, impedir que se lleve a efecto la transformación (art. 28.1 R. Dec.-ley). Ahora bien, esa oposición no surte efectos si quien la ejercita votó a favor del acuerdo (art. 28.2 R. Dec.-ley).

2.4. Escritura e inscripción registral del acuerdo

La transformación debe hacerse constar en escritura pública, que deberá otorgarse por los representantes de la sociedad y los socios que pasen a responder personalmente de las deudas sociales (art. 30.1 R. Dec.-ley). En cuanto a las menciones, deben constar todas las propias del tipo social en que se transforme y además ha de contener la relación de los socios que hayan quedado separados y el capital que representen, así como la participación que se atribuya en la nueva sociedad a los socios que queden (art. 30.2 R. Dec.-ley). La escritura debe luego inscribirse en el RM, quedando expresamente supeditada la eficacia de la transformación a la inscripción registral (art. 31 R. Dec.-ley).

2.5. Efectos de la transformación sobre los socios y los acreedores

En cuanto a los efectos de la transformación sobre los socios, la Ley establece, en primer término, que ésta no podrá modificar la participación que tenga cada socio en la sociedad, salvo que se decida otra cosa por el voto unánime de los socios que permanezcan en ella (art. 26.1 R. Dec.-ley).

Por otro lado, como los acreedores pueden verse afectados por el cambio en el régimen de responsabilidad de los socios si éste se produce, la ley (art. 32 R. Dec.-ley) establece lo siguiente:

a) Que los socios que pasen a asumir responsabilidad ilimitada tras la transformación (ej., sociedad limitada que se transforma en colectiva) responderán de igual forma de las deudas anteriores a la transformación (así se da el mismo trato a todos los acreedores, igual que estaba previsto en la regulación derogada, art. 230 LSA 1989, y luego en la también derogada LME, art. 12).

b) Que si el cambio es a la inversa (de sociedad con responsabilidad personal de los socios a otra en que no lo tengan, por ejemplo, de sociedad colectiva a limitada), los titulares de créditos nacidos antes de la transformación (y siempre que hayan consentido expresamente la transformación) no van a verse afectados, pues respecto de ellos continuará la responsabilidad personal de los socios, aunque esta responsabilidad prescribirá a los cinco años contados desde la publicación de la transformación en el BORME (tal como se establecía ya en la derogada LSRL 1995, art. 92.3, y después en la también derogada LME, art. 12).

3. Fusión

3.1. Consideraciones generales

La fusión es una manifestación del fenómeno más amplio de la concentración de empresas, que responde a la necesidad de que los operadores económicos cada vez sean de mayor tamaño para subsistir en el mercado. Mediante la fusión, varias sociedades antes independientes se agrupan en una sola, extinguiéndose todas las anteriores o al menos alguna de ellas, e integrándose en aquélla todos los socios y los patrimonios de las precedentes.

Es una operación en la que pueden estar implicadas empresas de cualquier tamaño (pymes y grandes empresas) y que, como es sabido, puede afectar a la competencia en el mercado, por lo que determinadas operaciones de fusión están sometidas, aparte de al R. Dec.-ley 5/2023, que las regula desde la perspectiva societaria, al procedimiento de control de la Ley 15/2007, de 3 de julio, de Defensa de la Competencia (v. en part. su art. 8), y si son concentraciones de dimensión comunitaria, al control previsto en el Rgto. CE 139/2004, del Consejo, de 20 de enero.

La fusión no es una operación exclusiva de sociedades de capital. Puede producirse entre sociedades mercantiles de cualquier tipo, y así, con este carácter general, se regula en el R. Dec.-ley 5/2023. Pero, además, en esta ley se regulan las fusiones transfronterizas *intraeuropeas*, aplicándose su regulación cuando participa una sociedad española (o varias) y otra (o varias) sociedad nacional de otro Estado del Espacio Económico Europeo (art. 80 R. Dec.-ley 5/2023), y las *extraeuropeas*, cuando, aparte de una o varias sociedades españolas, participa alguna extranjera que es nacional de un Estado ajeno al Espacio Económico Europeo (art. 121 R. Dec.-ley 5/2023). Por otro lado, frente al régimen general de la fusión (art. 33 y ss. R. Dec.-ley 5/2023), las normas relativas a las fusiones transfronterizas sólo son aplicables a sociedades de capital (v. arts. 80 y 121 R. Dec.-ley 5/2023).

Comenzamos por el régimen general.

3.2. Modalidades

Hay dos modalidades de fusión:

a) La *fusión por creación de una nueva sociedad* o *por unión* (art. 34.1 R. Dec.-ley 5/2023), que se produce cuando varias sociedades se fusionan creando una nueva distinta de ellas a la que trasmiten en bloque sus patrimonios, que los adquiere por sucesión universal. Esta fusión supone la extinción de las sociedades preexistentes y la integración de los antiguos socios en la nueva, con una participación equivalente a la que tenían.

b) La *fusión por absorción* (art. 34.2 R. Dec.-ley 5/2023), que tiene lugar cuando una sociedad preexistente absorbe a otra/s también preexistente/s, adquiriendo por sucesión universal el/los patrimonio/s de la/s sociedad/es absorbida/s, que se extinguen, aumentando el capital de la sociedad absorbente en la cuantía que proceda. Los socios de las sociedades absorbidas se integrarán en la absorbente, recibiendo una participación equivalente a la que ostentaban en la sociedad extinguida.

En la práctica son muchísimo más frecuentes las fusiones por absorción que por unión. Así, en 2014, frente a 1667 de las primeras sólo 50 fueron de la segunda modalidad; en 2015, 1688 absorciones frente a 51 fusiones por creación de una nueva sociedad; en 2016, 1756 frente a 52; en 2017, 1609 frente a 37; en 2018, 1622 frente a 43; en 2019, 1.638, frente a 53; en 2020, 1626 frente a 36; en 2021, 1876 frente a 42; en 2022, 1.899 frente a 43; en 2024, 1728, frente a 30 (v. *Estadística Mercantil* de 2014, 2015 y 2016, p. 9 en los tres documentos, de 2017, p. 10; de 2018, 2019, 2020 y 2021, p. 9 en todos ellos, de 2022, p. 10, y de 2024, p. 9).

3.3. Preparación de la fusión

La operación de fusión tiene que ser preparada por los administradores de las sociedades implicadas y el primer paso es redactar un proyecto común de fusión, que debe ser suscrito por todos los administradores (si faltara la firma de alguno de ellos tiene que especificarse la causa al final del proyecto). Una vez suscrito el proyecto, los administradores deben abstenerse de realizar cualquier acto que pueda comprometer la aprobación del proyecto. El proyecto debe ser aprobado por las juntas de socios de cada una de las sociedades afectadas en el plazo de seis meses desde su redacción y si no se logra su aprobación, quedará sin efecto (art. 39 R. Dec.-ley).

El Real Decreto-ley 5/2023 determina (art. 40 en relación con el 4) el contenido *mínimo* del proyecto común de fusión, incluyendo, entre otras, las siguientes menciones:

1. Datos identificadores de las sociedades participantes en la fusión y de la resultante de la fusión.
2. Tipo de canje de acciones, participaciones o cuotas (esto es, lo que van a recibir los antiguos socios en la sociedad salida de la fusión), que habrá de hacerse sobre la base del valor razonable del patrimonio (conforme al art. 36 R. Dec.-ley).
3. La incidencia de la fusión sobre las aportaciones de industria y las prestaciones accesorias, si las hubiera en las sociedades que se extinguen.
4. Los derechos que van a otorgarse en la sociedad resultante de la fusión a los socios que tuvieran derechos especiales en las sociedades preexistentes.
5. Las ventajas que vayan a atribuirse a los administradores de las sociedades que se fusionan, de la absorbente o de la nueva sociedad.
6. La fecha a partir de la cual los titulares de las nuevas acciones, participaciones o cuotas, tendrán derecho a participar en las ganancias sociales y cualesquiera peculiaridades relativas a este derecho.
7. La fecha a partir de la cual la fusión tendrá efectos contables.
8. Los estatutos de la sociedad resultante de la fusión.
9. La información sobre la valoración del activo y pasivo de cada sociedad que se transmita a la sociedad resultante.
10. Las fechas de las cuentas de las sociedades que se fusionan utilizadas para establecer las condiciones en que se realiza la fusión.
11. Implicaciones para los acreedores
12. Las posibles consecuencias de la fusión sobre el empleo, así como su eventual impacto de género en los órganos de administración y la incidencia, en su caso, en la responsabilidad social de la empresa.

Los administradores de cada una de las sociedades participantes tienen que publicar el proyecto común de fusión (y otros documentos exigidos por el art. 7 R. Dec.-ley) en la *web* de la sociedad y, si no tuviera *web*, tienen que presentarlo en el RM en que la sociedad esté inscrita. En este último caso, efectuado el depósito y calificado por el Registrador, éste comunicará al RMC el hecho del depósito y la fecha en que hubiese tenido lugar, para que se publique de forma inmediata (y gratuita) en el BORME. La inserción en la *web* de la sociedad o, en su defecto, la publicación del depósito del proyecto en el BORME, tienen una importancia fundamental, pues hasta que no se haga uno u otro no podrán convocarse las juntas de socios de las sociedades partícipes que hayan de pronunciarse sobre la fusión (art. 7.5 R. Dec.-ley).

Además, los administradores de las sociedades afectadas tienen que elaborar un *informe* explicando y justificando detalladamente el proyecto común de fusión en sus aspectos jurídicos y económicos con especial referencia al tipo de canje de las acciones, participaciones o cuotas, así como las implicaciones de la fusión para los socios, acreedores y trabajadores (art. 5 R. Dec.-ley).

Por otro lado, si alguna de las sociedades que participan en la fusión es anónima o comanditaria por acciones, sólo en este caso será también necesario que los administradores de cada sociedad pidan al registrador que nombre uno o más *expertos independientes* para que emitan, por separado, un *informe* valorando el proyecto de fusión (v. art. 41 R. Dec.-ley).

3.4. Acuerdo de fusión

La fusión debe ser acordada por cada una de las juntas de socios de las sociedades partícipes, ajustándose al proyecto de fusión, con los requisitos y formalidades del régimen de las sociedades que se fusionan, de forma análoga a la hipótesis de la transformación, ya estudiada. Por ello, si es una sociedad colectiva o comanditaria simple, se requerirá la unanimidad de los socios colectivos y, en cuanto a los comanditarios (cuya existencia junto a los colectivos es una nota esencial de la comanditaria simple), habrá que estar a lo dispuesto en la escritura social (art. 229 RRM). La unanimidad también es necesaria si se trata de una AIE, salvo que se prevea lo contrario en la escritura (art 10.3 Ley 12/1991). En una sociedad anónima, se necesita el quórum y mayoría reforzados del artículo 194 en relación con el artículo 201 LSC y en una limitada, la mayoría reforzada del artículo 199 *b)* LSC. Ambos quórum y mayorías son reproducidos por el art. 8 del Dec-ley, pero este último, como hemos visto ya en relación con la transformación, añade además un límite a la autonomía de la voluntad que no está en la LSC, pues prohíbe que los estatutos, de elevar las mayorías legales, exijan más del noventa por ciento de los derechos de voto que corresponden al capital social presente o representado en la junta general.

La ley regula con especial atención el *derecho de información* de los socios y otros afectados por la fusión, y así especifica (art. 46, que completa lo dispuesto en los arts. 4-7 R. Dec.-ley 5/2023) los documentos que tienen que publicarse en la *web* de la sociedad y, en su defecto, ponerse a disposición de los socios y otros afectados al tiempo de la convocatoria de la junta, en particular: (i) el proyecto común de fusión; (ii) los informes de los administradores de cada sociedad; (iii) en su caso, los informes de los expertos independientes; (iv) las cuentas anuales y el informe de gestión de los tres últimos ejercicios y los informes de auditores, si son sociedades obligadas a someter sus cuentas a auditoría; (v) el último balance de ejercicio aprobado, que la ley (art. 43 R. Dec.-ley) considera que vale como "*balance de fusión*" siempre que se haya cerrado dentro de los seis meses anteriores a la celebración de la junta que haya de pronunciarse sobre la fusión; (vi) los estatutos vigentes; (vii) el proyecto de escritura de la nueva sociedad o las modificaciones estatutarias de la sociedad absorbente, según la modalidad de fusión que sea, además de (viii) la identidad de los administradores que participan en la fusión y de los que vayan a ser propuestos como resultado de la fusión. No obstante, las cautelas previstas para que los socios tengan información completa de la operación antes de la celebración de la junta general decaen cuando los propios socios en junta universal acuerdan la fusión por unanimidad (v. art. 9 R. Dec-ley, aplicable a todas las modificaciones estructurales).

Como decíamos, el acuerdo de cada junta habrá de ajustarse al proyecto común de fusión, no valen modificaciones unilaterales por cualquiera de las juntas, pues la ley establece que los acuerdos modificativos "individuales" suponen el rechazo de la propuesta (art. 47.1 R. Dec.-ley).

La convocatoria de la junta ha de hacerse con un mes, como mínimo, de antelación, puede realizarse mediante comunicación individual a cada socio y ha de incluir las menciones mínimas del proyecto común de fusión, además de hacer constar el derecho de información de socios y otros afectados (art. 47.2 R. Dec.-ley).

Además de las mayorías legalmente exigidas para la aprobación del acuerdo de fusión, según el tipo de sociedades de que se trate, se prevé en la ley (art. 48 R. Dec.-ley):

1°. Que el acuerdo de fusión requerirá además el consentimiento de todos los socios que por virtud de la fusión pasen a responder personalmente de las deudas sociales, así como el de los socios que vayan a asumir obligaciones personales en la sociedad resultante de la fusión.

2°. Si existen titulares de derechos especiales que se pierdan total o parcialmente con la fusión, se requiere también el consentimiento individual de todos ellos.

El acuerdo de fusión, una vez adoptado, debe ser publicado en el BORME, en la *web* de las sociedades partícipes en la operación y en uno de los diarios de mayor difusión en las provincias en que cada sociedad tenga su domicilio. Esta publicación podrá sustituirse por la comunicación individual escrita o por correo electrónico a todos los socios y acreedores (art. 10 R. Dec.-ley).

En el plazo de un mes desde la publicación o comunicación del acuerdo, bajo el régimen derogado de la LME los acreedores que fueran titulares de créditos anteriores a la publicación del proyecto de fusión en la *web* o a su depósito en el RM podían oponerse a la fusión y ésta no podía llevarse a cabo hasta que la sociedad deudora les garantizara el pago del crédito (ver derogado art. 44 LME). Sin embargo, en el sistema vigente no se les reconoce este derecho. En su caso, los acreedores podrán beneficiarse de las garantías personales o reales previstas en el proyecto de fusión (art. 4.4 R. Dec.-ley) y si este no contuviera garantías, o las previera, pero les parecieran insuficientes, sólo les queda abierta la vía de tutela del artículo 13 del Real Decreto-ley. En este se distinguen varios procedimientos alternativos: (i) si se ha emitido informe de experto independiente que estima inadecuadas las garantías ofrecidas en el proyecto: el acreedor puede dirigirse al RM para que éste pida a la sociedad que las mejore; (ii) si se ha emitido informe de experto independiente, pero este ha considerado que las garantías ofrecidas eran adecuadas: entonces el acreedor habrá de dirigirse al Juzgado de lo Mercantil para que se pronuncie sobre el particular; (iii) si no había informe de experto independiente, el acreedor puede pedir al RM que nombre a un experto para que informe y, una vez emitido este informe, si en él se dice que las garantías eran inadecuadas, se abre la vía del RM antes expuesta; si, por el contrario, se califican como adecuadas, se puede acudir al juez de lo Mercantil en los términos antes vistos.

Por otro lado, hay que tener presente que los socios que sean responsables personalmente de las deudas de las sociedades que se extingan con la fusión (por ej., de una colectiva) continuarán respondiendo de esas deudas durante 5 años contados desde la publicación de la fusión en el BORME. Esta responsabilidad se extingue, en cambio, si los acreedores han consentido expresamente la fusión (art. 52 R. Dec.-ley).

3.5. Ejecución de la fusión

Una vez que todas las sociedades implicadas han acordado la fusión, puede ejecutarse. Bajo el régimen de la LME, como hemos visto, el ejercicio del derecho de oposición de los acreedores suponía la suspensión de la ejecución, pero actualmente, que se ha eliminado este derecho, el recurso al

Juzgado de lo Mercantil o al RM pidiendo más o nuevas garantías no produce tan efecto, no afectando a la ejecución del acuerdo (ni a su inscripción, ver art. 13.3 R. Dec.-ley).

El acuerdo de fusión debe elevarse a escritura pública, incorporando el balance de fusión de las sociedades afectadas o, en el caso de sociedades cotizadas, el informe financiero semestral por el que el balance se hubiera sustituido. Si la fusión es por creación de una nueva sociedad, la escritura deberá contener todas las menciones mínimas que se exijan legalmente para la constitución del tipo social elegido y si se trata de una absorción, la fusión supondrá la modificación de los estatutos de la absorbente, que se reflejarán en la escritura (art. 50 R. Dec.-ley). La eficacia de la fusión se producirá con la inscripción de la nueva sociedad o, en su caso, con la inscripción de la absorción en el RM correspondiente (art. 51 R. Dec.-ley), teniendo, por tanto, la inscripción efecto constitutivo.

Los efectos de la ejecución de la fusión son los siguientes:

1º. Todas las sociedades que se van a integrar en la nueva sociedad o la absorbida se extinguen, y así, tras inscribirse la fusión en el RM, se cancelarán los asientos registrales de tales sociedades (v. art. 51.2 R. Dec.-ley).

2º. Los patrimonios de las sociedades (todos los derechos y obligaciones) que se extinguen se traspasan en bloque a la nueva sociedad o a la absorbente (lo que supone en ésta el aumento de capital correspondiente).

3º. Los socios de las sociedades que se extinguen se integrarán en la absorbente o en la nueva sociedad, recibiendo un número de acciones o participaciones o una cuota proporcionales a las que tenían en aquéllas.

3.6. Imposibilidad de impugnación de la fusión inscrita

La Ley no reconoce a los socios que no estén conformes con la fusión derecho a enajenar su cuota (como tampoco bajo la LME se les reconocía derecho a separarse de la sociedad), frente a lo que sucede con otras modificaciones estructurales, caso de la transformación, que hemos estudiado. Por ello, como se ha señalado (así, IGLESIAS PRADA y GARCÍA DE ENTERRÍA, por un lado, y SÁNCHEZ CALERO, por otro), sólo tendrán este derecho si está previsto en los estatutos (con amparo en el art. 347.1 LSC) o si la fusión conlleva una modificación estatutaria que es en sí misma causa legal de separación, como la sustitución del objeto social, conforme al artículo 346.1 *a)* LSC.

Tampoco podrán impugnar la fusión una vez inscrita en el RM. Esta posibilidad está vedada completamente por el artículo 16 R. Dec.-ley, que es una disposición común a todas las modificaciones estructurales y que, en el caso de la fusión, tiene todo el sentido, pues, una vez ejecutada la operación, es prácticamente imposible eliminar sus efectos. De ahí que esta vía, que ya estaba muy restringida bajo la LME derogada (ver su art. 47), se ha prohibido expresamente en la regulación vigente. No pudiendo impugnar la validez de la fusión, la opción que sí les ofrece la ley, en su lugar, a los socios y terceros que se sientan perjudicados es ejercitar acciones resarcitorias (art. 16.2 R. Dec.-ley).

Cosa distinta son los actos anteriores a la inscripción registral de la fusión, pues los acuerdos adoptados por los órganos sociales de cualquiera de las sociedades participantes en la operación (por ej., el acuerdo sobre la fusión de cada junta) están sometidos al régimen general de impugnación de acuerdos, que para las de capital se establece en los arts. 204 y ss. LSC, y, por tanto, sí son, en principio, impugnables. Ahora bien, no sería motivo de impugnación del acuerdo ni la disconformidad de los socios sobre la relación de canje de las acciones participaciones o cuotas ni la consideración de que la información facilitada sobre la relación de canje fue inadecuada (art. 11 R. Dec.-ley). En tales casos, los afectados podrían ejercitar acciones resarcitorias, no impugnatorias.

3.7. Fusiones especiales

La Ley introduce regímenes de fusión simplificados para los siguientes casos: (i) cuando la sociedad absorbente sea titular, de forma directa o indirecta, de todas las acciones o participaciones sociales de la absorbida/s (art. 53 R. Dec-ley) y (ii) cuando sea titular no de todas, pero sí del 90 por ciento o más del capital de las sociedades absorbidas (art. 54 R. Dec.ley). En ambos casos la sociedad absorbida ha de ser anónima o limitada.

4. Escisión

4.1. Concepto y clases

La escisión puede definirse, de una forma amplia y gráfica, como la operación contraria a la fusión y es, después de ésta, la más frecuente, dentro de las modificaciones estructurales. Puede ser de diversas clases: tradicionalmente se ha venido distinguiendo entre escisión *total* y *parcial*, pero la LME introdujo la novedad de añadir un tercer tipo, la *segregación*, y así se mantiene en la regulación vigente (arts. 58 y ss. R. Dec.-ley 5/2023)

Según datos de la *Estadística Mercantil* del Colegio de Registradores de los años 2014 (p. 9), 2016 (p. 9), 2017 (p. 10), 2018 (p. 9), 2020 (p. 9), 2022 (p. 10), y 2024 (p. 9), en cuanto a las escisiones, son más frecuentes las parciales que las totales en términos absolutos. Por otro lado, aunque las totales presentaban una tendencia alcista entre 2014 y 2016, bajaron en el período 2017-18, volvieron a subir en el 2019-20, aunque volvieron a bajar en 2021-2022. Así, se hicieron 112 escisiones totales en 2013, 113 en 2014, 143, en 2015 y 154 en 2016, pero bajaron a 147 en 2017 y más aún, a 122, en 2018, mas en 2019 subieron a 138 y alcanzaron el número de 171 en 2020, si bien bajaron a 150 en 2121 y aún más en 2022, cuando sólo se registraron 122 operaciones de este tipo. Sin embargo, en 2023, se incrementaron un 34,43%, bajando luego un 5,49% en 2024. En concreto, se ha pasado de las 164 escisiones en 2023 a las 155 de este año. Por su parte, las escisiones parciales se mantienen en cifras relativamente constantes: en 2013, 400, en 2014, 281, en 2015, 299, en 2016, 288, en 2017, 321; en 2018, 285; en 2019, 311; en 2020, año de la pandemia, 277; en 2021, 323; en 2022, 317, y aunque subieron a 360 en 2023, bajaron a 317 en 2024. En cuanto a las segregaciones, que sólo constan en esta Estadística desde 2015, pasaron de 62 en 2015 a 92 en 2016 (correspondiendo en un 62% a SSLL y en un 36,9%, a SSAA), en 2017, 64 (en un 59% a SSLL y en un 41%, a SSAA), 80 en 2018 (siendo un 63,75% de SSLL y el resto de SSAA), 65 en 2019 (76,92% de ellas fueron de SSLL y el resto de SSAA); 82 en 2020 (73,17% de ellas fueron de SSLL y el resto de SSAA), 92 en 2021, 84 en 2022, 75 en 2023 y sólo 64 operaciones en 2024 (de entre ellas, más de siete de cada diez fueron de sociedades limitadas, siendo el resto sociedades anónimas), v. *Estadística Mercantil* 2024, p. 10.

El Real Decreto-ley 5/2023, que dedica el capítulo III de su Título II a esta modificación estructural, cuando es interna (pues de las transfronterizas, al igual que para las restantes modificaciones estructurales, se ocupa en los Título III –intraeuropeas- y IV –extraeuropeas), define cada una de estas clases de escisión. Partiendo de tales definiciones, pasamos a centrarnos en sus diferencias.

Se entiende por *escisión total* (art. 59 R. Dec.-ley) la extinción de una sociedad, con división de todo su patrimonio en dos o más partes, cada una de las cuales se transmite en bloque por sucesión universal a una sociedad de nueva creación o es absorbida por una sociedad preexistente, recibiendo los socios de aquélla una participación en las sociedades beneficiarias proporcional a la que tenían en la que se extingue.

Es una *escisión parcial* (art. 60 R. Dec.-ley) cuando se traspasa en bloque por sucesión universal una o varias partes del patrimonio de una sociedad, formando cada una de esas partes una unidad económica, a una o varias sociedades –de nueva creación o preexistentes- recibiendo los socios de la sociedad que se escinde una participación en las sociedades beneficiarias proporcional a la que tenían en la sociedad que se escinde y reduciéndose el capital de ésta en la cuantía necesaria. Se distingue de la escisión total en que la sociedad escindida no se extingue, sino que subsiste, aunque, como quedó dicho, con la reducción de capital correspondiente.

Estamos ante una *segregación* (art. 61 R. Dec.-ley) cuando se traspasan en bloque, por sucesión universal, una o varias partes del patrimonio de una sociedad, formando cada una de esas partes una unidad económica, a una o varias sociedades, recibiendo a cambio la sociedad segregada una participación en las sociedades beneficiarias.

Como puede verse fácilmente, la segregación se diferencia de la escisión parcial en que en la segregación las participaciones en la sociedad beneficiaria se atribuyen no a los socios, sino *a la propia sociedad*. Y se diferencia de la escisión total en que, aunque se transmitiera todo su patrimonio, no se produciría la extinción de la sociedad, pues en el patrimonio de la sociedad ingresarían, en lugar de los bienes transmitidos a la sociedad beneficiaria, las acciones, participaciones sociales o cuotas de esta última. En fin, si con la transmisión de todo el patrimonio no se extingue la sociedad, menos aún -claro está- cuando sólo se transmite una parte.

4.2. Régimen legal

La escisión se rige por las normas de la fusión, salvo excepciones (art. 63 R. Dec.-ley). Como presupuesto, la Ley establece que las sociedades beneficiarias de la escisión podrán ser de un tipo mercantil diferente al de la sociedad que se escinde (art. 58.2 R. Dec.-ley) y que sólo podrá acordarse la escisión si las acciones o las aportaciones de los socios a la sociedad que se escinde están íntegramente desembolsadas (art. 58.3 R. Dec.-ley).

En cuanto a las diferencias que presenta su régimen frente al de la fusión, merece destacarse que en el proyecto de escisión, que deben redactar y suscribir todos los administradores, es necesario incluir todas las menciones del proyecto de fusión, y además (art. 64 R. Dec.-ley 5/2023): (i) la designación y, en su caso, el reparto preciso de los elementos del activo y del pasivo que han de transmitirse a las sociedades beneficiarias, y (ii) el reparto entre los socios de la sociedad escindida de las acciones, participaciones o cuotas que les correspondan en el capital de las sociedades beneficiarias, así como en la escindida (cuando esta no se extingue), y el criterio en que se apoye ese reparto. Lógicamente, esta mención no procederá en los casos de segregación, porque aquí la que recibe las acciones, participaciones o cuotas es la sociedad que se segrega, no los socios.

Los socios de las sociedades que participan en la operación y que estén disconformes no cuentan con derecho de enajenación de sus acciones, participaciones o cuotas, como ocurre con los socios afectados por una fusión. Tampoco cuentan con la posibilidad de impugnar la propia fusión una vez está inscrita en el RM, aunque sí pueden impugnar acuerdos sociales anteriores y ejercitar acciones resarcitorias (al igual que bajo en régimen de la fusión, a cuyo estudio nos remitimos). Junto a los medios de tutela que se les aplican por la remisión legal (art. 63 R. Dec.-ley) a las normas de la fusión, los socios afectados por una escisión cuentan con una norma especial de protección, prevista en el artículo 66 R. Dec.-ley en particular para los socios de la sociedad que se escinde, siempre que se produzca una escisión total o una escisión parcial, con varias sociedades beneficiarias (casos en que, frente a la segregación, los socios obtienen una participación en el capital de las beneficiarias proporcional al que tenían en la escindida). La ley, en este precepto, parte de que los socios de la escindida deben recibir una participación en *todas* las beneficiarias, esto es, en el conjunto de ellas y no sólo en alguna. Por ello, para que pueda alterarse tal proporción, haciendo una atribución distinta, exige el consentimiento individual de los socios afectados.

Los acreedores de la sociedad que se escinde (y también de las beneficiarias preexistentes), al igual que los acreedores de una fusión, ya no cuentan con derecho de oposición (que sí tenían bajo la vigencia de la LME). Así resulta de la remisión en bloque del artículo 63 al régimen legal de la fusión y de la falta de una norma especial en la regulación específica de la escisión; lo que sí tienen, al igual que los acreedores en la fusión, es el procedimiento previsto en el artículo 13 para que puedan reclamar al RM o al Juzgado de lo Mercantil más garantías para el cobro de sus créditos. Además de esta vía, que es común a la generalidad de modificaciones estructurales, en el régimen legal de la escisión hay dos normas especiales (arts. 65 y 70) que atribuyen otro tipo de protección a los acreedores afectados por una operación de este tipo.

En efecto, una norma especial se encuentra bajo el artículo 65 del Real Decreto-ley, que ofrece una solución a dos situaciones que pueden presentarse en las operaciones de escisión total: que aparezca un elemento del activo o del pasivo que en el proyecto no resulte atribuido claramente a ninguna de las sociedades beneficiarias. Siendo un elemento del activo, se distribuirá entre las beneficiarias en proporción al activo atribuido a cada una de ellas en el proyecto de escisión. Si, por el contrario, es una deuda, para tutelar al acreedor, se prevé que responderán solidariamente de su pago todas las sociedades beneficiarias.

Otra medida de tutela de los acreedores específica de la escisión es la recogida bajo el artículo 70 del Real Decreto-ley, que trata de velar por los intereses de los acreedores que sean titulares de deudas nacidas, pero no vencidas, antes de la escisión y que se vean afectadas por la operación. Aquí caben dos hipótesis: (i) que la deuda de la sociedad escindida se haya transmitido por virtud de la escisión a una sociedad beneficiaria; (ii) que, siendo una escisión parcial o segregación, la deuda se haya mantenido en el patrimonio de la sociedad escindida. Primer caso: si la sociedad beneficiaria que ha asumido una obligación a través de la escisión no la cumple, responderán solidariamente todas las sociedades beneficiarias de la operación. Ahora bien, esta responsabilidad se limita al importe de los activos netos obtenidos por medio de la escisión por cada una de ellas. Además, si subsistiera la sociedad escindida (caso de escisión parcial o de segregación), también responderá, pero, lógicamente, hasta el límite de los activos netos que permanezcan en ella. Segundo caso: siendo una deuda que ha mantenido en su patrimonio la sociedad escindida, si vence tras la escisión y la sociedad no paga, responden solidariamente las beneficiarias. Todas estas responsabilidades prescriben a los cinco años.

5. Cesión global de activo y pasivo

5.1. Consideraciones generales

Es una operación regulada, para el caso de que sea interna, en el capítulo IV del Título II del Real Decreto-ley 5/2023, de 28 de junio (arts. 72 y siguientes). De las transfronterizas, al igual que para las restantes modificaciones estructurales, se ocupa en los Título III –intraeuropeas- y IV –extraeuropeas. Esta operación consiste en que una sociedad inscrita (no se limita a un tipo social determinado, aunque antes estaba regulada para las sociedades limitadas en el derogado art. 117 LSRL) puede transmitir en bloque todo su patrimonio por sucesión universal a uno o varios socios o a terceros, a cambio de una contraprestación que *no podrá* consistir en participaciones o cuotas de socio del cesionario.

Por lo que se refiere a la frecuencia de estas operaciones, en 2014, primer año en que el Colegio de Registradores ha publicado datos (a través de *Estadística Mercantil* de 2014, p. 9) fueron 45, muy por detrás, por tanto, de fusiones y de escisiones. La cifra ha bajado en los últimos años (v. *Estadística Mercantil* de 2016, de 2018, 2020 y 2022, p. 88 en todos los documentos): en 2015, apenas 13 (siendo cesionarias 9 SSAA y 4 SSLL), en 2016, subió sólo a 23 (13 de SA y 10 de SL), en 2017 bajó a 22 (9 de SA y 12 de SL), en 2018, llegó a 26 (11 de SA y 15 de SL), en 2019 a 33 (9 de SA y 21 de SL); en 2020 sólo 16 (2 de SA y 13 de SL); en 2021, 28 (11 de SA y 15 de SL); en 2022, otras 16 (4 de SA y 11 de SL); en 2023, 22 (9 de SA y 12 de SL); y, en 2024, 21 (8 de SA y 11 de SL). Las operaciones no realizadas por SSAA o SSLL son testimoniales, una o dos por año, como puede deducirse.

La cesión global del patrimonio no tiene por qué suponer la extinción de la sociedad, que podrá continuar con su actividad con la contraprestación que se le dé por el patrimonio que cede. La exigencia legal de que esta contraprestación no consista en participaciones de la cesionaria (sino en dinero u otro tipo de bienes) permite distinguir fácilmente esta operación de la segregación.

Este tipo de operaciones es especialmente adecuado cuando se quiere transmitir un establecimiento mercantil y sobre todo si la sociedad está en proceso de liquidación (aunque no sólo en esta hipótesis), pues frente a la liquidación tradicional, que conduce a la enajenación por separado de cada elemento patrimonial de la sociedad, mediante este procedimiento se transmite la empresa en su totalidad, con el plus de valor que tiene vender una empresa en funcionamiento, que siempre es mayor que el valor separado de cada uno de sus componentes. Y precisamente para conservar la empresa se prevé que, si hubiera dos o más cesionarios, cada parte del patrimonio que se ceda habrá de constituir una unidad económica (es el supuesto denominado "*cesión global plural*" recogido en el art. 73 R. Dec.-ley 5/2023).

Cabe la posibilidad de que la contraprestación de la cesión se atribuya, en lugar de a la sociedad, a los socios directamente, en cuyo caso la recibirán en concepto de cuota de liquidación, extinguiéndose la sociedad (art. 72.2 R. Dec.-ley 5/2023).

5.2. Procedimiento

Es similar a los vistos, pues, como al resto de modificaciones estructurales, a la cesión global se le aplican las disposiciones comunes del Título I del R. Dec.-ley 5/2023, sin perjuicio de las especialidades de su régimen específico. Así, los administradores de la sociedad cedente deben redactar un *proyecto*, como en toda modificación estructural, que han de depositar en el RM (art. 74.2 R. Dec.-ley) y cuyo contenido *mínimo* resulta de lo dispuesto en el artículo 4, que es aplicable a toda modificación estructural, y del artículo 74, propio de la cesión global. Entre otras menciones, deben constar:

1º. Los datos identificativos de cedente y cesionario o cesionarios.

2º. La cesión en sí y el calendario propuesto para realizar la operación.

3º. La fecha a partir de la cual la cesión tendrá efectos contables.

4º. Información sobre la valoración del activo y pasivo del patrimonio, la designación y, en su caso, el reparto preciso de los elementos del activo y del pasivo que han de transmitirse a cada cesionario o cesionarios.

5º. La contraprestación que hayan de recibir la sociedad o los socios. Cuando la contraprestación se atribuya a los socios, se especificará el criterio en que se funde el reparto.

6º. Las consecuencias de la cesión global sobre el empleo.

Además, los administradores deberán elaborar un *informe* explicando y justificando debidamente el proyecto de cesión global (art. 75 R. Dec.-ley). En cambio, el *informe de un experto independiente* tiene, en la cesión global, frente a otras modificaciones estructurales vistas, carácter facultativo.

El proyecto de cesión global habrá de ser aprobado por la junta de socios de la cedente ajustándose exactamente al mismo, como vimos para la fusión (art. 77.1 R. Dec.-ley). En cambio, no es necesario que lo apruebe la junta de la sociedad cesionaria, bastando con un acuerdo del órgano de administración, salvo que la cesión global tenga por objeto la adquisición de los activos esenciales (art. 77. 2 R. Dec.-ley). El *acuerdo* de cesión global habrá de ser publicado en los medios previstos en el artículo 10 R. Dec.-ley, que es disposición de aplicación común a todas las modificaciones estructurales.

La cesión tiene que hacerse constar en escritura pública otorgada por la cedente y la cesionaria y en la escritura debe recogerse el acuerdo de cesión global adoptado por la cedente. La eficacia de la cesión se produce con la inscripción en el RM y si la cesión supone la extinción de la cedente, se cancelarán sus asientos (art. 78.2 R. Dec.-ley 5/2023). En cuanto a la posible impugnación de la operación, valga lo dicho en relación con la fusión, pues, una vez inscrita, conforme al artículo 16 R. Dec.-ley, que es de aplicación a todas las modificaciones estructurales, es inatacable. Los socios y terceros que se sientan perjudicados por la operación podrán ejercitar acciones resarcitorias.

En relación con la protección específica de los acreedores, tanto de la cedente como de la cesionaria, ha desaparecido (al igual que en el caso de la fusión) en el régimen vigente el derecho de oposición a la modificación, que tenía por efecto suspender su eficacia hasta que sus créditos quedasen garantizados, quedando sustituido por el procedimiento previsto en el artículo 13 R. Dec.-ley, por el que pueden pedir al RM o al Juzgado de lo Mercantil más garantías para el cobro de sus créditos (y que vimos en relación con la fusión). En cambio, se ha mantenido (con alguna modificación no sustancial) una medida de tutela que ya estaba presente en el derecho derogado (antiguo art. 91 LME). En efecto, de forma similar a la escisión, se establece (art. 79 R. Dec.-ley) que de las obligaciones asumidas por un cesionario responderán solidariamente el resto de cesionarios (si hay más de uno), hasta el límite del activo neto recibido por cada uno de ellos en la cesión, así como los socios, con el límite, en este caso, de lo que hubieran percibido como contraprestación por la cesión, estableciéndose un plazo de prescripción para todos ellos de cinco años. También se hace responsable solidaria a la sociedad cedente, hasta el límite de los activos que permanezcan en ella, pero, en su caso, sin ese límite temporal.

6. Modificaciones estructurales transfronterizas

El vigente R. Dec.-ley, regula, aparte de las modificaciones estructurales internas, esto es, las realizadas por sociedades españolas, las *transfronterizas*, que son aquellas en las que participa, además, alguna sociedad extranjera. Dentro de estas, regula, por un lado, las *intraeuropeas*, que son aquellas en las que intervienen una o más sociedades españolas, siempre que sean sociedades de capital (frente a las internas) y a una o más sociedades de capital sujetas al Derecho de un Estado miembro del Espacio Económico Europeo, y, por otro, las *extraeuropeas*, cuando las sociedades extranjeras que intervienen en la operación están sujetas al ordenamiento de un Estado ajeno al Espacio Económico Europeo.

6.1. Modificaciones estructurales transfronterizas intraeuropeas

Las modificaciones estructurales transfronterizas intraeuropeas se regulan en el Título III del R. Dec.-ley 5/2023 (arts. 80 y ss.), que se compone, básicamente, de unas disposiciones generales de aplicación común a todas las modificaciones estructurales y, a continuación, de unas normas especiales para cada tipo de operación. En todo caso, a las sociedades españolas que intervengan en la modificación estructural se les aplicarán también las normas propias de la modificación estructural interna, siempre que no entren en contradicción con las normas especiales de la modificación estructural transfronteriza en cuestión (ver art. 83 R. Dec.-ley).

Las modalidades de modificación estructural transfronteriza intraeuropeas aquí reguladas son la transformación transfronteriza, las fusiones, escisiones y cesiones globales del activo y del pasivo. Estas tres últimas se corresponden con las operaciones internas de igual nombre, lo que cambia, aparte de las especialidades de su régimen, es la presencia de alguna sociedad extranjera (ver art. 80.1.2 R. Dec.-ley) junto con la-s española-s y la necesidad de que todas las sociedades implicadas sean de capital (art. 80.2 R. Dec.-ley). En cambio, la llamada "transformación transfronteriza", en la que interviene una sola sociedad (siempre de capital), no es una operación de cambio de tipo social, como ocurre en la interna, sino el traslado de domicilio de una sociedad de capital española al extranjero (o el traslado de una sociedad de capital extranjera a un domicilio español), con el consiguiente cambio en cuanto al sometimiento a un nuevo ordenamiento jurídico, pero con el mantenimiento de su personalidad jurídica. Por eso se denominaba de esta última manera ("traslado internacional del domicilio social") bajo la derogada LME. En el R. Dec.-ley se ha adoptado la denominación utilizada por la citada Directiva (UE) 2019/2121, que traspone.

En cuanto a las especialidades de su régimen frente al general de las operaciones internas, del capítulo II del Título III se extraen las siguientes:

1º. Se amplía la protección de los socios, pues se les reconoce el derecho a enajenar sus acciones o participaciones sociales en toda operación de modificación estructural (no como ocurre con las internas, en que se conoce en caso de transformación), cuando la sociedad a la que pertenezcan vaya a pasar de estar sometida del ordenamiento español a un ordenamiento extranjero. Como en el caso de las internas, para poder ejercitar este derecho es necesario haber votado en contra de la aprobación del proyecto o ser titular de acciones o participaciones sin voto.

2º. Por las repercusiones que este tipo de operaciones puedan tener sobre los empleos, se refuerza la protección de los trabajadores estableciendo mecanismos específicos de información, consulta y participación (art. 88 R. Dec.-ley).

3º. Se amplía la publicidad preparatoria del acuerdo de modificación estructural, pues junto con la exigida en las disposiciones aplicables a las modificaciones internas (ver art. 7), se añade la obligación de presentar en el registro de cada sociedad interviniente en una operación los datos identificativos y registrales de las otras participantes, las medidas adoptadas para el ejercicio de los derecho de los socios, trabajadores y acreedores y los detalles del sitio *web* en el que podrá obtenerse el proyecto de modificación estructural y la publicidad preparatoria del acuerdo. Esta información habrá de presentarse en el registro (en España, el RM del domicilio social) con un mes como mínimo de antelación respecto de la fecha de celebración de la junta general que haya de pronunciarse sobre el proyecto de modificación. El registro pondrá a disposición del público esta información, que, además, será accesible a través de la *web* de la sociedad.

4º. Se establece un control de legalidad registral reforzado, para verificar que se han cumplido todas las condiciones exigidas y que se han cumplimentado correctamente todos los procedimientos y formalidades necesarias de las leyes aplicables a la operación. En relación con el ordenamiento español, se regula cómo debe actuar el RM en dos casos: (i) Operaciones en que España sea el Estado de origen de alguna sociedad que participa en una modificación estructural (por ejemplo, por transformación transfronteriza, esto es, traslado de domicilio al extranjero o absorción por sociedad extranjera) por cuya virtud va a quedar sometida al Derecho de otro Estado (arts. 90-93 R. Dec.-ley); (ii) Operaciones en que España sea el Estado de destino de alguna sociedad extranjera que por una modificación estructural (ejemplo, traslado del domicilio a España o absorción por sociedad española) va a quedar sujeta a Derecho español (arts. 94-95 R. Dec.-ley). (i) Así, si España es el Estado de origen, la sociedad española tiene que solicitar al RM un *certificado previo* que acredite que ha cumplido todos los requisitos legales de la operación. A tales efectos tiene que presentar con la solicitud la escritura de elevación a público del acuerdo de modificación estructural adoptado por la junta general, el proyecto de modificación estructural, el informe del órgano de administración, en su caso, y la opinión de los representantes de los trabajadores, si se hubiera recibido, además del informe de experto independiente, entre otros documentos. El RM tiene que comprobar la legalidad de la documentación presentada y, si el examen es satisfactorio, le concederá el certificado previo. Este certificado previo se compartirá con la autoridad que el Estado miembro de destino haya designado como competente para el control de legalidad de la operación, a través del sistema de interconexión de registros. (ii) Si es a la inversa, esto es, de sociedad extranjera que va a quedar, por virtud de la modificación estructural, sometida a Derecho español, el Registrador Mercantil debe controlar, antes de proceder a su inscripción, la legalidad de la operación en lo relativo a la realización de la modificación estructural y a la constitución de la nueva sociedad o sociedades o de las modificaciones de la sociedad absorbente (art. 94.1). Pero, el control previo de legalidad, que se sustancia en la emisión del *certificado previo*, le corresponde a la autoridad del Estado de origen y el RM español debe aceptar este certificado como prueba concluyente de la correcta cumplimentación de los procedimientos y formalidades exigidas en aquel Estado (art. 94.6).

Por otro lado, las concretas operaciones se rigen, aparte de por estas disposiciones generales, por las normas propias de las homónimas internas, sin perjuicio de ciertas especialidades previstas en los artículos 96-120 R. Dec.-ley 5/2023.

6.2. Modificaciones estructurales transfronterizas extraeuropeas

Finalmente, en el Título IV del R. Dec.-ley (arts. 121-126) se regulan aquellas modificaciones estructurales en las que, además de alguna sociedad española, participa alguna sociedad extranjera, pero sujeta a un Estado que no sea miembro del Espacio Económico Europeo. Esta regulación está lógicamente supeditada a los tratados y convenios internacionales vigentes en España.

Las operaciones concretamente reguladas son (art. 122): "1.º Las transformaciones de sociedades de capital constituidas de conformidad con el Derecho de un Estado que no forme parte del Espacio Económico Europeo en sociedades de capital sujetas al Derecho español o en sentido inverso. 2.º Las fusiones, escisiones y cesiones globales de activo y pasivo en que intervengan sociedades de capital constituidas de conformidad con el Derecho de un Estado que no forme parte del Espacio Económico Europeo, y una o varias sociedades sujetas a la legislación española".

En general, el régimen que se aplica a estas operaciones es el mismo que está previsto para las modificaciones estructurales transfronterizas intraeuropeas, salvando las especialidades previstas en el propio Título IV. Así, en cuanto al control de legalidad de la operación, a las sociedades españolas se les exigirá el *certificado previo*, como en las operaciones intraeuropeas, pero, "se podrá adaptar para dar cumplimiento a requisitos específicos que pudieran ser exigibles conforme al Derecho del Estado de destino, para asegurar su eficacia" (art. 123.1 R. Dec.-ley). En las operaciones de signo inverso, esto es, cuando la sociedad sea extranjera y vaya a quedar, en virtud de la modificación estructural, sometida al Derecho español, "el certificado previo se sustituirá por una certificación del Registrador o autoridad competente extranjera que, por sí sola o en conjunción con otros documentos, acredite la legalidad de la operación" (art. 124 R. Dec.-ley). En este caso, el Registrador no tiene por qué aceptar el certificado como prueba concluyente del cumplimiento de los requisitos legales, al no tratarse del "certificado previo" armonizado.

Lección 10. Separación y exclusión de socios. Disolución y liquidación de sociedades de capital

1. Separación y exclusión de socios

La LSC regula en su Título IX la salida de los socios de la sociedad, que puede ser voluntaria, en cuyo caso se denomina "*separación*", o forzosa, en cuyo caso se llama "*exclusión*". Ambas hipótesis tienen como efecto la desvinculación del socio de la sociedad, que en las sociedades de personas se canalizan, respectivamente, como hemos estudiado, del siguiente modo: la voluntaria, a través del derecho a separarse de la sociedad cuando se ha constituido por tiempo indefinido, con amparo en los artículos 224 y 225 C. de c., y la forzosa, a modo de sanción (art. 219 C. de C.), por incurrir de forma culpable en alguna de las conductas irregulares recogidas en el artículo 218 C. de c.

Esta analogía ha aconsejado que en el ALCM (Libro II, Título VII, Cap. I) se regulen de forma conjunta la separación y la exclusión para todas las sociedades, de capital y también de personas, sin perjuicio de que haya normas específicas para cada una de las grandes categorías –personas y capital- y, dentro de éstas, para cada tipo.

1.1. Separación

La separación se concibe legalmente como un derecho que se reconoce a los socios en ciertas circunstancias en las que se considera que es inexigible que permanezcan en la sociedad si prefieren abandonarla. Puede pensarse que la vía natural de abandonar una sociedad es enajenar las acciones o participaciones a terceros, sean o no ya socios de ella y que, por tanto, si cualquier socio prefiere desvincularse de la sociedad, debería buscar un adquirente para su cuota. Ahora bien, así como en una sociedad cotizada las acciones son fácilmente transmisibles y cualquier accionista puede generalmente desprenderse de ellas en un espacio de tiempo mínimo, nada tiene que ver esta situación con la transmisibilidad de las propias de una sociedad cerrada, ya sea una anónima en cuyos estatutos se prevean cláusulas restrictivas de esta especie o una sociedad limitada, que por Ley tiene restringida por razón del tipo social la transmisibilidad de sus participaciones. La salida ordinaria de la sociedad mediante la venta de acciones o participaciones sociales no es tan sencilla en estos casos, por la dificultad que puede entrañar encontrar un comprador. Por ello, el reconocimiento del derecho de separación a los socios, por cuyo ejercicio se desvinculan de la sociedad y surge la obligación a cargo de ésta de reembolsarles el valor de su parte, es de una trascendencia evidente para ellos, pues les libera del esfuerzo de buscar un comprador y del riesgo de no encontrarlo o de no obtener de él un precio razonable.

Puesto que se trata de una vía excepcional, frente a la normal de la enajenación de las acciones o participaciones a otras personas, y que puede ser perjudicial para la sociedad, ya que es ella la que tiene que reembolsarles a los socios salientes el valor de sus cuotas con cargo a su patrimonio, se reconoce por Ley sólo en determinados casos, aunque los estatutos pueden añadir otros (art. 347 LSC). Como es un derecho cuya existencia se justifica más cuanto más cerrada es la sociedad, la derogada LSRL le prestaba más atención que la también derogada LSA, pero actualmente, bajo la LSC, la mayor parte del régimen legal es común a las dos sociedades. Veámoslo sintéticamente.

El derecho de separación se reconoce a los socios que no hubieran votado a favor de determinados acuerdos de modificación de estatutos que suponen un cambio sustancial en la sociedad o en la posición que ocupan los socios en ella, por lo que la Ley estima que no es exigible la permanencia para el socio disconforme y tampoco para el que no haya podido defender su postura en la junta correspondiente por carecer del derecho de voto. Tales acuerdos son los relativos a (art. 346.1 LSC): *a)* Sustitución o modificación sustancial del objeto social; *b)* Prórroga de la sociedad; *c)* Reactivación de la sociedad; *d)* Creación, modificación o extinción anticipada de la obligación de realizar prestaciones accesorias, salvo disposición contraria de los estatutos. En la sociedad limitada, también en caso de modificación del régimen de transmisión de las participaciones sociales (art. 346.2 LSC).

Junto a estas causas, la derogada LME reconocía el derecho de separación, como ha quedado expuesto, en ciertas modificaciones estructurales, como la transformación, pero en el nuevo régimen legal de este tipo de operaciones, que se contiene en el R. Dec.-ley 5/2023, de 28 de junio, este derecho ha quedado sustituido por el de enajenación de acciones, participaciones sociales o cuotas (v. *supra* Lección 9 y también nuevo art. 346.3 LSC).

En fin, la Ley 25/2011 añadió una nueva causa de separación a favor de los socios (que se recogió bajo el art. 348 *bis*) no fundada en la disconformidad ante ciertos acuerdos de modificación de estatutos, sino en la falta de reparto de dividendos, pero, su deficiente formulación, como quedó dicho (Lección 7, epígrafe 4.3), aconsejó que se suspendiera sucesivamente su vigencia (primero, por la Ley 1/2012, de 22 de junio, hasta el 31 de diciembre de 2014, y luego por el R. Dec.-ley 11/2014, de 5 de septiembre, y la D. F. 1.2 de la Ley 9/2015, de 25 de mayo, que la ampliaron hasta el 31 de diciembre de 2016), aunque, al no suspenderse nuevamente su vigencia al cumplirse el último plazo, entró inopinadamente en vigor, con todos los defectos en su redacción que habían propiciado la suspensión. En cualquier caso, mediante la Ley 11/2018, de 28 de diciembre, se le dio nueva redacción al artículo 348 *bis*, que es la versión ahora vigente, sin perjuicio de los escasos cambios efectuados en esta norma por el R. Dec.-ley 7/2021, de 27 de abril. Tras este *iter* tan tortuoso, lo cierto es que en la regulación vigente se reconoce a los socios de cualquier sociedad de capital (y al socio de la dominante de un grupo obligada a formular cuentas consolidadas, en los términos del art. 348 *bis*.4) el derecho de separación por falta de distribución de dividendos, pero, sometiéndolo a numerosos límites y requisitos: (i) de entrada, este derecho puede suprimirse por vía estatutaria (art. 348 *bis*.1). Además, (ii) no rige para sociedades cotizadas ni para sociedades admitidas a negociación en un sistema multilateral de negociación (art. 348 *bis*.5.*a)*); (iii) tampoco para sociedades anónimas deportivas (art. 348 *bis*.5.e*)*), ni (iv) para las entidades financieras a las que se refiere la DA 11ª LSC (añadida por la DF 4ª del Dec.-ley 19/2018, de 23 de noviembre y modificada por el R. Dec.-ley 7/2021, de 27 de abril), ni (v) para sociedades en concurso (art. 348 *bis*.5.*b)*), ni (vi) para las que hayan iniciado negociaciones para alcanzar un acuerdo de refinanciación o para obtener adhesiones a una propuesta anticipada de convenio, o para alcanzar un acuerdo extrajudicial de pagos (art. 348 *bis*.5.c*)*), ni (vii) para las que hayan alcanzado un acuerdo de refinanciación que satisfaga las condiciones de irrescindibilidad fijadas en la legislación concursal (art. 348 *bis*.5.*d)*). Por otro lado, son presupuestos para que nazca el derecho de separación del artículo 348 *bis*: (i) que hayan transcurrido cinco ejercicios desde la inscripción de la sociedad en el RM; (ii) que, teniendo beneficios distribuibles (y habiendo obtenido beneficios en los tres ejercicios anteriores), la junta no haya acordado distribuir como dividendos el 25% de aquéllos, y (iii) que el socio haya hecho constar en acta su oposición al acuerdo de distribución de dividendos por considerarlos insuficientes (para el ejercicio de los otros derechos de separación basta con no haber votado a favor del acuerdo; aquí, hay que asistir y votar en uno u otro sentido, pero oponerse expresamente en acta al reparto acordado por entenderlo insuficiente). En fin, cumpliendo tales requisitos, el derecho tampoco llega a nacer si el total de los dividendos distribuidos durante los 5 ejercicios anteriores equivale, por lo menos, al 25% de los beneficios legalmente distribuibles registrados en ese período. El cambio respecto a la regulación de la Ley 25/2011, claramente protectora de los intereses de los socios minoritarios frente a los abusos de la mayoría, es muy claro, pues, al reconocer el derecho de separación con todos estos límites, trata de evitar que se convierta en un instrumento de las minorías que ponga en riesgo la solvencia de la sociedad. Pero, no se pretende un cambio de timón, sino una ponderación de intereses, como se demuestra por el juego del límite temporal de doce meses para el reparto total de dividendos que introduce esta misma Ley 11/2018 (me refiero al art. 276.3 LSC, de nuevo cuño, mencionado ya *supra*, v. Lección 7, epígrafe 4.3) para evitar que la junta acuerde repartir dividendos con el fin de que no surja el derecho de separación de los socios disconformes, pero, a la vez, dilate excesivamente el pago de esos dividendos, impidiendo así, a la vez, que cobren y también que se separen.

Los estatutos no pueden suprimir estas causas de separación, salvo las recogidas bajo el artículo 346.1.*d)* LSC y el artículo 348 *bis*, que son normas de carácter dispositivo, pero sí añadir otras distintas. Así se establece en el artículo 347 LSC, que, por otro lado, ofrece una evidente libertad a la hora de introducir causas de separación en los estatutos, en cuanto no exige expresamente que estén vinculadas a acuerdos y menos aún de modificación de estatutos. Lo que sí se requiere para las causas de separación que no consten en la redacción originaria de los estatutos es el consentimiento de todos los socios para introducirlas, consentimiento que también es necesario para la modificación o la supresión de las causas estatutarias.

El ALCM introdujo un cambio fundamental en el régimen de las causas de separación, al admitir (art. 271-1) la separación del socio por justa causa, sin vincularla, por tanto, necesariamente a la disconformidad con un acuerdo adoptado previamente por la junta general, pero no es el sistema previsto en la legislación vigente.

La Ley establece el modo en que ha de ejercitarse este derecho (cuando se derive de una causa legal, pues, si lo hace de una estatutaria, depende de lo que digan al respecto los estatutos, conforme al art. 347.1 LSC): debe ejercitarse en el plazo de un mes, por escrito, contado desde la publicación del acuerdo en el BORME o desde la recepción de la comunicación individual a los socios, en los casos en que se permite recurrir a este procedimiento de publicidad (v. art. 348.1 LSC); téngase presente que este plazo de un mes se cuenta desde la fecha de la celebración de la junta en el caso del derecho de separación por no reparto de dividendos (v. art. 348 *bis*.3 LSC). La sociedad está obligada a reembolsarles el importe de las acciones o participaciones a los que ejerciten el derecho, pero, como esta obligación se regula por la Ley con normas comunes para la separación y la exclusión, la estudiaremos después.

1.2. Exclusión

Frente a la separación, que se reconoce actualmente de manera prácticamente común para toda sociedad de capital, la exclusión de socios es un mecanismo propio de una sociedad con raíces personalistas, lo que explica que bajo el régimen legal derogado sólo estuviera previsto para las sociedades limitadas, no para las anónimas. Actualmente, bajo la redacción vigente de la LSC se establecen varias causas legales de exclusión para las sociedades limitadas, pero se permite expresamente (desde la Ley 25/2011, que reformó el art. 351 LSC) que las anónimas (y las comanditarias por acciones) incluyan en sus estatutos causas de exclusión, siempre que preceda el consentimiento de todos los socios.

Con arreglo a la Ley (art. 350), la sociedad limitada podrá excluir: *a)* al socio que incumpla voluntariamente la obligación de realizar prestaciones accesorias; *b)* al socio administrador que infrinja la prohibición de competencia o que hubiera sido condenado por sentencia firme a indemnizar a la sociedad los daños y perjuicios causados por actos contrarios a esta Ley o a los estatutos o realizados sin la debida diligencia. Además, la sociedad limitada podrá incluir otras causas de exclusión en los estatutos con los mismos requisitos que una sociedad anónima (art. 351 LSC).

En cuanto al procedimiento de exclusión (ya derive la exclusión de una causa legal en la sociedad limitada o de una estatutaria en cualquier sociedad de capital), requiere acuerdo de la junta general y, además, si el socio tiene una participación igual o superior al veinticinco por ciento del capital social, se exige, por añadidura, con carácter general, sentencia judicial firme (v. art. 352.1 LSC).

1.3. Efectos comunes de la separación y la exclusión

Aunque la separación se consagre como un derecho del socio y la exclusión, por el contrario, como una especie de sanción, ambas coinciden en sus efectos, pues la sociedad queda obligada en los dos casos a reembolsar al socio el valor de sus acciones o participaciones.

La Ley reconoce a los socios afectados el derecho a obtener el valor razonable de sus acciones o participaciones y establece la forma en que debe calcularse, en caso de que no se llegue a un acuerdo entre la sociedad y el socio, distinguiendo según se trate de (i) acciones cotizadas o (ii) participaciones sociales o acciones no cotizadas: si son cotizadas, el valor de reembolso será el valor medio de cotización en el último trimestre y si son participaciones sociales o acciones no cotizadas, habrán de ser valoradas por un experto independiente nombrado por el RM (art. 353 y ss. LSC, modif. por Ley 22/2015, de 20 de julio).

La sociedad puede o bien adquirir las acciones o bien amortizarlas (bajo la derogada LSA sólo se preveía la amortización). La amortización, a diferencia de la adquisición por la sociedad, supone la reducción del capital social por la suma del valor nominal de las acciones o de los socios separados o excluidos. Entonces, una vez efectuado su reembolso, los administradores, sin necesidad de acuerdo específico de la junta general, deben otorgar de forma inmediata escritura pública de reducción del capital social (art. 358.1 LSC). Si, debido a la reducción del capital social, la cifra de éste descendiera por debajo del mínimo legal, se aplican las normas en materia de disolución, que, como veremos, distinguen en función de que la causa de reducción por debajo del mínimo legal sea consecuencia del cumplimiento de una norma legal o no (art. 358.2 LSC).

2. Disolución y liquidación

2.1. Consideraciones generales

La disolución y liquidación de las sociedades de capital no difieren en sustancia de las propias de cualquier otra sociedad mercantil, por lo que me remito a lo expuesto en su momento respecto a la disolución y liquidación de la sociedad colectiva (v. *supra*, Lección 2, epígrafe 1.7). Conceptualmente, la disolución es la misma en cualquier sociedad mercantil, lo que varía son las causas que la producen, que se amoldan a las notas distintivas o, si se quiere, a los "principios configuradores" de cada tipo social. Así, vimos más arriba cómo el personalismo de la sociedad colectiva ocasionaba que la muerte de un socio fuera causa de disolución o que la ausencia de un socio colectivo entrañara la de la comanditaria simple, por la necesidad de que coexistan en esta última dos tipos de socios durante toda su vida. Pues bien, también las sociedades de capital tienen sus propias causas de disolución. Por principio, dentro de las sociedades de capital, cada tipo mantiene sus singularidades, aunque tras la refundición de textos legales bajo la LSC y las reformas sufridas por esa ley tras su aprobación, se han aproximado sensiblemente los regímenes de la anónima y de la limitada, también en materia de disolución, hasta el punto de establecer para anónimas y limitadas un régimen común (art. 363.1 LSC). En cuanto a la comanditaria por acciones, comparte las causas de disolución con la anónima y limitada (antes de la LSC sólo se le aplicaban las de la anónima y en la medida en que se han reformado para ésta, también indirectamente para la comanditaria por acciones), pero, además, tiene sus propias causas de disolución, recogidas bajo el artículo 363.2 LSC, que reproduce las consagradas en el derogado artículo 157 del C. de c. y a las que ya nos hemos referido en el lugar oportuno (Lección 3, epígrafe 2.3), por lo que nos centraremos a continuación en las comunes a toda sociedad de capital.

En cuanto a la liquidación, la diferencia fundamental respecto a la regulación de este período en las sociedades de personas es que su realización se atribuye a un órgano específico, los liquidadores, distinto del órgano de administración, aunque luego puedan formar parte de él las mismas personas que antes eran administradores. Y con referencia a las funciones que aquéllos asumen, si bien están mucho más detalladas legalmente que las que han de realizar los administradores que se encarguen de la liquidación de una sociedad personalista, son en esencia las mismas.

Al ser los conceptos de disolución, liquidación y extinción básicamente coincidentes en todas las sociedades mercantiles, al redactar el ALCM se optó (Tít. VII, Cap. II) por una regulación común, sin perjuicio de mantener las peculiaridades de cada tipo social, que es la solución más lógica.

2.2. Causas de disolución comunes a toda sociedad de capital y modo en que operan

Hay diversos tipos de causas de disolución, atendiendo a la forma en que operan, pues mientras unas provocan la disolución de pleno derecho de la sociedad, otras, que pueden estar previstas por la Ley o por los estatutos, actúan a modo de presupuesto, debiendo la junta general, si se le solicita, pronunciarse sobre su concurrencia o no. Finalmente, la junta general, sin necesidad de que preceda una causa legal o estatutaria, es competente para decidir sobre la disolución de la sociedad. Veamos unas y otras.

1. *De pleno derecho* (art. 360 LSC):

a) El vencimiento del término previsto en los estatutos.

b) El transcurso de un año sin que la sociedad que haya acordado la reducción del capital por debajo del mínimo legal como consecuencia del cumplimiento de una ley (p. ej., debido a la separación o exclusión de socios, con amortización de sus acciones o participaciones) haya procedido a inscribir en el RM el correspondiente aumento hasta el mínimo legal o la transformación en otro tipo social que no requiera ese mínimo tan elevado (o que no requiera ninguno). Si, por el contrario, la reducción por debajo del mínimo legal no es a consecuencia del cumplimiento de una ley, tiene otro régimen distinto, bajo el artículo 363.1. *f)*, y no se le da ese plazo de un año, sino que es tratada como una causa legal de disolución común.

Concurriendo cualquiera de estas dos circunstancias, el Registrador, de oficio o a instancia de cualquier interesado, hará constar la disolución de pleno derecho de la sociedad (art. 360.2 LSC).

La declaración en concurso no es causa de disolución, sólo la apertura de la fase de liquidación. En tal caso, el juez del concurso hará constar la disolución en la resolución de apertura de esta fase (art. 361 LSC). Y la sociedad se liquidará siguiendo las normas de la LC y no de la LSC y así intervendrá el administrador concursal y no los liquidadores.

2. *Disolución por constatación de existencia de causa legal o estatutaria*:

(i) Causas legales de disolución (art. 363.1 LSC):

a) Por cese en el ejercicio de la actividad (superior a un año).
b) Por conclusión de la empresa que constituya el objeto social.
c) Por imposibilidad manifiesta de conseguir el fin social.
d) Por paralización de los órganos sociales que imposibilite su funcionamiento.
e) Por pérdidas que dejen reducido el patrimonio neto a una cantidad inferior a la mitad del capital social, salvo que éste se aumente o se reduzca en la medida suficiente y siempre que no proceda solicitar la declaración de concurso.
f) Por reducción del capital social por debajo del mínimo legal que no sea como consecuencia del cumplimiento de una ley (en otro caso, quedaría sometida al régimen del art. 360.1.*b)* LSC, que da a la sociedad el margen de un año para que salga de esa situación).
g) Porque el valor nominal de las participaciones sociales sin voto o de las acciones sin voto excediera de la mitad del capital social desembolsado y no se restableciera la proporción en el plazo de dos años.

(ii) Causas estatutarias (art. 363.1 *h)* LSC): cualquier otra causa establecida en los estatutos.

Modo de operar estas causas: la disolución no se produce de forma automática por la concurrencia de la causa, que requerirá acuerdo de la junta general adoptado por mayoría ordinaria (no se exige mayoría reforzada, cfr. art. 364 LSC). A tales efectos, los administradores deberán convocar la junta, en el plazo de dos meses, para que decida sobre la disolución. La convocatoria pueden realizarla los administradores por su propia iniciativa o a instancia de cualquier socio (art. 365.1 LSC). Si la junta se reúne efectivamente y aprecia la concurrencia de la causa, puede decidir la disolución, pero también puede adoptar el acuerdo de remover la causa y evitar así la disolución (art. 365.2

LSC). La obligación de los administradores de convocar junta general que adopte el acuerdo de disolución se extingue en dos casos (art. 365.3 LSC, añadido por la Ley 16/2022, pero modificado después por LO 1/2025, de 2 de enero): (i) cuando hubieran solicitado la declaración de concurso de la sociedad o (ii) comunicado al juzgado la existencia de negociaciones con los acreedores para alcanzar un plan de reestructuración del activo, del pasivo o de ambos. Ahora bien, la junta deberá convocarse en el plazo de dos meses desde que dejen de estar vigentes los efectos de esa comunicación.

Si la junta no se convocara o no fuera celebrada o no se adoptara ninguno de estos acuerdos (de disolver o de remover la causa de disolución), cualquier interesado puede instar la *disolución judicial* (art. 366 LSC). La disolución judicial sólo procede, pues, por inoperancia previa de la propia sociedad (bien sea de los administradores, por no convocar la junta, o de la propia junta, por no adoptar el acuerdo de disolución o de remoción de la causa de disolución), no es una vía a la que pueda acudirse directamente. Cualquier interesado está legitimado en tales circunstancias para instar la disolución judicial, pero además los administradores están obligados (no facultados) a instarla cuando el acuerdo social fuese contrario a la disolución o no pudiera ser logrado (art. 366.2 LSC).

En este terreno, como quedó dicho, surgen varias obligaciones a cargo de los administradores: ante la presencia de una causa de disolución, la de (i) convocar la junta general para que se pronuncie sobre el particular; (ii) la de instar la disolución judicial cuando el acuerdo ha sido contrario a la disolución, o no pudiera ser logrado. La Ley, en su fundamental artículo 367, otorga especial relevancia al cumplimiento de estas obligaciones, estableciendo un régimen de responsabilidad de los administradores por su incumplimiento que es realmente agravado. Como es sabido, los administradores responden con carácter general por los daños que causen en el cumplimiento de las funciones inherentes a su cargo, pero es una responsabilidad, insisto, *por daños*. Pues bien, en el ámbito de la disolución, no se les hace responder expresamente por los daños causados por su incumplimiento, sino *por las deudas de la sociedad* que nazcan después de acaecer la causa de disolución, y esa responsabilidad es además solidaria. Téngase, además, presente que también acude el legislador a este criterio de imputar a los administradores responsabilidad por las deudas de la sociedad en el supuesto del artículo 360.1 *b)* LSC. Ahora bien, en uno y otro caso, quienes pueden dirigirse frente a los administradores con amparo en estas normas son los titulares de esos créditos, por lo que, si de la actuación de los administradores se han derivado daños a otros sujetos, como la propia sociedad o los socios, podrán estos últimos acudir a la acción social o individual de responsabilidad (según quién fuera el perjudicado correspondería una u otra, v. arts. 238-241 LSC) para obtener la indemnización procedente.

3. *Disolución por mero acuerdo de la junta general* (art. 368 LSC): sin necesidad de que concurra causa legal o estatutaria de disolución, la junta puede acordar su disolución, eso sí, exigiéndose aquí que se adopte el acuerdo con los requisitos legales propios de las modificaciones estatutarias.

2.3. Efectos jurídicos de la disolución: la apertura de la liquidación y la posible reactivación de la sociedad

La disolución tiene que inscribirse en el RM (art. 369 LSC) y con ella se abre el período liquidatorio (art. 371.1 LSC), pero, durante ese tiempo, la sociedad conserva su personalidad jurídica, aunque para que no pueda ocultar a terceros que se halla en esta situación tiene que añadir a su nombre la expresión "*en liquidación*" (art. 371.2 LSC). En esta fase, como quedó dicho, la actividad social se limita a la liquidación de su patrimonio, como paso previo a su extinción, y durante ese tiempo desaparece el órgano de administración, que es sustituido por los liquidadores.

Como la sociedad subsiste durante su liquidación, cabe que una vez disuelta vuelva a su vida activa mediante un acuerdo de la junta general. A este fenómeno se le denomina "*reactivación*" y está admitido para toda sociedad de capital (antes de la LSC sólo estaba expresamente admitido para la SL, pero se defendía que también podía realizarse en el seno de una SA), aunque siempre que se cumplan los siguientes requisitos: (i) que haya desaparecido la causa de disolución, lo que excluye que pueda reactivarse una sociedad disuelta de pleno derecho; (ii) que el patrimonio contable no sea inferior al capital social y (iii) que no haya comenzado el pago de la cuota de liquidación a los socios.

El acuerdo de reactivación debe adoptarse con los requisitos propios de la modificación de estatutos (art. 370.2 LSC), al igual que el acuerdo de disolución que no responda a la concurrencia de una causa legal o estatutaria. Además de la garantía que supone que tenga que adoptarse con tales requisitos legales, se contemplan dos medidas de tutela: (i) el derecho de separación para los socios que no voten a favor del acuerdo (art. 370.3 LSC) y (ii) el derecho de oposición a favor de los acreedores en las mismas condiciones y con los mismos efectos que se establecen en la Ley para la hipótesis de reducción de capital (art. 370.4 LSC).

Además, en atención al interés de la economía en general en la conservación de las empresas, la Ley (art. 373 LSC) prevé para las anónimas que el Gobierno podrá decretar la continuación de una sociedad afectada por una causa de disolución, a solicitud de accionistas que representen la quinta parte del capital social o del personal de la empresa.

Sin perjuicio de estas dos posibilidades, con la disolución se abre la liquidación de la sociedad, que consiste en un proceso de actos dirigido a posibilitar el reparto del patrimonio social entre los socios, una vez satisfechos los créditos pendientes.

Desde el momento en que la sociedad entra en liquidación, es necesario nombrar *liquidadores*, pues los administradores cesan en sus funciones. Como los liquidadores asumen funciones gestoras y representativas de la sociedad en este período, es usual que la junta general nombre a los administradores o, al menos a alguno de ellos, como liquidadores y, de hecho, actualmente (tras la Ley 25/2011), la LSC prevé que, si no disponen lo contrario los estatutos y la junta general no ha nombrado a otros como liquidadores, continuarán como tales los que fueran administradores en el momento de la disolución de la sociedad (v. art. 376.1 LSC). No obstante, el ámbito de representación de los liquidadores es más reducido que el de los administradores, pues sólo pueden realizar actos necesarios para la liquidación (art. 379 LSC).

Las funciones de los liquidadores son, en sustancia, las siguientes (v. arts. 383 y ss. LSC): *a)* concluir las operaciones sociales pendientes y realizar las nuevas que sean necesarias para la liquidación de la sociedad; *b)* percibir los créditos sociales (incluyendo dividendos pasivos) y pagar las deudas sociales; *c)* llevar la contabilidad de la sociedad; *d)* enajenar los bienes sociales; *e)* informar periódicamente a los socios y a los acreedores sobre el estado de la liquidación; *f)* concluida la liquidación, presentar a la aprobación de la junta general un balance final (que podrá ser impugnado por el socio que no haya votado a favor en el plazo de dos meses contados desde la fecha de su adopción), un informe completo sobre dichas operaciones y un proyecto de división entre los socios del activo resultante, que habrá de respetar lo dispuesto en la Ley y en los estatutos.

En cuanto al efectivo reparto de la cuota de liquidación a los socios, hay que tener presente lo siguiente: *a)* no cabe reparto alguno a los socios antes de satisfacer a los acreedores (art. 391.2 LSC) ni antes de que concluya el plazo de dos meses de impugnación del balance final (art. 394 LSC); *b)* salvo disposición estatutaria en contra, la cuota de liquidación de cada socio será proporcional a su participación en el capital social; ahora bien, en sociedades anónimas (y comanditarias por acciones), si hay dividendos pasivos, se restituirá en primer término a los accionistas que hubiesen desembolsado mayores cantidades el exceso sobre la aportación del que hubiese desembolsado menos y el resto se distribuirá entre los accionistas, ahora sí ya en proporción al importe nominal de sus acciones (art. 392 LSC); *c)* la cuota, en principio (salvo acuerdo unánime de los socios), se satisface en dinero, pero los estatutos pueden establecer en favor de algún socio el derecho a que la perciba *in natura* (art. 393 LSC).

Una vez finalizada la liquidación, los liquidadores deben solicitar al registrador la cancelación de los asientos registrales referentes a la sociedad, y con esta cancelación se extingue la sociedad (v. art. 396 LSC).

La responsabilidad de los liquidadores por los actos que realicen en este período se ha asimilado (art. 397, en la redacción dada por Ley 25/2011 LSC) a la de los administradores, haciéndoles responsables frente a socios y acreedores de cualquier perjuicio que les hubiesen causado con dolo o culpa (en todos sus grados) en el desempeño de su cargo.

En fin, tras la cancelación de los asientos registrales es posible que aparezcan bienes o deudas con los que no se hubiera contado al efectuar la liquidación. A ambos supuestos da respuesta la Ley: respecto al primero (*activo sobrevenido*) se prevé que se liquidarán y repartirán entre los socios en proporción a su cuota de liquidación (art. 398 LSC); en cuanto al segundo (*pasivo sobrevenido*), se hace responder solidariamente de esas deudas a los antiguos socios, aunque hasta el límite de lo que hubieran recibido como cuota de liquidación (art. 399 LSC).

Bibliografía básica

No tendría sentido, ni es posible, por otro lado, incluir una relación de las principales aportaciones doctrinales sobre cada uno de los muchos temas que hemos tratado, pero me parece imprescindible en un trabajo de estas características, que tiene por finalidad introducir a los alumnos de Derecho en el estudio de un sector tan complejo y rico como el societario, ofrecer una selección de obras cuyo conocimiento es elemental para cualquier persona que quiera profundizar en los aspectos tratados. Así, en la relación que a continuación aparece, necesariamente muy breve, pues sólo si es reducida es útil para el alumno, incluiremos grandes clásicos del Derecho de sociedades que no se han depreciado, sino que se han revalorizado con el paso del tiempo, junto con estudios más recientes que se han convertido en los últimos años en obras de cabecera de la disciplina. Todos ellos, cuyos autores habrán visto citados a lo largo de este estudio, son de un valor inestimable, aunque por distintas razones: unos, por la gran originalidad de sus propuestas, fruto del intenso trabajo y del pensamiento crítico de sus autores. Otros, por su afán de agotar todas las posibles respuestas doctrinales y jurisprudenciales a las cuestiones más problemáticas que han surgido en la interpretación del régimen legal societario, hasta el punto de hacer su consulta obligada en el estudio de cualquier tema.

De entre las obras clásicas, sobre la Ley de Sociedades Anónimas de 1951 la obra de referencia máxima son los *Comentarios a la LSA* de GARRIGUES y URÍA (1ª edición, 1952; 2ª, 1976, con MENÉNDEZ). Del propio GARRIGUES, el estudio que de todas las formas sociales realiza en el *Curso de Derecho mercantil*, I, cuya última edición, la 7ª, es de 1982, y en el *Tratado*, vol. I (2), publicado en 1947. De URÍA, también las sucesivas ediciones de su *Derecho mercantil* (la 1ª es de 1958 y la última, 27ª, de 2000), excelente manual con el que estudiaron varias generaciones de juristas. También de esta época hay dos obras que siguen siendo señeras, en particular, el *Derecho de sociedades anónimas* de GIRÓN TENA (1952) -también autor de un *Derecho de sociedades*, del que publicó un primer volumen (1976) dedicado a la parte general y a las sociedades personalistas-, y el *Curso de Derecho de sociedades anónimas* de RUBIO (cuya 1ª ed. es de 1964).

Ya bajo la Ley de sociedades anónimas de 1989, se publicó una obra colectiva fundamental, el *Comentario al régimen legal de las sociedades mercantiles*, dirigido por los Profs. URÍA, MENÉNDEZ y OLIVENCIA, del que por razón de la materia son especialmente interesantes los tomos relativos a los órganos sociales, el V, dedicado a la *Junta General de accionistas*, publicado en 1992, del que son autores los Profs. URÍA, MENÉNDEZ y MUÑOZ PLANAS (quien se ocuparía de estudiar todos los preceptos introducidos por la reforma de 1989), y el tomo VI sobre *Los administradores y el consejo de administración de la sociedad anónima*, publicado también en 1992, y del que es autor el Prof. Eduardo POLO. También de esta época es el tratado dirigido por los Profs. ALONSO UREBA, DUQUE DOMÍNGUEZ, ESTEBAN VELASCO, GARCÍA VILLAVERDE y SÁNCHEZ CALERO, *Derecho de Sociedades Anónimas*, del que se publicarían los tomos relativos a la fundación, capital y acciones, modificación de estatutos y obligaciones entre 1991 y 1993.

Más recientemente, en el ámbito de los órganos sociales hay dos obras monográficas muy relevantes a cuya elaboración dedicaría el Prof. Fernando SÁNCHEZ CALERO los últimos años de su vida: *La junta general en las sociedades de capital*, Madrid, 2007, y *Los administradores en las sociedades de capital*, cuya 2ª edición aparecería ese mismo año.

En 2010 se produciría la aprobación del texto refundido de la Ley de Sociedades de Capital, en el que se integrarían las antiguas Leyes de anónimas y limitadas, además de la regulación de la sociedad comanditaria por acciones del Código de comercio y las disposiciones de la Ley de Mercado de Valores que afectaban a las sociedades cotizadas. Esa refundición de textos legales (hecha en virtud de la habilitación que dio al Gobierno la hoy derogada Ley 3/2009, de 3 de abril, sobre modificaciones estructurales, en su D. F. 7ª) planteó problemas de forma con trascendencia sustantiva, en cuanto diluyó las diferencias entre tipos. Primero, porque como criticaría el Prof. OLIVENCIA ("Evolución y perspectivas del Derecho de sociedades en España", en *Estudios de la Real Academia de Jurisprudencia y Legislación*, 2011, pp. 247-256), se realizó por materias y no por tipos sociales, lo que contribuye, en efecto, a difuminar las diferencias existentes entre ellos. Segundo, porque como ya señalara yo misma en su momento ("Los *ultra vires* de la LSC", en *Estudios de Derecho Mercantil en homenaje al Profesor José María Muñoz Planas*, 2011, pp. 549-572), al hacer la refundición se excedieron los límites de la habilitación al Gobierno, que podía "regularizar, aclarar y armonizar los textos legales", pero no innovar, atribuyendo a un tipo social el régimen de otro, como hizo en múltiples ocasiones.

Sea como fuere, la LSC está en vigor y ha sido objeto de sucesivas reformas. Aunque para la interpretación de esta Ley sigue siendo naturalmente válida toda la doctrina anterior, pues las instituciones reguladas son las mismas, hay una obra de consulta muy útil para los profesionales del Derecho y también para los alumnos, el *Comentario a la Ley de Sociedades de Capital*, dirigido por los Profs. ROJO y BELTRÁN, 2 vols., 2011. Pero, como esta obra atiende a la redacción originaria de la LSC, se complementa con las que se han ido publicando en los años siguientes, sobre las distintas reformas que ha sufrido la Ley. Es el caso de la obra colectiva dirigida por los Profs. RODRÍGUEZ ARTIGAS, FARRANDO y GONZÁLEZ CASTILLA, sobre *Las reformas de la Ley de Sociedades de Capital*, de la que saldrían dos ediciones en 2012, y de otras obras que surgirían posteriormente con motivo de la fundamental reforma operada por la Ley 31/2014, de 3 de diciembre. Me refiero, en particular, al estudio del Prof. Javier GARCÍA DE ENTERRÍA, *La reforma de la Ley de Sociedades de Capital en materia de Gobierno Corporativo*, al *Comentario a la reforma del régimen de las sociedades de capital (sociedades no cotizadas)*, coord. por el Prof. JUSTE, y a la obra *El nuevo régimen de impugnación de los acuerdos sociales de las sociedades de capital*, dirigido por los Profs. RODRÍGUEZ ARTIGAS y FARRANDO y el notario R. TENA, obras todas ellas publicadas en 2015 y que serían continuadas al año siguiente por otra obra colectiva, en dos volúmenes, titulada *Junta general y Consejo de administración en la sociedad cotizada*, dirigida por los Profs. RODRÍGUEZ ARTIGAS, ALONSO UREBA, FERNÁNDEZ DE LA GÁNDARA, VELASCO SAN PEDRO, QUIJANO GONZÁLEZ y ESTEBAN VELASCO, y en la que se estudian las modificaciones de la LSC introducidas por las Leyes 31/2014, de 3 de diciembre, 5/2015, de 27 de abril, 9/2015, de 25 de mayo, 15/2015, de 2 de julio y 22/2015, de 20 de julio. Recogiendo ya todas las reformas sufridas por la LSC en su ya más de diez años de vigencia, hasta la operada por la Ley 5/2021, de 12 de abril, se publicó en 2021 el *Comentario de la Ley de Sociedades de Capital* dirigido por el Prof. GARCÍA CRUCES y el magistrado SANCHO GARGALLO, que es una obra en 5 tomos de imprescindible consulta. Por otro lado, en materia de modificaciones estructurales, se publicaron varias obras colectivas bajo la vigencia de la Ley 3/2009, que las regulaba, como la coordinada por el propio RODRÍGUEZ ARTIGAS y publicada en 2009 bajo el título *Modificaciones estructurales de las sociedades mercantiles*, en dos tomos. El profundo cambio que ha experimentado esta materia, que cuenta con una nueva regulación en el Real Decreto 5/2023, de 28 de junio, propició inicialmente la rápida aparición de varios trabajos centrados en la exposición de las principales novedades del régimen legal, aunque, como era de esperar, a estas obras siguieron otras de más envergadura que ofrecen un nuevo tratamiento completo de este tipo de operaciones, como la titulada *Las modificaciones estructurales de las sociedades mercantiles*, coord. por A. ROJO, A. B. CAMPUZANO, L. F. J. CORTÉS DOMÍNGUEZ y A. PÉREZ TROYA (2ª ed., 2024), u obras colectivas que abordan aspectos concretos, como *La nueva Ley de modificaciones estructurales*, dirigida por J. PULGAR (2024), sin perjuicio de artículos de revista que abordan problemas específicos que plantea este régimen legal.

En fin, la primera lectura debe ser siempre la de un buen manual y, en este sentido, entre los que se actualizan todos, o casi todos, los años, hay varios muy aconsejables, como las *Instituciones de Derecho Mercantil* del Prof.

SÁNCHEZ CALERO (puestas al día por el Prof. SÁNCHEZ-CALERO GUILARTE, 2 vols., I), que destacan por su claridad y son exponente del sentir mayoritario de la doctrina. En otras, como las *Lecciones de Derecho Mercantil*, 2 vols. (I), dirigidas por los Profs. MENÉNDEZ y ROJO, que nacieron como herederas del manual del Prof. URÍA, prevalece la visión propia de sus autores, en particular, en la materia que aquí nos interesa, del Prof. PAZ-ARES. Desde una perspectiva totalmente distinta, también es personal la *Introducción al Derecho Mercantil* del Prof. VICENT CHULIÁ.

Ésta es una pequeña selección que trata de orientar a un alumno en sus primeras lecturas. No hemos citado obras monográficas en sentido estricto ni artículos de revista. A estos efectos, junto a la *Revista de Derecho Mercantil*, principal de nuestras revistas generalistas, hay que destacar, entre las sectoriales, la *Revista de Derecho de Sociedades*, por la labor que lleva haciendo desde hace décadas en la difusión del conocimiento en materia societaria.